西南财经大学全国中国特色社会主义政治经济学研究中心资助

马克思主义政治经济学青年论丛

理解经济运动

—— 若干马克思经济模型的现代考察

肖 磊 著

中国财经出版传媒集团

经济科学出版社

Economic Science Press

总序

党的十八大以来，习近平总书记高度重视马克思主义政治经济学的学习、研究和运用，提出一系列新理念、新思想、新战略，在理论上不断拓展新视野、作出新概括、形成新学说。2020 年 8 月 24 日，习近平总书记在经济社会领域专家座谈会上强调，"面对错综复杂的国内外经济形势，面对形形色色的经济现象，学习领会马克思主义政治经济学基本原理和方法论，有利于我们掌握科学的经济分析方法，认识经济运动过程，把握经济发展规律，提高驾驭社会主义市场经济能力，准确回答我国经济发展的理论和实践问题"。把握这一重要讲话的精神实质和深刻内涵，需要深入思考领悟习近平总书记治国理政新理念、新思想、新战略，以改革发展进程中的重大问题为导向，不断进行理论观点、学科体系和研究方法的创新与发展，不断产出体现继承性和民族性、原创性和时代性、系统性和专业性的经济研究成果，不断形成充分体现中国特色、中国风格、中国气派的中国经济学理论体系。

这就需要我们坚持从中国实际出发，坚持马克思主义的基本立场、观点和方法，吸收和借鉴人类一切优秀文明成果，坚持以人民为中心的发展思想，坚持落实新发展理念，坚持和完善社会主义基本经济制度，坚持社会主义市场经济改革和对外开放基本国策，提炼和总结我国经济发展实践的规律性成果，把实践经验上升为系统化的经济学说。以新时代为逻辑起点，开展百年未有之大变局下的重大理论和实践问题研究。系统研究当代马克思主义经济学中国化的最新成果和独创性观点；系统梳理中国特色社会主义政治经济学的思想来源、理论进程和阶段特征；系统提炼中国特色社会主义政治经济学的内涵属性、逻辑主线、方法原则、理论结构，从而不断推进马克思主义政治经济学的中国化，不断书写中国特色社会主义政治经济学的新篇章，不断开拓当代中国马克思主义政治经济学新境界。

政治经济学是西南财经大学的传统优势学科。西南财经大学政治经济学团队一直瞄准国家重大需求，着力推动重大理论创新、重大决策研究、高层次人才培养、话语传播和国际交流，着力构建具有"中国气派、西部特色、西财风格"的中国特色社会主义政治经济学理论体系和话语体系。为了大力推进当代马克思主义政治经济学的发展与创新，西南财经大学全国中国特色社会主义政治经济研究中心组织了一批政治经济学青年学者聚焦研究马克思主义政治经济学的基本理论，以及城市化、农村土地问题、产融结合、贸易摩擦和新型经济全球化等重大理论问题和重大现实问题，陆续产出了一批重要研究成果，形成"马克思主义政治经济学青年学者论丛"系列丛书，由经济科学出版社陆续出版。

刘诗白
庚子年九月于光华园

　　经济学是研究经济运动的科学。由于经济运动是人的实践的表现和结果，因此经济学就与人的行为、人的诉求、人的力量和人的本质等深层次问题密切相关。这就决定了经济学本质上是一门关于人的科学。经济学要关注人、研究人，不仅追求物质财富的增长，更要关注人的自由和全面发展。物质财富的增长和物质财富的合理分配归根到底就是为了人，为了人民群众的福利。市场经济一方面要激发人的主动性和创造性，使竞争的强制性力量发挥作用，使人的主体性（往往受资本力量压制而异化）和能动性充分发挥，同时也要对市场经济进行规范，使其合乎规律地发展。另一方面由于经济学是人的实践的科学，随着时代的变迁，实践的形式、实践的主客体和中介等都会随着历史形态的不同而发生变化，因此经济学就是一门关于人的历史的科学。每一个时代的经济学都是该时代的人对于经济运动和经济实践的主观认识，反映着该时代的经济关系和人与社会的发展程度。

　　在经济学史上，经济学实际上就是"政治经济学"，这里的"政治"含有"国家的""社会的""城市的"等含义，直到1890年马歇尔出版《经济学原理》之后，经济学代替"政治经济学"成为通用的学科名称。现代意义上的政治经济学，包括用经济学方法和理论研究政治行为与规律的学科，也包括研究政治与经济两个领域之间互动关系的科学，还包括传统意义上的马克思主义经济学。在中国的学科设置中，政治经济学主要是指"马克思主义政治经济学"，与之相对应的是"西方经济学"。作为学科概念的政治经济学与人们通常理解的政治经济学概念有较大区别,很多人都是从政治与经济交互作用的角度理解政治经济学。这一理解虽然也包含在作为学科意义上的政治经济学范围之内,但却不是学科意义上的概念。本书的主旨是在马克思经济学的范围内,提炼一些规律性的认识,并根据现代背景进行扩展,这些扩展方向既包括基本原理的认识和应用,也包括基本理论如马克思的超额利润和价值理论、复杂劳动还原理论、经济增长理论、虚拟资本理论等。还有一些主题有待于以后研究,如在社会主义条件下国家与资本的关系、政府与市场的关系、作为上层建筑的文化与经济之间的关系等。

经济学中的实证方法主要有两种功能,一种是定量方法,另一种是证实方法。作为定量方法的实证方法,是社会科学的必要方法,采用定性分析和定量分析相结合才能使研究具体化;作为证实方法,它是对提出的理论(数学模型的或定性描述的)进行验证,验证的方法通常采用数理统计中的假设检验,它使检验(实践检验)建立在科学的基础之上。因此,经济学的实证性是经济学科学化的必要形式。但是,如果将这种数学形式化推崇为唯一的科学形式,那就是进入了学术研究的误区。本书的研究主要在于提出理论,主要指向是对马克思经济学的一些命题进行现代扩展,后续研究将对于理论、命题的验证和定量化进行扩充,使这些理论更加丰满和贴近实际。

对于政治经济学研究者而言,《资本论》、经济思想史、经济史(两史一论)是必要的学科基础,此三者构成了理论经济学的基础理论学科。与之相关的更为抽象的学科是"经济哲学",它是关于政治经济学的元理论、元概念、元范式的探讨。按照"元范式—理论—应用"的划分,经济哲学属于元理论,两史一论是基本理论。由元理论和基本理论扩展开来,就形成了各种应用经济学科。政治经济学作为理论学科,如何将其基本理论贯穿到应用经济学科,发展马克思主义应用经济学,是构建政治经济学"系统化经济学说"、开拓当代马克思主义政治经济学新境界的重要使命和任务。

本书将要进一步开展研究的工作概括起来主要有以下四点:一是经济学怎样作为一门关于人的科学,服务于人的自由和全面发展,从而区别于片面追求物质财富增长的经济学；二是经济学不仅要研究经济关系，而且要结合上层建筑，研究政治与文化等同经济的关系；三是政治经济学要进一步进行定量化研究和实证化；四是要将经济哲学、基本理论和应用经济学有机结合起来，进行跨学科研究。

　　本书的部分内容曾发表在《马克思主义研究》《当代经济研究》《政治经济学评论》《社会经济体制比较》等杂志，在此表示感谢。由于篇幅限制，一些内容在发表时曾进行过大幅度删减，在此汇编成书，恢复全貌，以记录完整的认识过程。文中不足之处，恳切希望专家学者批评指正。

目　录
CONTENTS

第 *1* 章

导　论

马克思经济学的现代化面临着三个任务。第一，尽管马克思经济学的体系仍然是解读现代市场经济最深刻的一种思想建构，但是有些局部内容，随着社会经济的发展已经发生改变，需要与时俱进；第二，自马克思以来，经济学已经发展了更为精密和科学化的分析工具，特别是以数学方法和计量方法为基础的形式化努力已经使经济学的面貌发生了极大的改变，马克思经济学面临着数学形式化和工具现代化的任务，马克思说过，"一种科学只有在能运用数学的形式时，才算达到了真正完善的地步"[①]"为了分析危机，我不止一次地想计算出这些作为不规则曲线的升和降，并曾想用数学方式从中得出危机的主要规律（而且现在我还认为，如有足够的经过整理的材料，这是可能的）"[②]；第三，马克思经济学不能孤立于现代经济思想谱系之外，作为古典政治经济学的最高成就，作为一座思想高峰和理论宝库，它需要与现代经济思想进行对话，并在现代场景中进行自我更新。

本书试图对马克思经济学的几个重要命题进行探讨，这种探讨有的是进行形式化的改进，有的则是将其与其他的现代经济思想进行融合。第一个命题涉及对于马克思经济学元理论——唯物史观的理解；第二个问题是运用生产力—生产关系原理对落后国家社会主义道路作一个理论上的解释；第三个命题试图推广马克思的"虚假的社会价值"概念，将其运用到

[①]　拉法格. 回忆马克思恩格斯［M］. 北京：人民出版社，1957：73.
[②]　马克思恩格斯文集（第十卷）［M］. 北京：人民出版社，2009：389-390.

产业创新和熊彼特意义上的经济发展理论上去；第四个问题是对复杂劳动提供一个知识论的解释，用以概括经济发展的本质；第五个问题是对决定资本积累速度的因素进行一个简化的模型分析；第六个问题是重新恢复"资本积累与就业和工资水平之间的关系"这一古典政治经济学核心命题的价值并进行形式化处理；第七个命题是构建信用货币、虚拟资本、现实资本三元关系模型，用于处理实体经济与虚拟经济关系。

支配马克思经济学的元理论是生产力和生产关系的理论。我们把生产力与生产关系之间的辩证关系原理叫作马克思经济学的第一原理或生产力一元决定论。这个第一原理在当代中国固然是被视作正统解释，但是却很少被正确地理解，而之所以不能够被正确认识的主要原因在于没有从辩证法的观点去认识它。从马克思的文本来看，在 1846 年 12 月致信安年科夫的时候，他的经济学元理论（唯物史观）已经完成；在 1847 年 12 月作"雇佣劳动与资本"的演讲的时候，他的政治经济学理论架构已形成雏形，虽然关键性环节还没有突破，此后的理论发展都是在这个基础上进行的。①

关于唯物史观，目前最经典解释的有四个版本：马克思版本（1859年）、普列汉诺夫版本、经典教科书版本、吴易风版本。普列汉诺夫的公式认为：生产力状况制约经济关系，经济"基础"上生长出社会政治制度，部分由经济直接决定、部分由经济基础上生长出来的全部社会政治制度决定的社会人的心理，反映这种心理的是各种意识形态。经典教科书版本将生产力与生产关系看作一对矛盾、一组对立统一的关系，认为它们统一于生产方式，在矛盾的统一体中双方的地位不同，生产力是起决定作用的，生产关系是起反作用的。吴易风版本则认为这一原理应当理解为"生

① 一些研究马克思的专家指出，马克思的理论主要是在 1843～1850 年的艰苦岁月中于巴黎完成，"他一生中逐渐定型的、心理上来说最有意思的几年到 1851 年就结束了；从此以后，他在情感上和学术上都已定了型，再也没有多大变化了。"（参见：[英]以赛亚·伯林，卡尔·马克思：生平与环境 [M]. 南京：译林出版社，2018：18, 20.）这也许是对的，熊彼特对经济学家的考察，也得出过类似的结论：大多数学者的思想在三十岁以前都已成型，在以后的学术生涯中，他主要是去完成青年时期的想法，生命中的第三个十年是"少有的思想丰富的阶段，对每一位思想家来说，都是出成果的最佳时期"。（参见：熊彼特. 从马克思到凯恩斯 [M]. 南京：江苏人民出版社，2003：71.）

产力决定生产方式、生产方式决定生产关系"。除此之外还有其他的解释，例如，熊彼特将马克思的思想归纳为两个命题：（1）生产方式或生产条件是社会结构的基本决定因素，并由它产生了人们的处事态度、行为和文明的方式；（2）生产方式本身有它自身的逻辑。

结合马克思 1846 年的解释和 1859 年的完整阐述，对比《资本论》第一卷的用法，从马克思思想的整体来理解的话，经典教科书版本可能是这些解释中最好的一个。理由在于以下几方面。

1. 经典教科书版本融入了辩证法这一核心要素

最重要的关键点在于，这个解释把生产力和生产关系看作一对矛盾，并用生产方式将其统一起来，用生产力与生产关系的矛盾运动来解释社会经济形态变化。

恩格斯曾经说过："马克思的整个世界观不是教义，而是方法。它提供的不是现成的教条，而是进一步研究的出发点和提供这种研究使用的方法。"① 卢卡奇也说过："正统马克思主义并不意味着无批判地接受马克思研究的结果。……马克思主义问题中的正统仅仅是指方法。"② 这个方法就其实质和根本来说就是"唯物辩证法"。在人类社会和人类历史领域，唯物辩证法就具体化为"唯物史观"，也就是"历史辩证法"，与之相对应的则是"自然辩证法"，即唯物的、辩证的历史观和自然观构成了整个世界观的两个基本组成部分。根据这样的理解，"唯物辩证法"就是作为科学原则的哲学的一般原理，"唯物史观"就是人文社会科学的"元论"，而"自然辩证法"就是自然科学的"元论"，无论是自然观还是历史观都必须将辩证法的基本要素融入其中。

这一点对于理解唯物史观的基本原理具有重要的理论意义。不理解唯物辩证法，就无法理解唯物史观的基本原理，也就无法理解《资本论》的理论逻辑。马克思的经济方法论存在着三个不同的层次：第一层次的方法论是唯物辩证法，第二层次则是唯物史观，第三个层次是政治

---

① 马克思恩格斯全集（第 39 卷）[M]. 北京：人民出版社，1974：417.

② [匈]卢卡奇. 历史与阶级意识——关于马克思主义辩证法的研究 [M]. 北京：商务印书馆，2018：49.

经济学具体方法。第一个层次对应着马克思关于黑格尔辩证法的所有论述以及马克思对于自己的根本方法的看法，第二个层次对应着《德意志意识形态》《〈政治经济学批判〉序言》以及马克思恩格斯关于历史唯物主义的 8 封信①的有关论述，第三个层次对应着《〈政治经济学批判〉导言》中关于"政治经济学方法"的论述。《资本论》是系统地展现三个层次方法论的一部伟大的政治经济学著作。

其中，第二个层次方法论在马克思主义方法论中起着承上启下的作用，是核心和关键，《共产党宣言》就是一部系统展现和应用唯物史观的光辉著作。马克思将"唯物史观"称为"指导研究的总的结果"，说明这一观点对于他毕生的研究是起支配和指导作用的基本原则。在 1846 年致安年科夫的信中，马克思详细地阐述了如下观点。

（1）两个"不能自由选择"。社会是人们交互活动的产物，人们不能自由选择某一社会形式，"在人们的生产力发展的一定状况下，就会有一定的交换（commerce）和消费形式。在生产、交换和消费发展的一定阶段上，就会有相应的社会制度形式、相应的家庭、等级或阶级组织，一句话，就会有相应的市民社会。有一定的市民社会，就会有不过是市民社会的正式表现的相应的政治国家。"②

第一个"不能自由选择"表明，"社会制度形式"（社会组织）形成的基础在于一定生产力状况下人们的生产、交换和消费的"经济形式"，而政治国家只不过以正式的、显性方式去表现这种以制度、组织所"型构"的社会机体，制度和组织作为"社会形式"既是人们交往的结果，同时也规定和制约着人们的交往模式，这就构成了一定历史阶段的"市民社会"。

人们不仅不能自由选择某一社会形式，也"不能自由选择"自己的生产力。"生产力是人们应用能力的结果，但是这种能力本身决定于人们所

---

① 这 8 封信分别为：马克思致巴·瓦·安年科夫（1846 年 12 月 28 日）；马克思致约·魏德迈（1852 年 3 月 5 日）；马克思致路·库格曼（1868 年 7 月 11 日）；恩格斯致康·施米特（1890 年 8 月 5 日）；恩格斯致约·布洛赫（1890 年 9 月 21~22 日）；恩格斯致康·施米特（1890 年 10 月 27 日）；恩格斯致弗·梅林（1893 年 7 月 14 日）；恩格斯致瓦·博尔吉乌斯（1894 年 1 月 25 日）。

② 马克思恩格斯文集（第十卷）［M］．北京：人民出版社，2009：42 – 43.

处的条件，决定于先前已经获得的生产力，决定于在他们以前已经存在、不是由他们创立而是由前一代人创立的社会形式。后来的每一代人都得到前一代人已经取得的生产力并当作原料来为自己新的生产服务，由于这一简单的事实，就形成人们的历史中的联系，就形成人类的历史"。①

第二个"不能自由选择"表明，人类历史发展中的规律性和必然性在于生产力发展的连续性（量变）和非连续性（质变），而生产力的发展是一个对过去的承续和现时创造的过程；生产力是全部人类历史的基础，生产力的时间序列关系形成人类历史的基本联系，人类历史的基础在于历时性的生产力的前后关联。这一观点就为我们承认人类历史规律性奠定了理论基础，也表达了人类社会从低级到高级、从简单到复杂的深层运动逻辑。

（2）人们会改变"他们在其中获得一定生产力的那种社会形式"②。"人们在他们的交往（commerce）方式不再适合于既得的生产力时，就不得不改变他们继承下来的一切社会形式。……人们借以进行生产、消费和交换的经济形式是暂时的和历史性的形式。随着新的生产力的获得，人们便改变自己的生产方式，而随着生产方式的改变，他们便改变所有不过是这一特定生产方式的必然关系的经济关系。"③

这一论述论证了生产关系怎样随着生产力的变化而变化。文中出现了"社会形式""经济形式""生产方式""经济关系"等概念。与马克思的《资本论》第一卷中提到的这些概念进行比较可以发现，马克思所说的"社会形式"是与"自然形式""思维形式"等范畴对应的，而"经济形式"是"社会形式"的子概念，有时马克思也称为"社会经济形式"④，经济形式是社会形式的一部分。由此可见，马克思说的，人们会放弃"他们在其中获得一定生产力的那种社会形式"这句话，可以理解为：人们并没有放弃与"社会形式"相对应的"物质形式""自然形式"，参照前面的分析可以发现，人们不能放弃的"物质形式"就是生产力，人们在一定的社会形式中获取生产力，而生产力的发展要求人们改变社会形式。依照

---

① ② 马克思恩格斯文集（第十卷）[M]. 北京：人民出版社，2009：43.
③ 马克思恩格斯文集（第十卷）[M]. 北京：人民出版社，2009：44.
④ 马克思恩格斯文集（第七卷）[M]. 北京：人民出版社，2009：100.

内容与形式之间的辩证关系原理，人们的生产实践的社会形式与物质内容构成了一对矛盾统一体。同样，马克思也有这样的论述："由于人们既得的生产力和他们的不再与此种生产力相适应的社会关系相互冲突而产生的伟大历史运动"，与前面"生产力改变→生产方式改变→生产关系改变"出现在同一封信中，这表明，马克思并没有认为这两个观点是矛盾的，前者强调的是对立的两个方面的矛盾运动，后面指出的是两个方面运动的机制，实际上生产力与生产关系之间的作用机制远远比这个模式更为复杂，有多种中介。

"生产方式"范畴在《资本论》第 1 卷中出现了约 160 次，马克思大量使用"资本主义生产方式"这样的表述来表达资本主义的特征。同时，马克思也使用了这样的一系列表述："生产关系和生产方式之间的联系"①"资本主义生产方式以及和它相适应的生产关系和交换关系"②"古老的、陈旧的生产方式以及伴随着它们的过时的社会关系和政治关系"③"一定的生产方式以及与它相适应的生产关系"④"社会生产关系同这些生产方式之间的联系"⑤。这些表述表明，生产关系要与一定的生产方式相适应。结合前面引用的一段话，可以发现，生产力的变化导致生产方式的变化，而生产方式的变化必然地产生与之相适应的生产关系的变化。这一点是马克思一直就秉持的基本观点。

那么，这是否就表明前述的"生产力—生产关系原理"应当改变为"生产力—生产方式—生产关系原理"呢？回答是否定的。国内学术界关于"生产力—生产方式—生产关系"原理的总结和看法有待商榷，主要问题是它能否上升到原理的高度。这一解读事实上使唯物史观最重要的一条基本原理丧失了辩证性质。《资本论》中马克思的有关论述："物质生产方式的改变和生产者的社会关系的相应的改变，先是造成了无限度的压榨，后来反而引起了社会的监督，由法律来限制、规定和划一工

① 马克思恩格斯文集（第五卷）［M］. 北京：人民出版社，2009：7.
② 马克思恩格斯文集（第五卷）［M］. 北京：人民出版社，2009：8.
③ 马克思恩格斯文集（第五卷）［M］. 北京：人民出版社，2009：9.
④ 马克思恩格斯文集（第五卷）［M］. 北京：人民出版社，2009：100.
⑤ 马克思恩格斯文集（第五卷）［M］. 北京：人民出版社，2009：438.

作日及休息时间。"① "对于这个历史上一定的社会生产方式即商品生产的生产关系来说,这些范畴是有社会效力的,因而是客观的思维形式。"② "因此,他的劳动生产条件,也就是他的生产方式,从而劳动过程本身,必须发生革命。"③ "以不同生产资料为基础的不同生产方式。"④ "社会的生产方式的变革,生产资料改革的这一必然产物,是在各种错综复杂的过渡形式中完成的。"⑤ "就可以清楚地说明,大工业发展到一定水平是如何通过物质生产方式和社会生产关系的变革而使人的头脑发生变革的。"⑥

从以上引证的论述所呈现出来的生产方式的含义可知,马克思在《资本论》第 1 卷中使用的"生产方式"概念主要是指从手工工场、工场手工业到机器大工业的变化,这一变化的核心是依据生产资料的变化(劳动生产条件改变)而导致的分工与协作方式的变化(劳动方式变化)以及劳动者与生产资料的社会结合方式的变化(受制于生产技术结合方式),同时这个变化还关联着劳动过程的变化。从这个角度来看,生产方式概念指的是在生产中劳动者之间以及劳动者与生产资料之间的社会结合方式,即生产力三要素相互之间的社会结合方式。因此,生产方式既关联着生产力的三要素,又关联着生产关系的内容,是同时"统摄着"而不是"中介着"生产力与生产关系这两个方面。

那么又怎样理解马克思的"生产力改变→生产方式改变→生产关系改变"的表述呢?关键之处在于,生产方式与生产关系并不存在"时序关系",而是一种"共时性存在",一定的生产方式必然要表现生产关系,一定的生产关系必然要通过生产方式而展现自己,所谓"社会结合"就是指生产力的要素依据一定的社会生产关系而结合,只有实现了这种结合,生产力才能够从潜在的变成现实的。生产力的变化之所以会受到生产关系的束缚,是因为生产力的三要素都是生产关系的承担者,在社会中只要人们

① 马克思恩格斯文集(第五卷)[M]. 北京:人民出版社,2009:345.
② 马克思恩格斯文集(第五卷)[M]. 北京:人民出版社,2009:93.
③ 马克思恩格斯文集(第五卷)[M]. 北京:人民出版社,2009:366.
④ 马克思恩格斯文集(第五卷)[M]. 北京:人民出版社,2009:438.
⑤ 马克思恩格斯文集(第五卷)[M]. 北京:人民出版社,2009:544.
⑥ 马克思恩格斯文集(第五卷)[M]. 北京:人民出版社,2009:556.

还受着原来的生产关系结构的限制，就会形成对生产力要素的权利制约，生产力的潜能就无法实现出来，只有改变了生产方式以及与生产方式相适应的生产关系（二者共变），潜在生产力才能在生产中实现出来。在《资本论》中所研究的手工工场、工场手工业和机器大工业是资本主义生产方式演进的三个阶段，同时也是资本主义生产关系从产生到发展的三个阶段。

结合前面"生产力—生产关系原理"的解读，这就进一步说明，传统政治经济学将生产方式看作生产力和生产关系的统一，将"生产方式"的变化看作是生产力和生产关系矛盾运动的结果，是有充分根据的，马克思的确在这个意义上使用着"生产方式"的含义。这里的"生产方式"范畴统摄着一定社会生产的物质内容和社会形式。在这封信里，马克思也同样地表达了这样的观点："人们在发展其生产力时，即在生活时，也发展着一定的相互关系；这些关系的形式必然随着这些生产力的改变和发展而改变。"① "人们还按照自己的生产力而生产出他们在其中生产呢子和麻布的社会关系。"② 这显然是从生产力与生产关系的统一性角度而言的。如果用图形来表示生产力、生产方式、生产关系之间的关系，可以大致用以下模型：生产方式是在一定的所有制前提下劳动者之间的劳动组织方式以及劳动者与生产资料的社会结合方式；生产力的要素（潜在生产力）通过一定的生产方式转化为现实的生产力；一定的所有制构成生产方式的前提，但是它必须通过生产方式才形成与该种性质的生产方式相适应的生产关系的体系；生产方式是统摄生产力和生产方式的综合性范畴，它既具有生产力的性质，也具有生产关系的性质；在一定的社会生产中，生产力、生产方式、生产关系不是时序关系，而是"共时性存在"；在三者的矛盾运动中，生产力发展的总体水平是所有制变化的基础，潜在生产力（生产力新要素、新配置以及社会需要）不能发挥出来所形成的社会矛盾是所有制变化的动力；所有制的变化为新生产力要素的社会结合提供了前提，为新的生产方式的形成提供了必要的社会条件，而新的生产方式意味着新的生产力

---

① 马克思恩格斯文集（第十卷）[M]. 北京：人民出版社，2009：47.
② 马克思恩格斯文集（第十卷）[M]. 北京：人民出版社，2009：49.

水平以及与之相适应的生产关系（见图 1 – 1）。

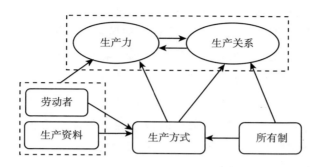

图 1 – 1　生产力、生产方式和生产关系之间的关系

2. 经典教科书版本展示了生产力、生产关系之间相互运动和变化的机制，拒斥了机械决定论、线性决定论

在生产力和生产关系之间不仅存在着直接的、也存在有中介的相互作用关系，这种关系是一种复杂的决定和反作用的相互联系和转化的过程。马克思将资本主义产生、发展和消亡过程概括为：

"资本关系本身的出现，是以一定的历史阶段和社会生产形式为前提的。在过去的生产方式中，必然发展起那些超出旧生产关系并迫使它们转化为资本关系的交往手段、生产资料和需要。但是，它们只需要发展到使劳动在形式上从属于资本的程度。然而，在这种已经改变了的关系的基础上，会发展起一种发生了特殊变化的生产方式，这种生产方式一方面创造出新的物质生产力，另一方面它只有在这种新的物质生产力的基础上才能得到发展，从而在实际上给自己创造出新的现实的条件。由此就会出现完全的经济革命，这种革命一方面为资本对劳动的统治创造并完成其现实条件，为之提供相应的形式；另一方面在这个由革命发展起来的与工人相对立的劳动生产力、生产条件与交往关系中，这个革命又为一个新生产方式，即扬弃资本主义生产方式这个对立形式的新生产方式创造出现实条件，这样，就为一种新形成的社会生活过程，从而为新的社会形态创造出物质基础。"①

---

① 　马克思恩格斯文集（第八卷）［M］. 北京：人民出版社，2009：546 – 547.

　　这个概括可以一般化地表述如下：第一阶段，在旧的生产方式中发展出了新的交往手段、生产资料和需要，从而超出旧的生产关系并迫使它们发生转变（产生新的生产关系萌芽和最初形式），一开始这种转变只需要达到一种形式化的程度；第二阶段，在已经改变了的生产关系的基础上发展起一种发生了特殊变化的生产方式，这种生产方式创造出新的生产力，同时又使自己在这种新的生产力基础上得到发展，于是发生经济革命（生产方式革命）；第三阶段，经济革命一方面巩固新的生产关系使之达到实质化和普遍化，另一方面发展起新的劳动生产力、生产条件与交往关系，为与现有生产方式相对立的新生产方式创造现实条件，为新形成的社会生活过程和新的社会形态创造物质基础。这里面出现的生产力发展、生产方式改变、生产关系转变的主要含义可以理解为以下几方面。

　　（1）生产力发展。生产力发展包括：生产力三要素的各自的发展、生产力三要素内含的知识和技术的进步、生产力内部各要素之间的物质技术关系的改进以及人们之间交往手段的变化。其中，生产力三要素各自的发展主要包含劳动者的体力、技巧、智力和健康及生产资料的种类、数量、质量、迂回生产等的进步；人们之间的交往手段不一定全部属于生产的范围，但它属于生产力在社会生活不同领域中的使用。

　　（2）生产方式改变。生产方式可以理解为在生产中生产力三要素的社会结合方式（组合方式）。生产的"方式"不同于生产中的"关系"，但一定的方式一定内含着相应的关系。资本雇佣劳动的生产方式，一方面体现着劳动者与生产资料的结合方式，另一方面又体现着特殊的所有制形式。在对原始生产方式的分析中，马克思指出："共同体（部落体）的特殊形式和与它相联系的对自然界的所有权这二者的原始统一，或者说，把生产的客观条件当作自然存在，当作以公社为中介的单个人的客观存在这样一种关系——这种统一一方面表现为一种特殊的所有制形式，在一定的生产方式本身中具有其活生生的现实性；这种生产方式既表现为个人之间的相互关系，又表现为他们对无机自然的一定的能动的关系，表现为一定的劳动方式（这种劳动方式总是表现为家庭劳动，常常是表现为公社劳动）。"① 在马克思看来，"人与人之间的相互关系"就是所有制形式，人对于"无机自然的一定的能动的关系"就是劳动，就是作为人与自然之间物质变换中介的劳动，表现为劳动方式。劳动方式就是劳动的组织方式，其核心是谁来组织、怎样组织以及这种组织的一定社会形式。劳动方式是劳动的社会结合方式，隶属于生产方式范畴。生产方式的改变既包括生产力要素的物质结合方式的改变（物质生产力变化），也包括生产力要素的社会结合方式的改变（生产关系变化）。相对于生产关系和生产力，生产方式是"一体两面"的，一方面它表现为生产力要素的技术结合方式，另一方面它表现为生产力要素的社会结合方式，也就是说一定的生产方式兼具自然属性和社会属性。

"力""方式""关系"三个范畴的字面含义实际上也显示着它们的相互关系。"力"是改变事物的东西，是一种作用。所谓"生产力"就是使生产要素相互结合产生物质财富的一种力量，要实现这种结合首先需要的就是物质层面的结合，体现为物质技术关系，同时，由于生产要素都是社会存在物，劳动者和生产资料都承载着一定的社会关系，因此这种结合就必然地要受到社会关系的制约。可以看到的情况是，在物质技术方面具有可行性，但由于各要素的社会关系属性不符合结合条件，生产力就不能发挥出来，这就是生产关系对于生产力的阻碍作用。当生产要素的物质技术关系与其社会关系相契合的时候，生产要素组合的力量就会发挥出来，于是就形成了一定的生产"方式"，按照这个方式，生产力从潜在的力量变成现实的力量。生产力从可能到现实的过程，意味着物质技术条件是根据、社会关系是条件。没有相应的物质技术条件，生产力就不具备可能性；具备物质技术条件，但没有相应的社会关系，生产力就是一种抽象的可能性；只有具备相应的物质技术条件和与之相适合的社会关系时，生产力才能够变成现实的可能性。

（3）生产关系转变。生产关系就是指社会生产所体现的人与人之间的关系，其核心是所有制关系。在旧的生产方式中发展起的交往手段、生产资料和需要，之所以能够超出原有的生产关系并迫使其发生改变，是因为

---

① 马克思恩格斯文集（第八卷）[M]．北京：人民出版社，2009：146.

新的经济条件（生产力的新要素及新的物质技术组合关系）不能够在原有的社会结合形式中转化为现实的生产力，从而使得原有的生产关系自身发生转变以适应新的条件，或者在原有的生产关系体系的边缘和外围发展起来，并形成与原有生产方式相对抗的社会群体，这些群体基于自身利益诉求要求改变原有的生产关系。也就是说，新的生产关系必须去适应生产力的新要素和新组合。当新的生产关系适应变化了的经济条件时，生产力的潜力便发挥出来，这种在新的社会形式下实现的生产力新要素的组合和利用方式就是新的生产方式，新的生产方式将推进生产力发展并在这种发展的基础上使自身发生进一步的变化，直至发生完全改变原有生产方式的经济革命。

3. 经典教科书版本强调"一元论"，遵循了唯物史观的基本原则

所谓"生产力一元决定论"是指在影响生产关系的所有因素中生产力是唯一的起决定作用的条件，它并不否定其他各种因素对生产关系的影响，但认为所有这些影响的范围和程度都要受到生产力发展水平和状况的制约，生产力对于生产关系的可选择区间起着最终的、归根到底的制约作用。比如说，地理环境、国家间的竞争、人的主观意图、政治环境、文化传统等显然都影响着生产关系，但所有这些影响都不可能使一个资本主义国家退回到奴隶社会，也可能使奴隶制国家进入共产主义社会，只有在一定的生产力水平和状态下，才能够去认识这些因素对生产关系的影响如何，这种制约其他各种影响因素发挥作用的根本条件，这种决定影响的影响、起最终限制作用的条件，就构成了"一元论"的决定作用。

生产关系的"一元决定论"是彻底的唯物主义观点。历史是客观规律性和主体能动性相互作用的结果。如图 1-2 所示，一定的生产力状况制约着人们对于生产关系的可能性空间，而人们在各种主客观条件和内外因素的影响下所建构的生产关系以及在这种关系中的行为和实践，又不断地改变着生产力条件，从而基于生产力状况的改变形成新的可能性空间，于是，人们在新的可能性空间中再次进行主体的实践。以此类推，就形成人类社会发展史。这一规律的根据在于生产力的间断性和非间断性变化这一

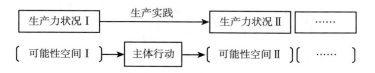

客观条件，它是彻底唯物的。

图 1 - 2　生产关系可能性空间随生产力的变化

　　既然如此，那么人的意向、思维、精神在历史过程中又发挥着怎样的作用呢？有人的思维参与其中的历史过程与自然史有什么不同呢？生产力和生产关系的矛盾运动决定了社会发展的一般趋势，杰出人物是顺应一般历史趋势而产生的，他们在历史上的作用并不能改变一般历史趋势，而是改变局部面貌或者加速历史进程。社会发展的一般趋势作为一种客观条件，迟早会改变人们对基本趋势的看法，当人们认识到这一趋势并去改变它（行动）时，趋势就会变成现实。社会历史发展的必然性要靠人的行动去实现，这并不是说它是主观的、无规律的，而是说，人的认识和意向要依赖于社会现实，而社会现实的趋向要通过人的认识和精神变成具体行动，当社会历史趋向被人们认识到并成为一种信念时，它就会通过人的行动而成为现实，人们之所以有这种必然性的信念，是因为人们看到了这种趋势并确信这种趋势最终要在精神上变成实际的东西，因而，这种必然性是包含了人的认识和精神在内的一种必然性，认识到必然性并采取行动本身成为必然性的一部分。

　　为了进一步解释生产力一元决定论的彻底的唯物主义倾向，有必要简单概括一下经济基础与上层建筑之间的关系。如图 1 - 3 所示，从生产关系的总和中产生了社会结构，即不同的阶级，这些阶级在国家中的地位就是国体，而政体就是统治阶级组织国家政权的形式和方法，国体和政体构筑起国家政治制度的基础。政治上层建筑是政治法律制度、组织和设施的总和，其中国家政权是核心。政治上层建筑对经济基础的作用，一方面是使生产关系合法化，另一方面是维护生产关系基本架构并根据社会矛盾变化对生产关系进行适应性调整。以生产关系为核心的全部经济关系和整个政治上层建筑，共同决定着社会人的心理，这些心理反映在人的观念领域就是意识形态，或者说是思想上层建筑，思想上层建筑又以政治上层建筑为物质附属物。在这个图景中，各要素既与其他要素之间发生复杂的联系，受整体的结构性制约，同时自身的运动又具有相对独立性。在结构内部，每个要素除了受箭头指示的方向的决定作用之外，也还受到相反方向的反作用，并且结构式开放性的，它允许系统之外的其他各种因素对内部各要素的运动发生各种影响，但是这些影响要受到内部关系的制约。只有把包括物质关系和思想关系在内的作为整体的关系的最终决定因素归结为经济基础，把作为生产关系总和的经济基础的最终决定力量归结为生产力，才能形成对社会总体性（过程总体和结构总体）的一种彻底的唯物主义的解释。生产力一元决定论中的"决定"的含义是，生产力以直接或间接的方式最终支配、制约着生产关系及所有其他因素对生产关系作用的范围和程度；受生产力状况所制约的经济基础，在归根到底的意义上支配、制约着上层建筑及所有其他因素对上层建筑作用的范围和程度；生产关系对生产力的反作用是以生产力对生产关系的决定作用为前提的，上层建筑对经济基础的反作用是以经济基础对上层建筑的决定作用为前提的。

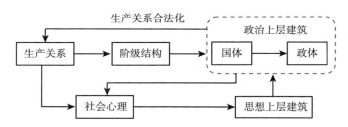

图 1-3 经济基础与上层建筑的关系

以上是我们对于第一个命题的概略性说明。在本书的第 2 章和第 3 章我们将进一步对这个问题进行更详细的研究。第一原理具有高度的抽象性，它的具体运用要以一定的历史条件为转移。在科学上，越是抽象的原理，就越有普遍性，在运用时越是需要考虑更多的条件。20 世纪以来，生产力和生产关系的世界化特征越来越明显，由此产生的交互作用使生产力与生产关系之间的矛盾在各个国家内部以不同的形式表现出来，使各国或地区的文明进程发生了分化。这一变化使生产力和生产关系的矛盾运动表现形式呈现出了特殊性和多样性特征。中国特色社会主义是自《共产党宣言》以来国际社会主义运动发展的必然结果，具有内在的逻辑和必然性。这个逻辑和必然性依然存在于生产力—生产关系矛盾运动的辩证关系之中。

资本自其产生之日便具有不可避免的对外扩张性，这是资本逐利动机的必然结果。资本主义生产方式在向全球扩张过程中，必然面临着高级生产方式同低级生产方式之间的冲突和斗争，从而使资本主义自身所固有的阶级矛盾在非资本主义国家或半资本主义国家以更加鲜明、更具变革动力的趋势表现出来，再加上世界各国资本主义发展的不平衡性，以及发达资本主义国家之间矛盾的尖锐化，这些世界体系的内在要素孕育产生了非资本主义国家或半资本主义国家的社会革命以及（不成熟、不充分、不完全的）社会主义发展道路。

这些国家的社会主义道路在本质上是资本主义向落后国家乃至全球扩张的产物，是资本主义世界体系形成过程中所产生的阶段性质变和局部性质变。所谓阶段性质变是指资本主义发展到垄断阶段以及国家垄断资本主义阶段，由于其内在矛盾的尖锐化以及向外扩张趋势的加剧，所引起的宗主国与殖民地之间的矛盾、半资本主义国家内部资本主义与非资本主义生产方式之间的矛盾，以及国内资产阶级与无产阶级之间的矛盾，这些矛盾相互交织、共生演化所导致的资本主义中心的"外围"首先发生社会形态的质变，这种质变是资本主义发展过程中的阶段性变化，它没有改变资本主义文明全球扩张的基本趋势。所谓局部性质变是从空间的范围而言的，资本主义中心国家不断将外围纳入自己的经济体系和文明体系，由于外围地带矛盾的特殊性以及中心地带自身的矛盾，从而使资本主义外围的局部发生了社会形态的质变。阶段性质变和局部性质变是事物向全面的、彻底的更高级形态发展的过渡形式，既然是过渡形式就一定会表现出发展的曲折性和迂回性。这种曲折性和迂回性并不是意味着否定了资本主义向社会主义过渡的历史必然性，决定资本主义向社会主义过渡历史必然性的是生产力与生产关系矛盾运动这一基本规律。

《共产党宣言》发表、俄国十月革命、苏联模式、中国改革开放前的社会主义革命和建设以及中国特色社会主义，是社会主义道路从产生到发展的几个主要阶段和标志性节点。社会主义道路诞生于资本主义世界体系扩张的时空维度中，它的必然性在于资本主义世界体系所内在地蕴含着的基本矛盾，它从可能性到现实性的演变的基本逻辑在于生产力水平的全球性提升以及发展的不平衡性。社会主义道路面临的总问题是生产力问题，以及如何建构生产关系使其不断适应生产力的变化和调整，建构的主体是社会主义的国家政权，因而社会主义国家政权的巩固和维持是其前提条件。

本书的第 4 章从"生产力—生产关系"的视角去解读社会主义道路的基本理论逻辑和实践演变过程。这一主题可以归结为以下几个命题：（1）资本主义世界体系的形成及其内在矛盾是资本全球扩张的产物，当今世界仍然处于资本主义文明的整体进程之中；（2）在资本主义世界体系中生产力与生产关系的矛盾表现为国家之间的矛盾、国家内部的矛盾以及世界各国发展的不平衡性，社会主义道路是资本主义世界体系内部矛盾体系共生演化的必然结果；（3）社会主义道路的前提是无产阶级国家政权的持续性和稳定性，总问题是生产力问题，因此，在社会主义上层建筑的整体架构内，保持国家政权的主体性和自觉性是关键，推动生产力发展是第一要务；（4）现实的社会主义道路区别于经典作家提出的"以生产力的普遍发展和与此相联系的世界交往为前提"① 的西方道路，它是资本主义世界体系的阶段性质变和局部性质变。

根据马克思经济学现代化的诉求，在生产力和生产关系辩证关系的视域内，我们尝试构建了经济发展的理论模型。第一个模型进一步解释了在产业创新过程中超额利润的经济机制，对马克思社会价值规律模型进行了发展；第二个模型通过知识创新和知识利用的机制解释了经济发展的本质。

超额利润是经济发展的动态经济现象。一般来说，当经济中出现了持久和连续的超额利润的时候，也就表明经济发展正在持续进行。在经济学史上，对于超额利润的研究主要有三种分析框架：第一种是新古典分析框架，超额利润被称为"经济利润"，属于企业获得的超过正常利润的利润，是由经济中的垄断造成的，有时也指经济活动中做出一个选择所获得的收

---

① 马克思恩格斯文集（第一卷）[M]. 北京：人民出版社，2009：539.

益与所放弃的具有最大收益的选择之间的差额，即"经济租"，所放弃的最大收益被称为"机会成本"。第二种分析框架是奥地利学派的框架，熊彼特的理论在一定程度上继承了奥地利学派的思想。这一学派的观点认为，他们的研究对象是"趋向均衡状态却绝不可能最终实现的市场过程"，企业家行为是发现、协调和消除社会的不协调，"企业家的社会协调过程绝不可能停止和耗尽。这是因为这些协调行为同时意味着创造和传播新的信息，这些信息必然改变参与其中的企业家对目标与手段的一般认识。这些变化反过来导致无数新的'不协调状态出现，它们代表新的企业家利润机会，这个动态过程扩散开去，永无止境，导致文明的不断进步"。① 熊彼特的理论与奥地利学派主流观点的区别在于，奥地利学派的企业家是不断地发现非均衡，获取利润机会，推动经济向永不可能的均衡状态前进；而在熊彼特的理论中，企业家的功能在于打破经济均衡，推动经济的结构向更高形态变迁。

第三种是马克思经济学，马克思经济学将超额利润界定为超过平均利润的利润。超额利润对于部门内部而言，是超额剩余价值的转化形式和现象形态，它取决于部门内部个别企业劳动生产率水平相对于部门平均生产率水平的不断提高；超额利润对于部门之间而言，当出现新产业时，它是超过平均利润的虚假的社会价值。在本书中，我们研究了后者。超额利润之所以是经济发展现象，是因为前者是分工结构不变条件下产业进步的机制，后者则意味着分工的深化和扩展，即专业化和产业创新的出现。二者都是经济均衡的破坏，是一种均衡状态向另一种均衡状态的过渡形式。在本书中，我们将马克思关于超额利润转化为地租的分析框架一般化，使之成为一种研究产业创新的一般理论。概括起来，这一理论可以归结为以下命题。

（1）超额利润是经济发展的普遍现象。在静态经济中，经济处于循环流转之中，资本家获得平均利润，并不存在超额利润；在动态经济中，出现了生产技术的进步、专业化导致的市场扩大和分工深化以及产业创新带

① ［西］赫苏斯·维尔塔·德索托. 奥地利学派：市场秩序与企业家创造性［M］. 杭州：浙江大学出版社，2010：10.

来的分工扩展，打破循环流转的均衡状态，从而为整个经济体系带来超额利润。

（2）商品的社会价值可以通过平均价值、最高个别价值、最低个别价值和垄断价格而形成。以部门内部具有最低劳动生产率企业的最高个别价值（或个别生产价格）形成社会价值（或社会生产价格），就会产生"虚假的社会价值"。超额利润是超过成本价格的"虚假的社会价值"，是产业创新中的普遍现象。

（3）超额利润的存在使社会的价值总量发生虚假的增值，从而通过类似通货膨胀的方式，以不等价交换或直接向消费者获取的社会过程，无偿占有一部分社会财富。

（4）由于超额利润的存在，社会的一般利润率不再表现为一个没有时间框架的单一的下降趋势，而是表现为一个波浪式下降的过程。

（5）超额利润的产生、增大、衰减、消失对应于经济运行中复苏、繁荣、衰退、萧条四个阶段，可用"超额利润周期"来测度主导产业重大创新引致的"康德拉季耶夫周期"。

（6）超额利润的存在意味着经济处于非均衡状态，因此，研究超额利润对价值总量和一般利润率的影响不能采用一般均衡假定下的理论模型，如斯拉法的基于实物和价格关系的一般均衡模型，也不能采用马克思的社会资本再生产理论、等价交换理论、等量资本获取等量利润理论以及第二种社会必要劳动时间理论。

超额利润的运动机制是由超额剩余价值规律和虚假的社会价值规律决定的。在市场经济中，资本的运动在实质上就是生产力在一定的生产关系中的不断变化，这种变化不仅包括生产力的量的扩大（体现为资本积累的规模），而且还包含着质的提高（体现为资本技术构成、分工、产业创新等）。由于生产力的变化，物质生产方式也会随之发生变化，进而生产关系也会发生变化，物质生产方式与生产关系之间的相互作用关系（《资本论》中的主题之一）是由生产力所决定的。超额利润的一般理论揭示了市场经济中生产力变化的内在动力，从而阐明了资本的运动为什么能够成为经济增长的发动机，同时它也意味着剩余价值分配理论的新的扩展。在超额利润存在的情况下，科学家、发明者、企业家（熊彼特意义上的）、资本家（资本所有权主体）、企业经营管理者、信用提供者等不仅在传统意义上存在着剩余价值的分配关系，而且也存在着对超额利润的分配关系。特别是在现代资本主义企业中，研发部门成为隶属于资本的最重要的生产部门，正如马克思 100 多年前所言，"在简单协作中，资本家在单个工人面前代表社会劳动体的统一和意志，工场手工业使工人畸形发展，变成局部工人，大工业则把科学作为一种独立的生产能力与劳动分离开来，并迫使科学为资本服务"。① 企业家的功能已经被企业的董事会和战略决策部门代替，成为企业的常规活动，研发成了隶属于资本的高级劳动，研发人员也会分享一部分超额利润。

　　与超额利润现象相对应的，是科学或者说知识进入生产和经济过程。超额利润的机制本质上是一种不断地将知识并入生产过程的经济机制。超额剩余价值规律表达的是在产业或部门内部新的生产函数的进入，是生产知识的更新和发展；而虚假的社会价值规律表达的是新的产业或部门即完全新的知识并入经济过程。从知识论的视角看待经济发展的本质，经济中的创新和结构性变化都意味着社会中的知识被经济过程所吸收。因此，经济发展的速度就取决于社会中的知识生产以及企业家将知识引入经济过程的速度和效率。这基本上也是马克思的命题。在论述决定劳动生产力的因素时，马克思将科学及其应用作为最重要的因素之一："劳动生产力是由多种情况决定的，其中包括：工人的平均熟练程度，科学的发展水平和它在工艺上应用的程度，生产过程的社会结合，生产资料的规模和效能，以及自然条件。"② 在一系列关于资本主义生产的论述中，马克思多次表达了这样的观点："大工业把巨大的自然力和自然科学并入生产过程，必然大大提高劳动生产率"，③ "劳动生产力是随着科学和技术的不断进步而不断发展的"，④ "随着科学作为独立的力量被并入劳动过程而使劳动过程的智力与工人相异化"。⑤ 知识进入生产过程的机制就是超额利润的运动以及随

---

① 马克思恩格斯文集［M］. 北京：人民出版社，2009：418.
② 马克思恩格斯文集［M］. 北京：人民出版社，2009：53.
③ 马克思恩格斯文集［M］. 北京：人民出版社，2009：444.
④ 马克思恩格斯文集［M］. 北京：人民出版社，2009：698.
⑤ 马克思恩格斯文集［M］. 北京：人民出版社，2009：743.

之而来的作为整体的劳动（包括科学劳动在内的总体劳动）的复杂程度提高，随之工人的受教育程度以及全社会的教育水平必然地要提高，这是社会中知识增长的必然要求。

在现代经济学中，经济发展核心要素被归结为知识和人力资本（在马克思经济学中这一概念可以视为劳动的复杂化或劳动力的质量）。在古典政治经济学中，国民财富增长的原因主要归结为分工和物质资本，物质资本的增加是经济发展中的重要影响因素，故而，新古典增长理论将人均资本作为影响经济增长的核心变量纳入理论模型，人均资本数量被视为解释各国之间人均收入差距的主要原因。随着经济发展核心要素的转移和变化，现代西方经济学普遍更加重视知识和人力资本，而物质资本被视为知识和人力资本的物质表现形态，或者说是知识和人力资本的物质载体和创造物。第二次世界大战后德国和日本的迅速崛起，最主要的原因是其知识存量和人力资本存量的规模没有在战争中缩减，甚至通过战争而得到了进一步扩张，大量的理论知识变成实践知识和军事上的应用技术，然后转化为民用技术，所以，尽管战争造成巨大破坏效应，摧毁了大量物质资本，但这两个国家仍然能够在战后迅速崛起，仍然能够保持国家竞争优势。

一系列事实和案例均表明：在现代经济中，知识创新和企业家才能（或者称为企业家人力资本）对经济发展具有重要的推动作用，是制约经济发展的重要变量。知识创新表明一国知识更新的速度以及知识生产可能性边界的扩展程度，它不仅包括理论知识创新，也包括实践知识创新。理论知识指的是科学理论，是事物规律性的认识；实践知识指的是技术发明和技术运用。历史上，理论知识和实践知识对产业发展作用的顺序并不相同。在第一次产业革命中，最先引起产业发展的是实践知识，而理论知识的革新产生于产业革命之前，并在实践知识发展到一定程度之后成为实践知识的理论基础。第二次产业革命是理论知识的革命引起实践知识的革新，先有科学知识的进步，然后才有实践技术的发展。第二次世界大战后一系列技术进步表明：理论知识是实践知识的基础，但实践知识的进步有其内在动力和规律，理论知识对于各国具有公共性，但实践知识却具有竞争性和排他性，一国知识的进步主要指的是实践知识的增加。

企业家才能是指企业家将知识引入市场的能力。现代经济学普遍采用均衡分析方法，而熊彼特对企业家职能的描述则是，企业家通过创新打破循环流转（经济均衡），推动经济结构的变迁。科兹纳将企业家定义为在非均衡的经济中发现套利机会推动经济恢复均衡的人。舒尔茨采用了后者的观点，将企业家精神纳入人力资本的分析框架。企业家精神也称为企业家才能，是一种人力资本，可纳入人力资本的范畴中。企业家才能在马歇尔《经济学原理》中作为第四种生产要素，但关于企业家才能的分析与均衡分析是脱节的。马歇尔提供了将企业家才能看作人力资本的思想，以及认为这种人力资本具有报酬递增的性质。

根据创新活动的过程，可以将人力资本划分为四种类型：（1）用于研发的人力资本，这种资本集中在科学发现和技术发明的领域中；（2）企业家精神，将科学技术成果首次进行商业化运用，以及发现市场非均衡过程的利润机会；（3）组织管理才能，在制度化的程序和支配要素组合方面具有的专业知识和技能；（4）专业操作技能，具体的操作性的知识和才能。

人力资本概念是一个西方经济学的范畴，它模仿了物质资本的概念。按照马克思经济学的概念界定，物质生产资料和劳动力都是创造财富的要素，但只有活劳动才创造价值。根据概念之间的这种差异，我们将企业家才能视为资本家的经济职能之一。在马克思经济学中，资本家是三位一体的，是资本所有者、经营管理者和创新者。为了简化分析，在我们的理论中，资本家仅仅被视为熊彼特意义上的企业家，是将社会中新的知识引入经济过程中，实现创新、打破经济均衡并推动经济走向均衡的人。因此，本书将企业家定义为创造和利用市场机会的人，企业家的行为既包括通过创新（包括制度创新）打破均衡状态，也包括对其他因素和外生冲击引起的非均衡所带来的市场机会具有洞察力并进行套利活动的人，在这个定义下创新后的模仿者也被归入企业家的行列。

考虑了产业创新中的超额利润以及由于知识增进而引起的劳动复杂性程度提高（劳动升级），马克思经济学的资本总量理论和资本增长理论就可以得到扩展。通过引入价值膨胀系数和劳动复杂性系数，社会中价值总量的增长就取决于经济中产业创新引起的价值膨胀程度、社会的劳动复杂性程度、积累率和利润率。这就是动态经济模型，即经济发展模型。当我们不考虑经济发展的因素时，即不考虑超额利润和知识并入生产过程，就可以得到一个静态经济模型。这个模型意味着资本增长速度或经济增长率取决于积累率和一般利润率。

在本书中，我们初步考察了静态经济的增长模型。根据这个模型，在资本有机构成不变的情况下，一个社会的资本积累速度取决于剩余价值用于分配的比例（积累率）以及社会中的一般利润率的变化。处于不同状态下的社会，这两个比例不同，存在着多种组合，因此就表现出不同的经济增长速度。影响利润率和积累率的因素是不同的，积累率取决于剩余价值的分配以及资本家的投资意愿，利润率取决于工资与利润的比例关系、剩余价值的实现、资本周转速度、经济周期等因素。因此，这个模型以简约的方式涵盖了经济运行的机制。

马克思关于资本积累一般趋势的分析，可以扩展为一个关于资本积累影响就业和收入分配的一般性模型。这实际上是亚当·斯密古典政治经济学的一个基本理论框架，在《政治经济学要义》一书中，詹姆斯·穆勒也运用这个理论来论述，其中的观点为工资率决定于人口和雇佣手段即资本之间的比例。① 马克思继承和发展了这一思想，他认为资本积累从根本上制约着劳动人口和工资率的变动，在资本主义的经济体系中，资本积累、劳动人口和工资率之间存在着一种负反馈的内在机制，使各变量变动的界限保持在不侵犯资本主义制度的基础并且能够不断扩大再生产的前提之上。根据经济增长的静态模型，可以进一步对经济运动的静态理论进行刻画：资本积累速度取决于利润率和积累率，而资本积累速度又决定着社会中的就业波动和工资水平的变化。

这样我们就完成了对经济运动的动态考察（经济发展模型）和静态考察。但是，这种考察并没有涉及货币的运动，因而对于描述整体经济运动仍然是不完整的。现代经济呈现出实体经济和虚拟经济相互影响、相互作用的更为复杂的图景，需要将货币的运动和虚拟资本的运动纳入经济运动

---

① ［英］詹姆斯·穆勒. 政治经济学要义［M］. 北京：商务印书馆，1993：24.

的一般理论。

　　由此，我们从马克思关于货币、信用和虚拟资本的论述中发展出来的一个关于现代信用货币流动及实体经济与虚拟经济关系的分析框架。从现代经济运行的角度来讲，中央银行发行的基础货币与商业银行创造出来的存款货币是货币的两种基本存在形式。这两种货币都是信用货币，其产生的机制都是通过贷款（授信）而开始的。在货币学说史上，存在着信用媒介和信用创造两种不同的观点，我们认为现在经济中主要货币机制是信用创造，是贷款创造存款。这与历史的顺序也是一致的："只有在存款银行能够开展这种更受欢迎的业务以后，存款银行业务才得以迅速、广泛地普及起来。这个职能就是提供全国范围内的纸币流通业务。……使用银行发行的纸币通常早于养成把钱存入银行的习惯。……银行的纸币发行孕育银行存款。"① 目前，在非主流的货币理论中，如意大利的货币循环学派、现代货币理论，都广泛地认同这一基本理论。在马克思的货币理论中，也论证了信用货币的性质，但马克思创造的更多是信用媒介思想，这与马克思所处的时代条件有关。

　　马克思还研究了虚拟资本的各种情况，从而为我们进一步研究虚拟经济提供了一个理论基础。现代经济中虚拟经济高度发展，其规模早已远远地超出了实体经济规模，20 世纪 80 年代以来经济金融化趋势日渐明显，从而使实体经济与虚拟经济之间的关系成为政治经济学的一个核心问题。根据马克思在《资本论》中关于货币资本与现实资本之间的关系的论述，我们构建了研究现代经济运行中包括了虚拟经济的一般理论框架。这一框架可以概括在图 1 - 4 中，实体经济是所有现实资本（商品资本和生产资本）运动的总和，虚拟经济是信用货币运动和虚拟资本运动的总和；现实资本的基础上产生的各种所有权证书（有价证券）形成虚拟资本，银行体系以虚拟资本为储备或抵押发行信用货币，信用货币分别媒介现实资本的运动和虚拟资本的运动。

―――――――――――

　　① ［英］沃尔特·白芝浩. 伦巴第街——货币市场记述［M］. 上海：上海财经大学出版社，2008：37 - 39.

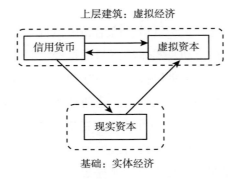

图 1-4　实体经济与虚拟经济的辩证关系

　　概括起来，本书研究的经济运动包括了四个方面的内容：一是作为生产力和生产关系统一的生产方式的运动；二是动态经济中的运动，即经济发展；三是静态经济中的运动，即资本积累、就业和工资波动；四是实体经济与虚拟经济之间的矛盾运动关系。这四点构成了关于经济运动形式的整体性描述，成为现代马克思主义政治经济学的一个雏形。要构建一个更加完整的理论体系，还需要考察政治上层建筑和思想上层建筑与经济运动的关系，这是一个更加宏大的主题，我们留待以后的去完成。

第 2 章

生产力一元决定论的文本解读

生产关系是生产力借以实现的"社会形式",生产力决定生产关系、生产关系反作用于生产力,这是人类社会生活的基本规律。这一规律必须运用唯物的、实践的、辩证的思维方法,特别是要运用唯物辩证法的基本规律进行正确解读。本书试图澄清与基本原理有关的三个基本理论问题:第一,生产力对生产关系并不是事后意义上的"系统决定",也不是事前意义上的"多元决定",而是"辩证决定";第二,生产关系产生的"生产力前提"不同于生产关系对生产力的"决定性的反作用",不能将反作用理解为事后意义上的"系统因果性";第三,马克思、列宁设想的"东方道路"问题是一个历史发展的特殊性问题,它与英国工场手工业产生后生产关系对生产力的"决定性的反作用"不是同一个问题,不能等同视之,不能用"东方道路"的特殊性否定"生产力一元决定论"的普遍性。在此基础上进一步解释生产力—生产关系基本原理。

2.1 正确理解马克思关于基本原理的有关论述

生产力和生产关系的矛盾法则贯穿于马克思对人类历史的研究之中。马克思有时将其直接看作"生产资料与生产关系"的关系,有时将其称为"生产力与交往形式"的关系,有时称作"生产力与社会关系之间的联系"等。特别地,马克思还直接将二者之间的关系称为"生产力(生产资料)

的概念和生产关系的概念的辩证法"。① 从经典文本来看，马克思对基本原理的具体表述主要有以下三种方式。

一是直接表述为生产力与生产关系（或交往形式、社会形式）的"对立""矛盾""冲突""对抗"等。这种用语在马克思的著作中是最常见的。马克思运用这样的词汇似乎表明，生产力与生产关系的发展不相适应、彼此之间发生对抗而需要调整的情况。根据马克思描述的二者之间的关系，生产关系是人们在其中获得一定生产力的"社会形式"②，生产力在一定的生产关系中运动，当生产力发展到生产关系不能相容的地步，二者之间就会通过斗争的形式表现出来。因此，在这里，生产力与生产关系之间直接的就是社会经济运动中对立的两个方面。传统理论将"生产方式"看作这样的"统一体"，是有一定道理的，但是"生产方式"这个范畴在马克思的文本中是一个多义的概念，有学者认为，在《资本论》中它主要指的是"劳动方式"，马克思所要研究的是资本主义"劳动方式"及其与之相适应的生产关系和交换关系。③④ 如果这样来理解，那么"生产方式"就成了生产力与生产关系两个范畴之间的"中介"，而不是统一体。如果将"生产方式"理解为区别各社会形态之不同特征的广义的社会经济范畴，那么也可以将生产力与生产关系的对立和斗争统一于一定"生产方式"，这样理解也是有道理的。以下我们摘录了马克思关于生产力与生产关系之间矛盾和对抗的一部分阐述：

"生产力和交往形式之间的这种矛盾——正如我们所见到的，它在迄今为止的历史中曾多次发生过，……按照我们的观点，一切历史冲突都根源于生产力和交往形式之间的矛盾。"⑤

"如果这种理论、神学、哲学、道德等等同现存的关系发生矛盾，那么，这仅仅是因为现存的社会关系同现存的生产力发生了矛盾。……生产力、社会状况和意识，彼此之间可能而且一定会发生矛盾，……而要使这

---

① 马克思恩格斯文集（第八卷）[M]. 北京：人民出版社，2009：34.
② 马克思恩格斯文集（第十卷）[M]. 北京：人民出版社，2009：43.
③ 雍文远. 怎样理解"我要在本书研究的，是资本主义生产方式以及和它相适应的生产关系和交换关系"[J]. 上海经济研究，1982（7）.
④ 林岗. 论"生产力决定生产关系"的原理 [J]. 哲学研究，1987（4）.
⑤ 马克思恩格斯文集（第一卷）[M]. 北京：人民出版社，2009：567-568.

三个因素彼此不发生矛盾，则只有消灭分工。"①

"分配关系，从而与之相适应的生产关系的一定的历史形式，同生产力，即生产能力及其要素的发展这两个方面之间的矛盾和对立一旦有了广度和深度，就表明这样的危机时刻已经到来。这时，在生产的物质发展和它的社会形式之间就发生冲突。"②

"几十年来的工业和商业的历史，只不过是现代生产力反抗现代生产关系、反抗作为资产阶级及其统治的存在条件的所有制关系的历史。"③

"现代工业和科学为一方与现代贫困和衰颓为另一方的这种对抗，我们时代的生产力与社会关系之间的这种对抗，是显而易见的、不可避免的和毋庸争辩的事实。"④

二是采用"适合""适应"等语词来表述二者之间的关系。这也是马克思经常使用的表述方式，这一论述为很多人熟悉，斯大林将其概括为"生产关系一定要适合生产力规律"。限于篇幅，这里我们只引用马克思的若干论述中一句最为经典的一段话："人们在自己生活的社会生产中发生一定的、必然的、不以他们的意志为转移的关系，即同他们的物质生产力的一定发展阶段相适合的生产关系。"⑤ 这种表述的含义在于，生产力是历史发展的基础，是既定的历史条件，是前提，不是人类能够自由选择的；生产关系作为生产和生产力借以实现的"社会形式"，它只能对生产力起适合或不适合的功能性作用，因而生产关系依据生产力的发展而改变，生产关系依据生产力而具有不同的形式。这是理解二者之间的内在关系的关键之点，马克思有专门的解释。在致安年科夫的信中，马克思指出："人们不能自由选择自己的生产力——这是他们的全部历史的基础，因为任何生产力都是一种既得的力量，是以往的活动的产物。可见，生产力是人们应用能力的结果，但是这种能力本身决定于人们所处的条件，决定于先前已经获得的生产力，决定于在他们以前已经存在、不是由他们创立而是由

---

① 马克思恩格斯文集（第一卷）[M]. 北京：人民出版社，2009：534 – 535.
② 马克思恩格斯文集（第七卷）[M]. 北京：人民出版社，2009：1000.
③ 马克思恩格斯文集（第二卷）[M]. 北京：人民出版社，2009：37.
④ 马克思恩格斯文集（第二卷）[M]. 北京：人民出版社，2009：580.
⑤ 马克思恩格斯文集（第二卷）[M]. 北京：人民出版社，2009：591.

前一代人创立的社会形式。后来的每一代人都得到前一代人已经取得的生产力并当做原料来为自己新的生产服务，由于这一简单的事实，就形成人们的历史中的联系，就形成人类的历史，这个历史随着人们的生产力以及人们的社会关系的愈益发展而愈益成为人类的历史。……他们的物质关系形成他们的一切关系的基础。这种物质关系不过是他们的物质的和个体的活动所借以实现的必然形式罢了。……人们永远不会放弃他们已经获得的东西，然而这并不是说，他们永远不会放弃他们在其中获得一定生产力的那种社会形式。恰恰相反。为了不致丧失已经取得的成果，为了不致失掉文明的果实，人们在他们的交往（commerce）方式不再适合于既得的生产力时，就不得不改变他们继承下来的一切社会形式。"[1]

三是采用"随着……，则……"的语句来论述二者之间的关系。这种论述表达的是一种典型的"时序因果"关系，即生产力的发展在前，生产关系的变革在后。它要表达的含义在于：生产力是引起生产关系变化的原因，生产力是自变量、生产关系是因变量，生产力是主动的一方，生产关系是被动的一方。马克思采用这种表述的情况比前面两种要少一些，但观点是没有变的。限于篇幅，这里只引用两处：

"社会关系和生产力密切相连。随着新生产力的获得，人们改变自己的生产方式，随着生产方式即谋生的方式的改变，人们也就会改变自己的一切社会关系。手推磨产生的是封建的社会，蒸汽磨产生的是工业资本家的社会。"[2]

"生产者相互发生的这些社会关系，他们借以互相交换其活动和参与全部生产活动的条件，当然依照生产资料的性质而有所不同。……各个人借以进行生产的社会关系，即社会生产关系，是随着物质生产资料、生产力的变化和发展而变化和改变的。生产关系总和起来就构成所谓社会关系，构成所谓社会，并且是构成一个处于一定历史发展阶段上的社会，具有独特的特征的社会。"[3]

以上三种表述散见于马克思的各种文献以及对于具体历史的研究中。

---

① 马克思恩格斯文集（第十卷）[M]．北京：人民出版社，2009：43 - 44.
② 马克思恩格斯文集（第一卷）[M]．北京：人民出版社，2009：602.
③ 马克思恩格斯文集（第一卷）[M]．北京：人民出版社，2009：724.

同时涵盖三种表述的概括性总结是在《〈政治经济学批判〉序言》中提供的，马克思认为，这是指导他的整个研究的总的结果。可见，马克思确实是将生产力和生产关系看作人类社会发展中对立统一的两个方面，并且将其相互之间的运动视为质变和量变、对立统一和否定之否定的过程。在黑格尔的《逻辑学》中，质变量变规律属于"存在论"的范围，而对立统一规律属于"本质论"的范围。但这两个规律并不是外在的规律。在同一的生产过程中，不存在没有生产关系的生产力，也不存在没有生产力的生产关系，二者统一于具体的生产活动之中；在二者之间的相互运动过程中，一定的生产力决定了生产关系的可选范围，同时一定的生产关系只能同一定的生产力区间相适应，二者之间是外在的关系，其运动都具有相对独立性。

　　除了这些表达方式之外，马克思还使用了其他的一些语词，但并不是太常见。例如，有时也采用"决定""制约"等语词来表达二者之间的关系。"一定的生产方式或一定的工业阶段始终是与一定的共同活动方式或一定的社会阶段联系着的，而这种共同活动方式本身就是'生产力'；由此可见，人们所达到的生产力的总和决定着社会状况，因而，始终必须把'人类的历史'同工业和交换的历史联系起来研究和探讨。"① "受到迄今为止一切历史阶段的生产力制约同时又反过来制约生产力的交往形式，就是市民社会。"② 这些表述同上面的论述并不矛盾，只是换了一种表达方式而已。值得注意的是，马克思所论及的"制约"，不同于"决定"，它指的是二者之间直接的"相互作用"，但这并不与"决定与反作用"的关系相矛盾。"决定与反作用"是相互作用的主要形式，是无数的相互作用形式中具有内在必然性的形式。没有相互作用，也就没有所谓的辩证决定；同样地，没有辩证决定，也就没有具体的相互作用。相互作用始终只是比辩证决定更为一般的概念，它表达的是事物之间的"普遍联系"。辩证决定与相互作用的关系，实际上就是传统理解中的"决定与反作用"的关系。在《资本论》中，可以看到，马克思使用了"决定性的反作用"这样的语词：

---

① 马克思恩格斯文集（第一卷）[M]．北京：人民出版社，2009：532 – 533.
② 马克思恩格斯文集（第一卷）[M]．北京：人民出版社，2009：540.

"从直接生产者身上榨取无酬剩余劳动的独特经济形式，决定了统治和从属的关系，这种关系是直接从生产本身中生长出来的，并且又对生产发生决定性的反作用。"①

这里，生产关系对生产力的"决定性的反作用"，是以承认生产力对生产关系的"决定性作用"为前提的。"决定性的反作用"只是而且仅仅表明，不改变旧的生产关系，新的生产力就不能获得发展，新的生产关系只是在旧的生产关系中成长起来的生产力的潜在发展条件。在这个意义上，在辩证作用的具体环节上，也可以说，生产关系是决定性的（反作用），是矛盾的主要方面。所以，马克思说，"从资本的观点来看，资本以前的各个生产阶段都同样表现为生产力的控制。而资本本身，如果理解得正确，只有当生产力需要外部的刺激而这种刺激同时又表现为对生产力的控制的时候，才表现为生产力发展的条件"②。这句话表明了"决定性的反作用"的真正含义。毛泽东对这一观点有过明确的论述：

"诚然，生产力、实践、经济基础，一般地表现为主要的决定作用，谁不承认这一点，谁就不是唯物论者。然而，生产关系、理论、上层建筑这些方面，在一定条件之下，又转过来表现为主要的决定的作用，这也是必须承认的。当不变更生产关系，生产力就不能发展的时候，生产关系的变更就起了主要的决定的作用。……这不是违反唯物论，正是避免了机械唯物论，坚持了辩证唯物论。"③

这是从矛盾的主要方面和非主要方面的相互转化的角度来讲的，要说明的是矛盾的特殊性。"生产力决定生产关系"是"一般条件下"的普遍规律，而"生产关系的决定性的反作用"则是"在一定条件下"的特殊情况，这个"一定条件"就是指不变更生产关系生产力就不能发展的时候，是在生产关系成为生产力发展的桎梏的时候，是在矛盾双方处于对立状态的时候。这恰恰不是否定生产力的首要性和发展性，而正是表明了生产力对生产关系的支配作用。虽然旧的生产关系在一定时间内阻碍新的生产力的发展，但是，新的生产力并不是凭空产生，它是在旧的生产关系的母体

---

① 马克思恩格斯文集（第七卷）[M]. 北京：人民出版社，2009：894.
② 马克思恩格斯文集（第八卷）[M]. 北京：人民出版社，2009：96.
③ 毛泽东选集（第一卷）[M]. 北京：人民出版社：1991：325 – 326.

中孕育成长的，它是旧的生产力在旧的生产关系中发展的结果，而旧的生产关系在成为生产力发展的障碍之前也正是通过促进生产力发展而获得历史合法性的。也就是说，与一定的生产力状况相适合的生产关系，促进了生产力发展，生产力的发展却导致生产关系不适合生产力，从而使变革生产关系成为生产力发展的必要条件。

在此，不能将生产力与生产关系的关系问题理解成主要矛盾和非主要矛盾的关系，从而将生产力—元决定论理解成多元决定论的对立面。生产力—元决定论表达的含义是，作为"统一体的一个方面"的生产力在一般条件下起决定性作用、起支配作用，而生产关系对生产力的"决定性的反作用"，则是以生产力的决定性作用为前提条件和先在条件的，因此，在特殊条件下，当生产关系成为矛盾的主要方面起支配作用的时候，即当生产关系阻碍生产力发展的时候，生产关系的变化就会对生产力进一步发展产生决定性的反作用。在社会历史进程中，生产力和生产关系谁占主导地位，是随着具体条件而变化的，而这种变化是朝着自己的对立面转化的，原来的主要方面变成非主要方面，原来的非主要方面变成主要方面，而矛盾也随之变化，旧的矛盾为新的矛盾所代替，这种变化不是单纯的重复，而是否定之否定。这就完全不同于多元决定论。现实中人们理解的多元决定论又分两种，一种是主张多种因素作用于同一事物的"多因素论"，另一种则是主张事物是多种矛盾的统一体，因而事物的发展进程是多种矛盾共同决定的，这就否定了根本矛盾（如社会发展中生产力与生产关系的矛盾）和基本矛盾（如资本主义社会中的社会的社会化与私人占有之间的矛盾）的决定作用，否定了必然性，这种决定论就是阿尔都塞的矛盾的"多元决定"，或者说用现代的表述方式"系统决定"。

毛泽东指出，"在复杂的事物的发展过程中，有许多的矛盾存在"；在不同的情况下，主要矛盾和非主要矛盾的地位发生变化，但不管怎样，"其中必有一种是主要的，起着领导的和决定的作用，其他则处于次要和服从的地位""事物的性质，主要地是由取得支配地位的矛盾的主要方面所规定的"①。虽然毛泽东这一论点启发了法国哲学家阿尔都塞，但阿尔都

---

① 毛泽东选集（第一卷）［M］. 北京：人民出版社，1991：320－322.

塞提出"矛盾与多元决定"却是完全不同于毛泽东的决定论。阿尔都塞的多元决定论强调的仅仅是事物的进程是由多种矛盾所构成的统一体，从而排斥黑格尔式单一的矛盾决定的辩证展开体系（逻辑和历史相统一）。阿尔都塞认为，黑格尔的矛盾是单一的矛盾决定论，因而是抽象的和不现实的，马克思对黑格尔辩证法合理内核的吸收不在于唯物主义的"颠倒"，而在于真正地改造了辩证法的内在结构，从而形成了一种包含经济基础（生产力和生产关系）、上层建筑及其他方面各种矛盾对历史进程的多元决定：

"在各有关领域中活动的'不同矛盾'"并不是像黑格尔辩证法中那样构成一个简单矛盾的内在统一体，而是在"构成统一体的同时，重新组成和实现自身的根本统一性，并表现出它们的性质：'矛盾'是同整个社会机体的结构不可分割的，是同该结构的存在条件和制约领域不可分割的；'矛盾'在其内部受到各种不同矛盾的影响，它在同一项运动中既规定着社会形态的各方面和各领域，同时又被它们所规定。"①

阿尔都塞的这一观点虽然表述得极其复杂和费解，但实际上就是毛泽东关于主要矛盾和非主要矛盾的思想的极端化。如果将黑格尔的方法理解成"逻辑和历史相统一"的客观唯心主义的历史辩证法，那么阿尔都塞的辩证法则是一种以"矛盾"为核心的"共时性"的辩证法，它着眼于历史进程中某一时刻（横断面）存在的各种矛盾的复合体的性质。这显然并不是马克思辩证法的全部，将其视为马克思辩证法的基本结构，是对马克思思想的极大误解。马克思在《资本论》中的辩证法，不仅遵循了逻辑和历史相统一的方法而实现了范畴的运动和展开，而且对黑格尔的《逻辑学》的结构进行了科学改造，马克思完全克服了卢卡奇所指责的黑格尔生硬地将范畴塞进"正反合"的框架中的毛病。毛泽东的《矛盾论》是对列宁的辩证法思想的合理发展，他所论的矛盾包括"各个物质运动形式的矛盾，各个运动形式在各个发展过程中的矛盾，各个发展过程的矛盾的各个方面，各个发展过程在其各个发展阶段上的矛盾以及各个发展阶段上的矛盾

---

① 阿尔都塞. 保卫马克思［M］. 北京：商务印书馆，2016：89.

的各个方面"①，因而，绝不是阿尔都塞所论述意义上的多元决定论。同时，毛泽东的"矛盾"概念也存在层次性，即不同的矛盾的普遍性程度是不同的，生产力与生产关系、经济基础与上层建筑之间的矛盾属于人类社会发展中的根本矛盾，而生产的社会性与占有制的私人性的矛盾属于资产阶级社会的基本矛盾。这是同阿尔都塞的多元决定论完全不同的。马克思意义上的"生产力一元决定论"与毛泽东对生产力和生产关系的辩证理解没有任何实质性的区别。

阿尔都塞不赞成恩格斯的命题——"历史过程中的决定性因素归根到底是现实生活的生产和再生产"②。这就表明了阿尔都塞所理解的马克思的辩证法是不同于马克思的。恩格斯的解释可以重新表述为：第一，人们是在一定的前提下创造历史，其中，经济条件是决定性的，政治、意识等条件起作用，但不起决定性作用，政治归根到底是由历史的、经济的原因而产生和发展起来的；第二，历史是由许多的单个人的具有冲突性的意志的合力而形成的不自觉的结果，单个人的意志归根到底是由经济情况所决定的生活条件造成。恩格斯的特别说明，所针对的是机械的、单一因素的"经济决定论"观点，其论证的逻辑是要解释什么因素决定了历史斗争或者说政治上层建筑和国家的进程和事件。在这个意义上，经济运动（生产力和生产关系的矛盾）归根到底决定了历史的一般进程和总体趋势，而这种决定是通过无穷无尽的偶然事件而获得的，众多因素的相互作用与经济运动归根到底的决定作用并不矛盾，相反，经济运动的必然性恰恰是通过偶然性为自己开辟道路的，是通过这些无数的偶然因素而实现的。所谓的"归根到底"，指的是由经济运动造成的社会发展的一般趋势在背后作为偶然事件或者各因素相互作用的内在根据而间接地、有中介地发挥作用。非本质条件能够改变事物发展的个别外貌，但经济状况决定事物发展的一般进程。正如恩格斯指出的，偶然事件也就是指"这样一些事物或事变，他们的内部联系是如此疏远或者是如此难于确定，以致我们可以认为这种联系并不存在，忘掉这些联系"③。

---

① 毛泽东选集（第一卷）[M]. 北京：人民出版社，1991：320 – 322.
② 马克思恩格斯文集（第十卷）[M]. 北京：人民出版社，2009：591.
③ 马克思恩格斯文集（第十卷）[M]. 北京：人民出版社，2009：592.

在 1894 年的一封信中恩格斯进一步给出了"归根到底"的解释，这种解释包括三个方面：第一，作为全部社会历史决定性基础的经济关系不仅包括生产和交换的方式，而且包括全部技术、地理环境、各种残余经济成分和外部环境；第二，政治、法律、宗教等因素相互之间发生相互作用并对经济基础发生作用，"是在归根到底不断为自己开辟道路的经济必然性的基础身上"发生的；"通过各种偶然性来为自己开辟道路的必然性，归根到底仍然是经济的必然性"；第三，经济状况并不是自动地发生作用，而是人们在既定、制约它的环境中，在现有的现实的关系的基础上，在一个有明确界限的既定社会内，自己创造自己的历史，其中，经济关系不管受到其他关系的多大影响，但归根到底是决定意义的，是"贯穿始终的、唯一有助于理解的红线"。① 对于这一更为明确的解释，阿尔都塞没有提及，所以，他反驳的文本依据是片面的。恩格斯的特别说明只是用另一个方式解释了唯物史观的基本原理，而并没有对基本原理添加新的内容。因此，不能将恩格斯的解释理解为事后意义上的"生产力决定论"，更不能将其理解为机械决定论的意义上的最后的决定因素。

马克思的辩证决定，也可以进一步理解为"区间决定"和"半决定"的"弱决定"机制。所谓区间决定是指，在一定的生产力发展阶段，生产力规定了生产关系的可选择区间；在一定的生产关系的框架内，生产力的发展是有限度的，生产力发展突破这个区间，就会带来生产关系的系统性变迁。在"区间决定"概念中，生产力与生产关系之间的作用表现为通过一定范围的区间来相互限定，而在区间内，它们各自的运动具有相对自主性。所谓半决定，指的是规律之外的因素对变量之间由规律所支配的必然性的影响，通过这种影响来排除规律体系的封闭性。曼德尔将这种"半决定"称为"部分自动变量"，② 即经济变量是内生机制和外部条件共同决定的；卢卡奇将这种"半决定"界定为"社会存在中经济因素和非经济因素的相互渗透"。③ 特别值得注意的是，生产力对生产关系的决定路径并不是

① 马克思恩格斯文集（第十卷）［M］. 北京：人民出版社，2009：667－669.

② 曼德尔. 资本主义发展的长波——马克思主义的解释［M］. 北京：商务印书馆，1998：11.

③ 卢卡奇. 关于社会存在的本体论（上卷）［M］. 重庆：重庆出版社，1993：668.

单一的，就马克思的表述而言，至少有三种主要的决定路径——直接的决定、有中介的决定和根本意义上的决定："直接的决定"指的是生产力的发展直接导致生产关系的变化，例如，马克思和恩格斯曾经提出的武器的发展决定军队组织形式的例子；"有中介的决定"指的是生产力通过劳动方式、阶级斗争等其他范畴而间接地作用于生产关系；"根本意义上的决定"指的是生产力发展决定了内在必然性和一般趋势，而其他因素相互之间的作用归根到底地受生产力发展水平的制约。

2.2　正确理解英国资本主义产生的 "生产力前提"

前面是一般理论的探讨，下面将具体分析资本主义生产关系产生的生产力前提以及资本主义生产关系对生产力发展的巨大的反作用。由于这种反作用的显著性，人们容易产生这样的看法：在英国资本主义形成过程中，先产生了工场手工业的资本主义生产关系，后来才有了机器大工业的生产力发展，正是由于生产力的事后确认才使资本主义生产方式获得有机转变，或者说 "系统性转变"。事实上，这一论述忽略了两个极为重要的问题。第一是工场手工业中的资本主义生产关系产生的生产力前提，也就是说，在这种生产关系发生反作用之前，是由于生产力发展造成了生产关系的转变。第二是机器的生产力基础问题，机器的产生是工场手工业分工的结果，是从工具的结合开始的，而工场手工业的企业内分工则是建立在行会手工业的社会分工的基础上的，这里面有一条生产力变化的明确的线索，资本主义生产关系的产生、发展及统治地位的形成都密切的与生产力发展的这一连续的线索相联系。

马克思在《资本论》中研究了工场手工业的劳动方式如何产生机器大工业的生产力前提，即在工场手工业中由于精细的分工而产生的生产劳动工具特别是复杂的机械装置如何孕育出机器，从而首先实现劳动资料的变革，这是大工业的起点。同时，马克思也指出了工场手工业的生产力前提，就是劳动力和生产资料的规模的扩大、劳动力在生产上的集中，正是这种规模较大的生产才导致了以分工为基础的工场手工业的形成。马克思认为，工场手工业是资本主义时代的开始，在时间上大致从 16 世纪中期持续到 18 世纪最后 30 年。而以简单协作作为基础的手工工场则是资本主义的萌芽时期，萌芽是一种过渡性质的生产方式，在这种生产方式中，"劳动对资本的从属只是形式上的，就是说，生产方式本身还不具有特殊的资本主义的性质"。① 英国资本主义最初萌芽大致在 15 世纪前后，而在 16 世纪前后几十年得到巩固和发展。马克思明确地指出，"为资本主义生产方式奠定基础的变革的序幕，是在 15 世纪最后 30 多年和 16 世纪最初几十年的演出"。②

资本主义萌芽是一种普遍的现象，是商品经济发展的产物，凡是商品经济发展到一定程度都会产生一些劳动力集中并在形式上受商业资本控制的雇佣劳动现象。英国资本主义的萌芽晚于当时地中海沿岸的一些地区，那么，为什么英国的资本主义萌芽能够快速发展而导致真正具有资本主义性质的工场手工业的产生呢？这仍然需要从生产力的角度来解释。③

在封建社会，城市中的行会是排斥内部分工的，因此，作为农业经济附庸的手工业的分工发展是通过外部进行的，是通过不断分解成新的手工业、产生新的行会而发展新的社会分工。这种不断进行的分工深化所产生的工具的专门化，构成了"联合手工工场"的技术基础以及联合手工工场转化为真正的工场手工业的技术条件。行会手工业中发展了专业的生产工具、提高了生产能力，但行会却限制了生产规模的扩大，这种生产力与生产关系的矛盾随着商业的发展而日益突显。于是，行会逐渐变成了受商业资本控制的公会，商人通过集中采购或者提供原材料收购成品的方式控制

---

① 马克思恩格斯文集（第五卷）［M］. 北京：人民出版社，2009：847.
② 马克思恩格斯文集（第五卷）［M］. 北京：人民出版社，2009：825.
③ 限于篇幅，本书仅仅从一般的理论角度进行概括性描述，具体的史料和分析可参见以下列举的部分资料：傅筑夫. 中国经济史论丛［M］. 北京：生活·读书·新知三联书店，1980：709－770；傅筑夫. 再论资本主义萌芽——关于资本主义萌芽的几点补充意见［J］. 社会科学战线，1983（1）；吴于廑. 历史上农耕世界对工业世界的孕育［J］. 世界历史，1987（2）；吴于廑. 世界历史上的农本与重商［J］. 历史研究，1984（1）；金志霖. 资本主义萌芽的最初形态与雇佣工人——再论雇佣工人与生产资料的关系［J］. 历史研究，1992（3）；金志霖. 中世纪英国行会与资本主义生产［J］. 世界历史，1989（5）；金志霖. 中世纪英国行会和雇佣工人——兼论雇佣工人与生产资料的关系［J］. 历史研究，1990（6）；王乃耀. 英国早起圈地运动［J］. 北京师范大学学报（社会科学版），1989（1）；王乃耀. 十六世纪英国农业革命［J］. 史学月刊，1990（2）；杨杰. 英国农业革命与家庭农场的崛起［J］. 世界历史，1993（5）；保尔·芒图. 十八世纪产业革命——英国近代大工业初期的概况［M］. 北京：商务印书馆，2012.

了单个的行会生产，行会的劳动方式虽然没有发生性质变化，但是生产却在一定程度上具有了雇佣劳动的性质。

另外，随着农业劳动生产力的进步，农业剩余产品增加，农产品与手工业产品的交易规模逐渐扩大。当时，农村普遍采用耕织结合的生产方式，城市纺织工业不能完全满足需要，一是因为其质量较高、价格较贵，主要满足上层社会的需要；二是因为其产品受到行会生产规模的限制。由于农村市场的扩大，农户自己生产的纺织产品，虽然质量不高，但是产量高、价格便宜，因此广受消费者欢迎，于是，与农业耕作结合在一起的农村纺织手工业逐渐发展。随着商业的繁荣，一些商人开始收购羊毛并将其分配给各住户，定期回收产成品，于是与城市手工业类似，农村的手工业生产逐渐被商人所控制。也有一些善于经营的农户通过扩大生产规模，兼具商人和生产职能，形成专业化的以家庭生产为单位的小规模作坊（家庭作坊）。

市场的扩大引起了农村纺织工业的进一步发展。一些商人开始将农村劳动力集中起来进行生产，一些富裕的农户开始招工以扩大生产规模，于是，在农村形成了不是以家庭劳动而是以雇佣劳动为基础的手工作坊。这种最早的手工作坊已经具有资本主义的性质了，但是这是大多数农业劳动力还只是兼业，一部分时间从事农业劳动，一部分时间从事雇佣劳动，还没有完全脱离农业生产方式。在农村手工业发展的同时，一些受城市行业的束缚、在城市无法发展的行业逐渐转移到农村。随着手工作坊的发展和聚集，在农村的交易中心和手工业的集中地慢慢地形成了新的城市，而原来的城市逐渐衰落了。

具有资本主义性质的手工作坊作为商品经济发展的结果，只有在农业劳动生产力和手工业劳动生产力发展的基础上，才能形成更加广泛的市场规模，而广泛的市场规模反过来引起分工的进一步发展，进一步提高农业和工业的生产力水平。正是这种自发的正反馈过程，引起了资本主义萌芽。但是，"萌芽"是种子，是内因，是一种内在的必然性，它要借助外部条件才能生根、开花和结果。在西欧最早发生资本主义萌芽的意大利、荷兰被后来的英国所超过，其原因恰恰在于各种外因和偶然性因素的差异。这些因素中，起决定作用的仍然是生产力方面的。

在《资本论》中，马克思分析了英国资本原始积累过程。引起原始积累大规模扩张的因素主要有两个方面：一方面是从 15 世纪最后 30 多年开始的并持续到整个 16 世纪的农业革命；另一方面是"15 世纪末各种大发现所造成的新的世界市场的贸易需要"。① 英国从资本主义萌芽到资本主义产生（工场手工业）与 16 世纪的第一次农业革命有关，而从工场手工业阶段到机器大工业阶段则与 18～19 世纪的第二次农业革命有关。第一次农业革命奠定了工场手工业的生产力条件，正是由于"农业革命对工业的反作用"才导致了"工业资本的国内市场的形成"。② 没有农业生产力的发展，就没有商品经济的进一步发展，也就没有商业资本的最初积累。"剩余价值的全部生产，从而资本的全部发展，按自然基础来说，实际上都是建立在农业劳动生产率的基础上的"。③ 英国史学家的研究表明，从根本上改造英国传统农业面貌的农业革命发生在 16 世纪至 17 世纪末，而不是像传统观点认为发生在 18、19 世纪。④ 第一次农业革命不仅包括农业生产方法和技术的显著进步，如耕犁的改进、被称为"牧耕农业"的农耕技术以及引水灌草法的推广等，更重要的是由于"圈地运动"使大量的劳动力游离出来，促使农业劳动生产率大幅度提高。马克思指出，由于圈地运动，"虽然种地的人数减少了，但土地提供的产品和过去一样多，或者比过去更多，因为伴随土地所有权关系革命而来的，是耕作方法的改进，协作的扩大，生产资料的集聚等等"⑤。

地理大发现之后开始的世界市场革命，是促使英国资本主义形成和发展的另外一个重要的生产力条件。之所以说这是一个生产力条件，是因为地理大发现是航海技术进步的结果，地理大发现为新的市场和新的生产资料的来源提供了可能性。地理大发现改变了世界市场的航线，破坏了意大利北部的商业优势，使英国成为世界市场的中心，这是英国商业发展的最重要的外部因素，也是英国超过意大利成为资本主义诞生地的主要原因。世界市场的建立使英国毛纺织产业获得了快速发展，毛纺织产业的发展带

① 马克思恩格斯文集（第五卷）[M]. 北京：人民出版社，2009：860.
② 马克思恩格斯文集（第五卷）[M]. 北京：人民出版社，2009：854.
③ 马克思恩格斯文集（第七卷）[M]. 北京：人民出版社，2009：888.
④ 侯建新. 工业革命前英国农业生产与消费再评价[J]. 世界历史，2006（4）.
⑤ 马克思恩格斯文集（第五卷）[M]. 北京：人民出版社，2009：855.

动了养羊业的发展，进而成为推动 15 世纪末至 16 世纪前半期第一次圈地运动高潮的直接原因。圈地运动不仅造成劳动者和生产资料的分离、工场手工业和农业的分离，为农村工业和沿海城市的工业提供了大量雇佣劳动者，而且成为解放束缚农业生产力发展的生产关系的重要推动力，它使农业真正地成为资本主义性质的大规模农业。地理大发现和世界市场的建立还导致了对殖民地的超经济剥削，这也是英国资本原始积累的重要因素。另外，16 世纪美洲黄金的大量流入，导致贵金属价值从而货币价值的不断下降，使租地农场主大量获利，也间接地促使了英国资本主义农业的发展。

在英国资本主义形成过程中，人口数量变化也是一个重要的生产力条件。14 世纪发生的"黑死病"使英国的人口几乎减少一半，直到 15 世纪中叶英国的人口才开始增长，而到 1600 年才再次接近发生黑死病之前的人口数量。英国人口数量的剧烈减少是促使英国庄园经济制度解体、从而导致"敞田制"广泛存在的直接原因，而"敞田制"是圈地运动的制度前提。历史资料显示，圈地运动并没有导致农业生产的下降，英国的农业产量一直在快速增长，这说明尽管大量公地和自耕地被圈占，但农业劳动生产率也在快速提高。15 世纪中叶到 16 世纪中期英国人口的快速增长，为农业和工业资本主义发展提供了劳动力要素，而农业革命则保证了新增人口的生存需要，从而打破了农业生产的"马尔萨斯陷阱"，使整个经济呈现出人口增长、市场扩大、分工扩展、生产力进步及各因素协同发展的局面，正是这一发展局面奠定了工场手工业的生产力前提，从而使英国脱颖而出，成为资本主义的诞生地。

由此可见，英国资本主义萌芽和工场手工业的产生都是生产力发展的结果，都是生产力和生产关系矛盾运动的产物。虽然以工场手工业为基础的资本主义生产关系对生产力的革命性突破产生巨大促进作用，但在发生这种决定性的反作用之前，生产关系却是生产力发展的结果，因而最终还是生产力决定作用居于优先地位。

因此，"生产力一元决定论"包括了两段：一段是生产力发展到一定水平导致旧的生产关系发生变革；另一段是新的生产关系促进生产力发展，对生产力发生"决定性的反作用"。在社会历史发展中，后一阶段很重要，但绝不能忽视前一阶段的重要性和根本性。毛泽东说："生产关系的革命，是生产力的一定发展所引起的。但是，生产力的大发展，总是在生产关系改变以后。"① 这一论述精确地概括了生产力与生产关系之间的辩证关系。那么，能否颠倒过来用事后的"决定性的反作用"的胜利来论证事前的生产关系变革是否合法性？生产力发展到什么水平才能够导致生产关系的变革？第一个问题我们在下一部分论证东方道路时进行探讨；第二个问题马克思已经给出了答案。

马克思曾经反复强调这样一种观点："资本主义社会的经济结构是从封建社会的经济结构中产生的。后者的解体使前者的要素得到解放。"② 这是一种真正的辩证的理解方式，即将封建社会的解体和资本主义社会的产生看作同一进程的两个方面，生产力的发展既是引起封建社会解体的原因，也是导致资本主义萌芽的原因。即旧生产力在旧的生产关系中的发展，并受到旧生产关系的束缚，而新生产关系的形成以旧生产关系的解体、生产要素的游离和解放为前提，不管是旧生产关系的解体还是新生产关系的形成，"只有在物质的（因而还有精神的）生产力发展到一定水平时才有可能"。③ 因而，物质生产力是必要条件。

进一步地，可以说，在解体和形成的同一过程中，导致生产关系的变革的必要条件，只需要生产力达到使旧的生产关系不能维持再生产（逐渐解体）而新的生产关系可以在形式上存在（萌芽）的临界点。马克思说："资本关系本身的出现，是以一定的历史阶段和社会生产形式为前提的。在过去的生产方式中，必然发展起那些超出旧生产关系并迫使它们转化为资本关系的交往手段、生产资料和需要。但是，它们只需要发展到使劳动在形式上从属于资本的程度。"④ 马克思还说："就生产方式本身来说，例如，初期的工场手工业，除了同一资本同时雇佣的工人人数较多而外，和行会手工业几乎没有什么区别。行会师傅的作坊只是扩大了而已。"⑤ 这些表述说明，生产力发展的临界点也就新旧两种生产关系的临界点，在这个

① 毛泽东文集（第八卷）[M]．北京：人民出版社，1999：132．
② 马克思恩格斯文集（第五卷）[M]．北京：人民出版社，2009：822．
③ 马克思恩格斯文集（第八卷）[M]．北京：人民出版社，2009：155．
④ 马克思恩格斯全集（第49卷）[M]．北京：人民出版社，1982：126．
⑤ 马克思恩格斯文集（第五卷）[M]．北京：人民出版社，2009：374．

临界点上，旧的生产方式被赋予形式上的新的社会形式，从而呈现为一种过渡状态，这种过渡状态就是我们经常所说的"萌芽"。马克思曾经详细地描述过货币转化为资本的各种"原始的历史形式"、各种中间类型和混合类型及其过渡方式。① 马克思还详细地描述了资本主义发展过程中生产力、生产方式和生产关系变化的历程，② 如果将这一历程提炼成普遍化的表述，即可视为生产力和生产关系运动的一般规律、一般理论：

生产力达到临界点，旧的生产关系解体，新的生产关系形成；生产要素在新的生产关系中组合，使生产方式（劳动方式）发生变化；变化了的生产方式一方面创造新的物质生产力，另一方面使自己在新的物质生产力的基础上得到发展，从而产生彻底的经济革命；经济革命一方面使新的生产关系普遍化和现实化，另一方面则发展出更高水平的劳动生产力、生产条件和交往关系，从而造成生产力和生产关系之间的矛盾尖锐化，进而为新的生产方式创造现实条件，为新的社会形态、新的社会生活过程创造物质基础。

这一理论可称为"生产力的临界点理论"，它从另一个角度具体地解释了生产力和生产关系的辩证关系，从而区别于"生产力—生产方式—生产关系"以及事后发生的"生产力有机决定论"的解释模式。③ 同时它也科学地说明了什么是资本主义萌芽，为什么资本主义萌芽具有必然性。毛泽东指出："中国封建社会内的商品经济的发展，已经孕育着资本主义的萌芽，如果没有外国资本主义的影响，中国也将缓慢地发展到资本主义社会。外国资本主义的侵入，促进了这种发展。"④ 这一论述科学地说明了中国社会发展的必然性，以及影响这种必然性的各种外部因素和偶然性因素。这样的理解，才是真正符合马克思主义原意的理解。因此，必然性和偶然性的辩证法始终是理解"决定"和"反作用"以及"相互作用"之间关系的方法论基础。生产力的决定性作用和经济基础的决定性反作用，

---

① 限于篇幅，我们不详细引证，可参见：马克思恩格斯文集（第八卷）［M］. 北京：人民出版社，2009：164 - 166.

② 限于篇幅，我们不详细引证，可参见：马克思恩格斯全集（第49卷）［M］. 北京：人民出版社，1982：126.

③ 前面已经提到，生产力对生产关系的决定有多种路径，这里提出的一种路径具有普遍性和代表性。

④ 毛泽东选集（第二卷）［M］. 北京：人民出版社，1991：626.

都是建立在必然性的基础上的内在趋势，必然性是通过大量的偶然性而表现出来的，它并不排斥无数的因素之间的相互作用以及这些因素及其相互作用对生产力或经济基础的作用。必然产生和什么时候产生是两个不同的问题，所谓的"归根到底"主要指的是"必然产生"的问题。经典作家有关基本原理的理解方面没有根本性分歧。

人们经常将普列汉诺夫视为"生产力一元决定论"的始作俑者，而对其批判，这是对普列汉诺夫的误解。普列汉诺夫是首次提出"一元论"概念的思想家，但他也是极为重视辩证法的辩证论者，这一点，列宁也给出过评价。值得指出的是，在恩格斯的思想与普列汉诺夫的思想间有内在的联系。恩格斯曾经举了两个例子说，伟大人物在一定时间、地点的产生具有偶然性，但一定的历史条件决定了如果没有这个人，其他人也会代替他；马克思发现了唯物史观，但历史编纂学表明，人们已经在这方面努力，而摩尔根后来重新发现了它，因此，这说明发现唯物史观的时机成熟了，就必然被发现。恩格斯的这两个例子是在 1894 年致博尔吉乌斯的信①中提出的，普列汉诺夫在 1885 年出版的《论一元论历史观的发展》、1886年出版的《论个人在历史上的作用问题》中曾经更早地全面阐述过这两个论点。这说明，经典作家的思想之间存在相互影响的关系，但在核心的理念上绝对没有根本分歧。

2.3 正确理解经典作家关于东方道路问题的论点

所谓东方社会发展道路，具体来讲，包括三个相关的问题：一是马克思研究的亚细亚生产方式的特征及其在社会形态演变中的定位；二是马克思和恩格斯对俄国农村公社能否跨越"卡夫丁峡谷"的预判；三是列宁对俄国十月革命和俄国社会主义道路的学理解释。第一个问题涉及社会形态演变的顺序和东西方差异的问题，本书不做探讨。第二个问题和第三个问题是直接相关的，本书中的"东方道路"主要是指俄国社会主义发展的道

---

① 马克思恩格斯文集（第五卷）[M]. 北京：人民出版社，2009：669.

路问题，也就是跨越"卡夫丁大峡谷"问题。

关于俄国农村公社能否跨越"卡夫丁峡谷"的问题，马克思和恩格斯的主要观点如下：

1877 年马克思在《给"祖国纪事"杂志编辑部的信》中明确提出：不能把"关于西欧资本主义起源的历史概述彻底变成一般发展道路的历史哲学理论"，不能认为"一切民族，不管他们所处的历史环境如何，都注定要走这条道路"，如果那样做，"会给我过多的荣誉，同时也会给我过多的侮辱"。① 同时，马克思也明确表达了自己的研究结论："如果俄国继续走它在 1861 年所开始走的道路，那它将会失去当时历史所能提供给一个民族的最好的机会，而遭受资本主义制度所带来的一切极端不幸的灾难。"②

1881 年在《给维·伊·查苏利奇的复信草稿》的初稿中，马克思提出了俄国农村公社跨越"卡夫丁大峡谷"在理论上的可能性："因为它和资本主义生产是同时代的东西，所以它能够不通过资本主义生产的一切可怕波折而吸收它的一切肯定的成就，……在俄国公社面前，资本主义处于危机状态，这种危机只能随着资本主义的消灭、现代社会的回复到'古代'类型的公有制而结束，……和控制着世界市场的西方市场同时存在，使俄国可以不通过资本主义制度的"卡夫丁大峡谷"，而把资本主义制度的一切肯定的成就用到公社中来。"③ 但是，马克思认为这只是一种纯理论上的可能性，能否实现取决它所处的历史环境。在当时俄国约一半的土地采用资本主义生产的情况下，农村公社处于严峻的形势中，不仅在其内部存在灭亡的因素，而且俄国资本主义要消灭它、国家也集中各种力量压迫它，各种破坏性影响的结合使农村公社处于危险的境地，如果没有强大的反作用力量，农村公社必然灭亡。因此，必须通过俄国革命才能挽救农村公社。

在 1881 年《给维·伊·查苏利奇的信》（正式回信）中马克思仅仅提

---

① 这里，马克思指的是英国资本主义发展的道路，即从一种私有制向另一种私有制的过渡，而俄国农村公社的问题为是否要像西欧那样先经历资本主义发展阶段。马克思批判的情况是一些人认为俄国要像西欧那样先发展资本主义，才能进入社会主义。马克思是拒绝这一观点，承认"跨越"的可能性，而不是否定一般规律。

② 马克思恩格斯全集（第 19 卷）［M］. 北京：人民出版社，1982：129 – 130.

③ 马克思恩格斯全集（第 19 卷）［M］. 北京：人民出版社，1982：431 – 452.

供了只有一句话的结论性意见："这种农村公社是俄国社会新生的支点；可是要使它能发挥这种作用，首先必须肃清从各方面向它袭来的破坏性影响，然后保证它具备自由发展所必需的正常条件。"① 在 1882 年《共产党宣言》的俄文版序言中，马克思和恩格斯的观点是："假如俄国革命将成为西方无产阶级革命的信号而双方互相补充的话，那么现今的各国土地公有制便能成为共产主义发展的起点。"②

　　仔细阅读马克思、恩格斯的以上论述可知，马克思 1877 年和 1881 年的观点的核心，是通过俄国革命掌握国家政权，来首先消除各种对农村公社的破坏性力量并保卫农村公社的存在，使其具备自由发展的条件。同时，马克思也明确地提到，通过世界市场吸收资本主义的肯定成果（生产力）的设想，③ 因为农村公社与资本主义处于同一时代的历史环境，通过世界市场获取机器设备，能够为大规模的共同劳动提供现成的物质条件。而恩格斯的观点则是必须先有西欧资本主义革命的成功，才能够为农村公社提供样板，才能够保卫农村公社并缩短俄国进入共产主义社会的时间、减轻转变的痛苦，因此，能够改造俄国农村公社的只有西欧资本主义国家的无产阶级。④ 所以，我们发现，在马克思和恩格斯共同署名的《共产党

---

① 马克思恩格斯全集（第 19 卷）[M]. 北京：人民出版社，1982：269.
② 马克思恩格斯文集（第二卷）[M]. 北京：人民出版社，2009：8.
③ 在致查苏利奇的信的第二稿中，马克思仍然保留了这个观点："俄国是在全国广大范围内把土地公社占有制保存下来的欧洲唯一的国家，同时，恰好又生存在现代的历史环境中，处在文化较高的时代，和资本主义生产所统治的世界市场联系在一起。俄国吸取这种生产方式的肯定成果，就有可能发展并改造它的农村公社的古代形式，而不必加以破坏（我顺便指出，俄国的共产主义所有制形式是古代类型的最现代的形式，而后者又经历过一系列的进化）。"参见：马克思恩格斯全集（第 19 卷）[M]. 北京：人民出版社，1982：431 - 452.
④ 这些观点，后来恩格斯在 1893 年 2 月 24 日和 10 月 17 日致丹尼尔森的两封信中都阐述了。"在俄国，从原始的农业共产主义中发展出更高的社会形式，也像任何其他地方一样是不可能的，除非这种更高的形式已经存在于其他某个国家，从而起到样板的作用"。参见：马克思恩格斯文集（第十卷）[M]. 北京：人民出版社，2009：664. 在 1894 年《论俄国社会问题跋》中，恩格斯说："如果说可以提出俄国的公社是否将有别的更好的命运这样一个问题，那么原因不在于公社本身，而只在于这样一个情况：公社在一个欧洲国家里保持相当的生命力到了这样一个时刻，这时，在西欧不仅一般的商品生产，甚至连它的最高和最后的形式——资本主义生产都同它本身所创造的生产力发生了矛盾，它不能再继续支配这种生产力，它正在由于这些内部矛盾及其所造成的阶级冲突而走向灭亡。由这一点就已经可以得出结论，对俄国的公社进行这种改造的首创因素只能来自西方的工业无产阶级，而不是来自公社本身。西欧无产阶级对资产阶级的胜利以及与之俱来的以公共管理的生产代替资本主义生产，这就是俄国公社上升到同样的发展阶段所必需的先决条件。"参见：马克思恩格斯全集（第 22 卷）[M]. 北京：人民出版社，1982：500.

宣言》俄文版（普列汉诺夫译）序言中，结论变成了俄国革命"成为西方无产阶级革命的信号而双方相互补充"，而马克思在信的草稿中提到的是西方资本主义国家的内部矛盾越来越尖锐，处于危机、对抗、冲突状态，没有提到过西方资本主义制度的变革或革命。

如果按照马克思之前的观点，通过世界市场的联系而获取资本主义的肯定成果，那么西方资本主义的消灭就不一定是前提条件。但是，恩格斯在后来的文献中（1893 年致丹尼尔森的两封信以及 1894 年《论俄国社会问题跋》）却认为这一前提条件是马克思和他共同的看法："无论他还是我都认为，实现这一点的第一个条件，是外部的推动，即西欧经济制度的变革，资本主义在最先产生它的那些国家中被消灭。"同时，恩格斯还确认1882 年《共产党宣言》俄文版序言是马克思写的，因而，他们共同的观点是："假如俄国经济制度的变革与西方经济制度的变革同时发生，'从而双方互相补充的话，那么现今的俄国土地占有制便能成为新的社会发展的起点'。"① 实际上，早在 1885 年，在致查苏利奇的一封信中，恩格斯就认为俄国的社会矛盾极其尖锐，俄国革命一定会爆发，但俄国革命的性质却是不确定的、不重要的，因而，否定了俄国革命可能为农村公社提供新生起点的可能性。②

对于这种分歧的一种可能的解释是，马克思在致查苏利奇的信的草稿中设想过另外一条道路，但马克思最终放弃了这种想法，而采用了和恩格斯相同的观点，直到后来他们在这个观点上都是一致的。这也可能就是马克思为什么就这封信写三个草稿，而最终只给出一个简短的结论的原因。注意，马克思给查苏利奇的正式回信中的结论也是不确定的，只是表述了一种可能性，而文中没有明确说明保证农村公社正常发展的条件具体是什么。实际上，如果按照马克思和恩格斯一致的看法，即俄国和西方同时发生革命，资本主义消灭之后，俄国农村公社才能成为共

---

① 马克思恩格斯文集（第十卷）[M]．北京：人民出版社，2009：649－650.

② 这封信是残篇，只保留了前面一部分，在这部分中，恩格斯说："据我看来，最重要的是：在俄国能有一种推动力，能爆发革命。至于是这一派还是那一派发出信号，是在这面旗帜下还是那面旗帜下发生，我认为是无关紧要的。"参见：马克思恩格斯文集（第十卷）[M]．北京：人民出版社，2009：534.

产主义起点，那么这种变化已经不能称为"跨越"了，它实际上只是高级社会形态对低级社会形态的直接拉动，例如，美洲的发现和殖民者的入侵导致美洲印第安原始社会直接过渡到资本主义社会。而马克思在复信的草稿中所述的跨越"卡夫丁大峡谷"指的是农村公社成为新的社会发展的起点，通过吸收资本主义的肯定成果，将资本主义的先进生产力作为基础，从而跨越资本主义的发展阶段，直接过渡到共产主义。二者的含义有明显的差别。

马克思曾经设想过，但最终被马克思自己和恩格斯否定了的看法，在后来的历史发展中却成为现实。俄国十月革命以后，第二国际认为俄国生产力没有达到社会主义的高度，列宁则提出另外的命题："我们为什么不能首先用革命手段取得达到这个一定水平的前提，然后在工农政权和苏维埃制度的基础上赶上别国人民呢?"① 之所以发生这种争论，原因在于俄国十月革命建立在对世界革命近期到来的预期之上，但后来西欧发达地区的革命没有成功，世界革命越来越渺茫，于是，革命后的苏联就面临着在一国能否建设社会主义和怎样建设社会主义的问题，因此，必须从理论上对其做出解释，这就是争论发生的背景，也是列宁提出这一著名论断的原因。

列宁的命题实际上与马克思曾经产生而最终放弃了的设想是一致的，但列宁并没有提到马克思关于跨越"卡夫丁大峡谷"的想法。列宁的论证主要有三条理由：第一，面临第一次世界大战所造成的革命形势，唯有进行革命斗争才能获得进一步发展文明的机会，这是革命的必然性和必要问题；第二，马克思1856年的通信中提到希望将农民革命与工人运动相结合，这是具体的革命的方式问题；第三，世界发展的一般规律并不排斥个别发展阶段的特殊性，反而以这种特殊性为前提，这是方法论基础。应该说，这些理由都是比较充分的、有说服力的，但是，他缺乏的是解释如何利用资本主义创造的生产力，以及这种生产力要达到何种程度才能保证新的社会发展具有可持续性。实践表明，促使资本主义生产关系解体的"临界"生产力水平似乎要到自动化、信息化、智能化时代才能出现，社会主

---

① 列宁全集（第43卷）[M]. 北京：人民出版社，1984：777.

义要保持与世界市场的联系才能够获得资本主义的肯定成果。这两个条件在当时的苏联都不具备。相反地，苏联没有完成的事情，当代中国却在逐渐完成，"中国道路"在一定程度上正在实现马克思的关于跨越的早期设想，并超越了苏联模式。

通过不断改革的办法调整生产关系以适应生产力发展的需要，以世界市场为中介利用资本主义的生产力，创造性地提出"社会主义市场经济"的制度设计，这些具体的创新实践走出了一条具有中国特色的社会主义道路，创造了经济快速发展的世界奇迹，使中国用三十多年的时间完成了西方资本主义三百多年的发展历程。而当前世界正在孕育第四次工业革命，人类社会已经进入信息化时代，并开始向智能化时代迈进，无人工厂、无人商店已经开始出现，信息网络实现了需求和供给的即时反馈，自动化、智能化生产方式快速发展，新科技创新不断出现，这些新的趋势表明，人类社会正在接近发生系统性变化的生产力临界点。事实越来越清楚：资本主义制度与这种生产力的发展而产生的对人的排斥是矛盾的，这种矛盾正在尖锐化，它必将引起革命性变化。一系列事实所表明的发展趋势也越来越清晰：资本主义生产关系中不断发生的自然力代替人力、机器排斥劳动的趋势将成为生产关系变革的最深刻的动力，生产力发展的最终结果不是排斥劳动力，而是解放劳动，是通过全面改造资本主义的经济基础而实现人的自由和全面发展。基于生产力与生产关系之间的关系，我们可以得出这样的结论：中国道路正在接近这样一个世界历史的拐点，中国关于社会主义道路的探索将为这样的历史转变提供历史起点。在未来，中国很可能成为世界历史转变的前哨，从而使中国的社会主义道路具有更广泛的世界历史意义。

马克思的设想和列宁的命题能否用生产力在事后意义上的有机或系统决定来解释呢？在马克思和列宁看来，这些观点只是"东方道路"的特殊性问题，它与基本原理并不冲突。从经典文本来看，无论是马克思、恩格斯，还是列宁和毛泽东，他们都没有在事后的决定意义上理解基本原理。恩格斯所反复提示的"归根到底地决定"指的是经济基础决定上层建筑，指的是经济运动的必然性通过各种因素的交互作用的偶然性而表现出来。

诚然，毛泽东说过这样的话："一切革命历史都证明，并不是先有充分发展的新生产力，然后才改造落后的生产关系，而是要首先造成舆论，进行革命，夺取政权，才有可能消灭旧的生产关系。消灭了旧的生产关系，确立了新的生产关系，这样就为新的生产力的发展开辟了道路。"① 这句话，是不是表明要颠倒基本原理中的逻辑顺序才能表明历史发展的特殊性呢？显然不是，生产力与生产关系的矛盾不是自动地表现出来，是通过社会矛盾表现出来的，当生产力与生产关系的矛盾发展到一定程度，代表先进生产力的社会阶级与落后的社会阶级的矛盾就会成为社会各阶级的主要矛盾，就会产生社会变革的动力，只有当原来统治社会的宏观政治权力（政权）被革命冲击或消灭之后，上层建筑的性质发生了改变（或者是旧的上层建筑性质的改变，或者是旧的上层建筑被消灭），新的生产关系（微观的经济权利）才能广泛地建立起来，新的生产力才能得到充分地发展。这里，起决定性作用的是生产力发展，但是主要矛盾和矛盾的主要方面却是不断发生变化的。

2.4　用辩证思维理解生产力一元决定论

马克思和列宁的理论设想、苏联的经济及中国道路的超越，不仅没有否定"生产力一元决定论"，而且从理论和实践两个方面证明了"生产力一元决定论"的科学性。历史和实践表明，不能将生产关系对生产力的反作用解释为"生产力的归根到底的决定作用"，也不能将"生产力的归根到底的决定作用"进一步解释为"事后意义上的决定作用"，而主张事前意义上的"多元决定论"。"事前意义上的多元（矛盾）决定论或多因素决定论"加"事后意义上的生产力归根到底的决定作用"，可以翻译成这样的表述，生产关系是生产力、阶级斗争、国家间关系等各种偶然因素共同决定的（否定生产力的一元决定论），而这样产生的生产关系要获得一种普遍性的地位、造成社会形态的系统性转变，就必须通过这种生产关系造成的生产力的优势和生产力的发展来确认，如果没有这种事后的生产力

① 毛泽东文集（第八卷）［M］. 北京：人民出版社，1999：132.

来保证其合法性，那么生产关系就可能倒回去，就不可持续。也就是说，只有带来生产力发展并由生产力发展来确认的生产关系才是可持续的，生产关系的产生则需要考虑各种因素造成总和，生产力并不起决定作用，国家可以决定生产关系，阶级斗争可以决定生产关系，国家间的竞争也可以决定生产关系。按照这种观点，生产关系是可选择的，一定的生产关系的产生也是偶然性的，甚至生产关系就是可以超阶段的，因此，社会发展就没有规律性可寻。这实际上是半截子的唯物主义，是唯心主义的观点。它是另外一种世界观的表现，这种观点主张事物的发展是偶然性支配的，是没有必然性的。

通过本章的研究，我们可以得出这样的结论，经典作家在基本原理的理解上没有实质性分歧，他们对唯物史观的认识是一致的。当然，这并不意味着，在侧重点上，在基本原理的应用上，在对形势的判断上以及具体策略的考虑上，他们也是完全一致的。马克思、恩格斯反复强调："这些原理的实际运用"，"随时随地都要以当时的历史条件为转移"；① 列宁反复强调"具体问题具体分析"；毛泽东反复强调"实事求是"，这些重要的提示说明了，基本原理的理解和灵活应用并不是一件简单的事情，它需要掌握马克思主义的辩证法思想，需要达到辩证思维的层次。马克思主义的革命辩证法是"马克思主义中有决定意义的东西"，② 只有运用唯物辩证法来理解唯物史观，才能够把握马克思主义的精髓。马克思意义上的"决定"是"辩证决定"，无论是系统决定、有机决定，还是事后决定，都不能够完全解释基本原理中各个范畴的相互关系。

本节论证的三个问题，实际上就是一个问题，即如何理解生产力与生产关系的决定和反作用关系。这个看似简单的问题，似乎是每个人都能说出来的道理，但实际上是一个极其复杂的问题。它涉及知性和理性两种不同的思维层次。知性坚持思维的固执的对立——是就是，不是就不是，看不到对立面的相互渗透；理性思维就是辩证思维，辩证思维的核心就是对立统一法则，它在对立面的斗争中看到同一性，在同一性中看到斗争性。

---

① 马克思恩格斯文集（第二卷）[M]. 北京：人民出版社，1999：5.
② 列宁全集（第43卷）[M]. 北京：人民出版社，1984：775.

笔者认为，直到目前为止，辩证逻辑仍然是最高的思维形态，仍然是最高形式的科学形态，马克思主义经济学的思维方式是辩证思维，而不是自然科学的知性思维，生产力与生产关系的关系只有在辩证逻辑的思维形式内才能得到合理的解释。

第3章

生产力一元决定论的辩证理解

马克思关于经济学方法论的经典论述主要体现在《〈政治经济学批判〉序言》和《〈政治经济学批判〉导言》两篇文献中。前者集中论述了生产力—生产关系、经济基础—上层建筑之间的关系;后者集中论述了"具体总体"的辩证方法。这两篇文献所阐释的方法论之间的内在联系,即如何用马克思的辩证方法理解生产力、经济基础和上层建筑之间的逻辑关系,是历史唯物主义的核心问题之一。在传统的教科书中,生产力与生产关系的关系被简单地视为决定与反作用的线性关系。针对这种理解方式,一些学者提出了改进方案,认为不管导致生产关系变化的初始原因和主导因素是什么(不一定是生产力),只有当这些原因最终导致生产力发生根本的变化,生产方式才最终实现系统性改变。① 这一论点可进一步概括为"生产力在事后起归根到底的决定作用",或者"事前意义上的多元决定论(或非决定论)+事后意义上的一元决定论"。另一些学者则提出商榷,认为"生产力决定生产关系、生产关系反作用于生产力"更有说服力,历史事实更多在证实这一观点,而不是其他观点,所谓"生产关系(也会)决定生产力"的观点,实际上是"唯心的历史唯物主义"。② 笔者力图在辩证逻辑的视角下审视这一问题,进而为"决定和反作用"的逻辑关系提供一

---

① 孟捷. 生产力一元决定论和有机生产方式的变迁:对历史唯物主义核心思想的再解释[J]. 政治经济学报,2017(6).

② 赵磊. 历史唯物主义研究中的得与失——与孟捷教授商榷[J]. 政治经济学报,2017(9).

个方法论视角的解释和辩护。

3.1　社会关系作为社会存在的本体

正如卢卡奇所言，在马克思的所有论述中，在最终意义上都是关于存在的论述，都是纯粹本体论的。[①] 这一概括恰当地指出了马克思思想的本质，即马克思的所有研究都是对于社会存在的一种本体论意义上的认识和探讨。那么，何为"社会存在"？社会存在就是人类社会，就是相对于纯粹自然的人化自然、[②] 第二自然。在本体论意义上，人作为人化自然一部分而存在，人化自然不仅是人的对象性活动的产物，而且同时包含着这种对象性活动。因此，可以将社会存在理解成一个统摄人的对象性活动以及人与人之间的社会关系的总体和过程。

社会存在的基本要素包括人（主体）、关系（客体）和实践（中介）。[③] 马克思说，"工业的历史和工业的已经生成的对象性的存在，是一本打开了的关于人的本质力量的书，是感性地摆在我们面前的人的心理学"。[④] 其含义，就在于表明机器、设备、厂房等工业物质都是人在一定的关系结构中对象性活动的产物，它展示了人本身的发展程度、人的本质力量的扩展，以及人的心理结构。在这里，实践是社会存在的最基本要素，在本体论上居于优先地位。但是，"实践"并非社会存在的"本体"。人化自然是人的对象性活动（实践）的产物，反映人的本质力量，但这并不意味着实践是人化自然的本原或本质。在社会存在的意义上，所谓"本体"，指的是所有社会存在物存在的根据，即它为什么是社会存在物而不是自然存在物，是什么赋予其社会属性。

与黑格尔的体系相比较可知，如果说《逻辑学》是黑格尔的本体论，那么，这个本体论的本体就是"绝对精神"，"物质"只不过是"绝

---

① 卢卡奇. 关于社会存在的本体论（上卷）[M]. 重庆：重庆出版社，1993：637.
② 王荫庭. "社会存在"范畴释义 [J]. 中国社会科学，1992 (1).
③ 陈先达. 关于实践唯物主义的几点想法 [J]. 哲学动态，1988 (12).
④ 马克思恩格斯文集（第一卷）[M]. 北京：人民出版社，2009：192.

对精神"在实现过程中的影像。按照黑格尔的逻辑,绝对精神异化出自然界,从自然中生成人,而人通过哲学思维回忆起绝对精神,由此,哲学分为自然哲学、精神哲学和本体论(《逻辑学》)。在具体环节上,任何与实体相对应的"样式"都是"概念"的影像,"国家"的原型是"国家概念","法"的原型是"法的概念"。正是在这个意义上,恩格斯说,物质与精神、思维与存在的关系问题是哲学的第一问题。如果将《资本论》看作一种本体论叙事的话,那么,从"存在—本质—概念"的逻辑顺序来看,"实践"在本体论上就具有优先地位,而真正的本体就是"社会关系"。

在《资本论》中,"价值""货币""资本"都是纯社会性范畴,马克思将它们的本质归结为"关系",同时将"资本家"规定为"资本关系的人格化";在《关于费尔巴哈的提纲》中,马克思说,人的本质在其现实性上是一切社会关系的总和;① 在《1844 年经济学哲学手稿》中,马克思在谈到古典劳动价值论时,肯定地赞成恩格斯将斯密称作"国民经济学的路德",是因为斯密的劳动价值论说明了私有财产的主体本质。② 这些论述,充分地表明,作为表现"存在"和"存在规定"的"范畴",其本质和根据是"社会关系",即"范畴"反映一定历史阶段的生产关系,"经济范畴只不过是生产的社会关系的理论表现,即其抽象"。③ 科西克指出,"唯物主义一元论把社会看作一个整体。这个整体是由经济结构造成的,是由社会关系的总和造成的",经济结构处于"社会关系的根本基础的首要地位";"经济结构使社会生活的一切领域获得统一性和连续性",④ 这些论述准确地阐释了作为整体的生产关系在社会存在中的本体地位。

作为社会存在构成要素的"实践",首先是人与自然之间物质变换的中介,它是一种基于目的论而设定的行动。在人与自然的相互作用中,被

---

① 马克思恩格斯文集(第一卷)[M]. 北京:人民出版社,2009:605.
② 马克思恩格斯文集(第一卷)[M]. 北京:人民出版社,2009:178.
③ 马克思恩格斯文集(第一卷)[M]. 北京:人民出版社,2009:602.
④ 卡莱尔·科西克. 具体的辩证法——关于人与世界问题的研究 [M]. 北京:社会科学文献出版社,1989:79-80.

认识到的自然必然性转化为被设定的因果性，自然存在转化为社会存在。其次，"实践"也是人与人之间交往的中介，这是人对人的目的论设定，也就是说，通过人对人的目的论设定而实现人对自然的目的论设定。这种间接的转换，是生产关系在何种程度上促进或阻碍生产力发展的内在依据。第二类目的论设定可能会偏离第一类目的论设定，单向度地服从于剩余索取，从而成为第一类目的论设定的障碍，但绝不是永久性障碍。在历史的运动过程中，第二种目的论设定最终要服从第一种目的论设定，第一种目的论设定（人对在自然的关系）最终要支配第二种目的论设定（人与人的关系）。由于"实践"这种双重的中介作用，作为联结自然存在和社会存在的渠道，作为二者转化的方式，它构成人类社会的最基本要素，在本体论上居于优先地位。但是，在这里，"实践"是主客体之间的中介环节，而并非社会存在的"本体"。本体论上的优先地位与什么是本体，是两个不同的问题。在黑格尔的《逻辑学》中，"存在"在本体论上居于优先地位，但"概念"或者说"绝对精神"才是真正的本体。"优先地位"不同于"本体地位"这一论点，对于理解实践、生产力、生产关系三者之间的关系极为重要。

在社会存在中，社会关系作为本体和客体，与"物质本体论"并不矛盾。"物质本体论"中的"物质"是标志着客观实在性的哲学范畴，它要回答的是世界的物质统一性问题；而"关系本体"要回答的则是社会存在物所具有的社会属性的"根据"。在这个意义上，"关系"是社会世界的本质性规定，它反映了在社会存在总体之光映照下，事物、现实的社会性根源。物质本体论是就整个世界而言的，关系本体论是就社会存在而言的。

从一般本体论的角度看待社会存在，只是展现了社会存在朦胧的整体性，因此，这个总体仍然是抽象的。要达到具体的总体，就必须采用马克思的方法，在研究过程中运用科学抽象法分析事物之间的内在联系，然后运用从抽象到具体的方法展现事物"自己运动"的内在逻辑，从而在思维中再现"具体总体"，这就是《资本论》的方法。在历史科学中，认识的途径只能是科学抽象法（研究阶段）和从抽象到具体的方法（叙述阶段），这是由历史的辩证性质决定的。正如科西克所言："《资本论》的经济范畴不能以事实性历史的演进或形式逻辑推演的方式加以系统化，说明辩证的展开是社会存在的唯一可能的逻辑结构。"①

"社会关系"作为社会存在本体论的本体，并不意味着"关系"在时序上、因果上或范畴的逻辑顺序上的优先地位。"关系的本体地位"只是表明，社会关系规定了事物的社会性质，界定了社会存在物作为社会存在的根据。也就是说，事物依据既定的生产关系总体才成为社会存在物，生产关系是一种普照的光，它使一切社会关系从属于它，使一切事物根据它而改变自己的属性（从自然存在物变成社会存在物）。从这个意义来看，生产力就绝不是仅具有孤立的自然属性，而是一种全面地渗透和融入既定生产关系并具有社会属性的物质力量。也就是说，生产关系是生产力借以实现的社会形式，生产力的各要素只有在一定的生产关系中才能有机地组合起来，形成物质生产能力。"一定的生产方式或一定的工业阶段始终是与一定的共同活动方式或一定的社会阶段联系着，而这种共同活动方式本身就是'生产力'"。② 这里，生产关系规定了生产力的社会属性，甚至，生产关系也是一种生产力。同样地，生产关系也全面地渗透于上层建筑和社会意识形态之中，从而实现对上层建筑和社会意识形式的支配作用。反之，则不成立，不能说生产力、上层建筑、社会意识形式也是生产关系，本体与非本体的关系不能颠倒。

马克思将生产关系视为人们获取生产力必然的社会形态，因而生产关系相对于生产力具有外在性，这与黑格尔关于内容与形式的辩证法是一致的。黑格尔指出："关于形式与内容的对立，主要必须坚持一点：内容并不是没有形式的，反之，内容既具有形式于自身内，同时形式又是一种外在于内容的东西。"③ 马克思最为深刻的地方在于，他把范畴或概念的"内在根据"归结为生产关系，并通过"范畴运动"来展现"存在"和"存在规定"，从而真正洞察到社会存在的本体论基础及其内在动力。

---

① 卡莱尔·科西克. 具体的辩证法——关于人与世界问题的研究 [M]. 北京：社会科学文献出版社，1989：141.

② 马克思恩格斯文集（第一卷）[M]. 北京：人民出版社，2009：532 – 533.

③ 黑格尔. 小逻辑 [M]. 北京：商务印书馆，2012：278.

3.2 生产力对生产关系的"决定性作用"

马克思关于生产力—生产关系、经济基础—上层建筑的关系的论述，可概括为三个基本公式：（1）生产关系要与"物质生产力的一定发展阶段相适合"；[①]（2）上层建筑建立在由生产关系的总和所构成的经济结构之上；（3）社会意识形态与经济基础相适应。辩证地理解这三个公式须考虑以下三个方面的问题。

3.2.1 "决定论"的三种类型

所谓"决定论"，在一般的意义上，包括三种类型：时序因果决定论、系统因果决定论和辩证决定论。按照时序因果决定论，生产力或经济基础变革在前，生产关系或上层建筑变革在后；按照系统因果决定论，生产力对历史发展的决定作用不必在"事前"意义上表现出来，也可能在"事后"意义上表现出来，因而要把决定历史发展的直接原因和它"归根到底的原因"区分开来；[②]按照辩证决定论，物质力量和它借以实现的社会形式的之间的冲突，或者说"生产力和交往形式之间的矛盾"，[③]构成历史发展的关键环节。

马克思的决定论是辩证决定论，它不同于时序因果决定论和系统因果决定论的地方主要在于：第一，辩证决定论采用总体性观点，范畴的逻辑顺序取决于它在一定的总体中的位置，而不一定取决于它在时序上的位置。正如马克思所言，"把经济范畴按它们在历史上起决定作用的先后顺序排列是不行的，是错误的。它们的次序倒是由它们在现代资产阶级社会中的相互关系决定的，……问题不在于各种经济关系在不同社会形式的相

---

① 马克思恩格斯文集（第二卷）[M]．北京：人民出版社，2009：591．

② 孟捷．生产力一元决定论和有机生产方式的变迁：对历史唯物主义核心思想的再解释[J]．政治经济学报，2017（6）．

③ 马克思恩格斯文集（第一卷）[M]．北京：人民出版社，2009：567－568．

继更替的序列中在历史上占有什么地位，……而在于它们在现代资产阶级
社会内部的结构。"①

第二，辩证决定论所体现的逻辑关系不同于形式逻辑的因果关系。商
品的内在矛盾导致货币的产生，这是一种基于辩证逻辑的必然性，而非通
常理解的时序因果性或系统因果性。按照辩证逻辑，范畴之间的变化关系
分为三种情况：一是向对方的过渡，例如，从量过渡到质、从质过渡到
量；二是映现和反思，本质是在范畴间的相互映现和联系中被规定的，例
如，质和量在过渡中得到统一；三是发展，即概念的展开。与之相对应，
生产力与生产关系之间的关系也有三种情况：首先，二者在相互运动过程
中体现为质与量的过渡关系，表现为"区间决定"；其次，作为历史进程
中对立统一的两个方面，生产力决定了经济运动的必然性和一般趋势，但
这种必然性和一般趋势是以各种因素之间的相互作用为前提的，因素的多
样性并不排斥根本原因的内在统一性，因此，生产力对生产关系是一种
"半决定"的关系；最后，正是由于生产力与生产关系作为根本矛盾的对
立运动，导致社会历史形态的变迁，在历史变迁中，高级形态扬弃低级形
态，仿佛是向低级形态回归，这就是"否定之否定"。

第三，辩证决定论形成范畴展开的逻辑链条，在这样的逻辑结构（圆
圈）中，原因与结果不是孤立地和机械地对立，而是相互转化的。恩格斯
指出："原因和结果这两个观念，只有在应用于个别场合时才有其本来的
意义；可是，只要我们把这种个别场合放在它同宇宙的总联系中来考察，
这两个概念就交汇起来，融合在普遍相互作用的看法中，而在这种相互作
用中，原因和结果经常交换位置；在此时或此地是结果的，在彼时或彼地
就成了原因；反之亦然。"② 就生产力与生产关系的因果关系而言，普列汉
诺夫有一段经典的阐述："财产关系在生产力发展到一定阶段上形成以后，
在相当时期内是帮助这种生产力进一步发展的，但是后来它又开始阻碍生
产力发展了。这就告诉我们，虽然生产力的某种状态是引起某种生产关
系，特别是财产关系的原因，可是这种生产关系一旦作为上述原因的结果

① 马克思恩格斯文集（第八卷）［M］. 北京：人民出版社，2009：32.
② 卡莱尔·科西克. 具体的辩证法——关于人与世界问题的研究［M］. 北京：社会科学文
献出版社，1989：541.

而发生以后，它又从自己方面开始影响这种原因了。这样便发生了生产力和社会经济间的相互影响。在经济的基础上既然长成了社会关系、感情和概念的整个上层建筑，而且这个上层建筑起初也是帮助经济的发展，后来又是阻碍经济的发展，那么，上层建筑和基础之间也就发生相互影响，这种相互影响可以拿来解释一切骤然看来似乎是跟历史唯物主义基本原理相矛盾的现象。"①

以上分析表明，辩证决定论本身不需要引入系统因果性来解释，它自身已经包含了系统因果性的所有要素。在一定程度上可以说，时序因果性、系统因果性仍然停留在黑格尔意义上的知性认识范围内，而没有真正达到辩证思维或理性思维的高度。②

3.2.2 "区间决定""半决定"与相对自主性

在与辩证法相对立的形而上学看来，事物之间的决定关系是机械决定，这一点在以拉普拉斯为代表的自然科学家中体现得最为明显。在拉普拉斯看来，如果"拉普拉斯妖"能够知道所有物质运动的力及其位置，那么它就能够依据牛顿定律计算所有的运动过程及其过去和未来。这种"强决定论"观点在社会科学中是不适用的，即使在自然科学中也是成问题的。③ 在辩证法看来，必然性是通过偶然性为自己开辟道路的，必然性在偶然性中表现出来；在现象与本质之间，本质是单一的和必然性的，而现象是多样性和偶然性的，本质和现象的同一就是"现实"。因此，马克思意义上的"决定"可称之为"区间决定"和"半决定"，而不是一对一地"机械决定"。

所谓"区间决定"，指的是一个范畴界定了另一个范畴所规定的空间。就生产力与生产关系的关系而言，可以这样表述：在一定的生产力发展阶段，生产力归根到底制约着生产关系的可选择区间；在一定的生产关系的

---

① 普列汉诺夫. 马克思主义的基本问题 [M]. 北京：人民出版社，1958：41.
② 黑格尔将人的认识分为感性、知性和理性三个层次，其中知性相当于自然科学的认识方法，相当于形式逻辑，理性指的是辩证思维。
③ 参见恩格斯的《自然辩证法》。

框架内,生产力的发展是有限度的,生产力发展突破这个区间,就会引起生产关系的变迁。在"区间决定"概念中,生产力与生产关系之间的作用表现为通过一定范围的区间来相互限定,在区间内,它们各自的运动具有相对自主性。

所谓"半决定",指的是规律之外的因素对变量之间由规律所支配的必然性的影响,通过这种影响来排除规律体系的封闭性。我们说,黑格尔的《逻辑学》是一个封闭的体系,而马克思的《资本论》是一个开放的体系,正是因为在马克思的逻辑体系中深深地介入了这种"半决定"机制。无独有偶,在历史上曼德尔和卢卡奇都注意到马克思方法论的这一基本特征。曼德尔将这种"半决定"条件下的经济变量称为"部分自动变量",①即经济变量是内生机制和外部条件共同决定的;卢卡奇将这种"半决定"界定为"社会存在中经济因素和非经济因素的相互渗透"。②"半决定"的例子在马克思的论述中比比皆是,例如,在《资本论》第一卷中,马克思在严密地阐释资本主义符合规律发展的必然性之后,再来专门研究原始积累;在价值规律的严格的决定性体系中,工资和利润的份额还取决于阶级力量的对比。这些例子充分地说明了"半决定"机制在马克思辩证法中的核心作用。正如卢卡奇指出的,"只有考虑到严格地合规律的经济因素和经济之外因素的自在地与经济因素异质的关系、力量等之间这些连续不断的相互作用,才可能理解《资本论》的结构。《资本论》是以实验的方式充分设立纯粹合规律的和抽象同质的规律联系及其影响,直到通过逐渐地播入更广泛、更接近现实的成分而扬弃它们,最终达到社会存在的具体的总体性"。③

在辩证决定论看来,生产力对生产关系决定也符合"半决定"机制。也就是说,严格的和必然性的规律体系,需要通过其他变量作为"外在条件"而发生作用,通过纳入其他外生因素,而实现规律的现实化。也就是说,非生产力因素作为外生变量对生产关系的作用范围和可能性,归根结

---

① 曼德尔. 资本主义发展的长波——马克思主义的解释 [M]. 北京:商务印书馆,1998:11.

② 卢卡奇. 关于社会存在的本体论(上卷)[M]. 重庆:重庆出版社,1993:668.

③ 卢卡奇. 关于社会存在的本体论(上卷)[M]. 重庆:重庆出版社,1993:669.

底是由生产力的一般状态所决定的；非生产力因素、偶然性因素决定历史
事变的个别外貌，但历史进程的方向归根到底地决定于"生产力的发展以
及这种发展所决定的人们在社会经济的生产过程中的相互关系"。[①] 在国家
影响生产力之前，国家的关系是在由生产力的发展所决定的生产关系的总
和的基础上产生的；在政治影响经济之前，政治关系的结构建立在经济结
构之上，阶级直接就是生产关系的产物。当然，这一点并不排斥生产力对
生产关系的直接决定作用，事实上，在笔者看来，直接决定和归根到底地
决定是生产力作用于生产关系的两种路径，"生产力—劳动方式—生产关
系"只是其中的一种决定方式而已，在生产力和生产关系之间还可以设定
其他中介环节。

"区间决定"和"半决定"这两种机制意味着既承认范畴之间的决定
作用，同时也承认范畴的相对自主性，意味着马克思的辩证决定论是一种
"弱决定论"，而不是机械决定的那种"强决定论"。承认生产力、生产关
系、经济基础、上层建筑、社会意识形式的相对自主性，是保证它们之间
复杂的相互作用的前提，但有相互作用并不意味着"多元决定"。彻底的、
唯物的辩证决定论一定是"一元决定论"。因此，所谓国家对经济的决定
作用以及制度对技术的决定作用等论点，只能归结为"相互作用"的范
畴，而不能归结为辩证决定的范畴。辩证决定本身不排斥相互作用，相反
地，辩证决定以普遍的相互作用为前提条件。

3.2.3　决定的多种路径

学术界对生产力与生产关系之间的关系主要有三种理解方式：（1）恩
格斯所说的，后来为普列汉诺夫所强调和进一步阐释的，经济状况在归根
到底的意义上对上层建筑和意识起决定作用；（2）传统教科书中提出的生
产力与生产关系之间的决定与反作用关系，以及生产方式作为生产力与生
产关系的统一体；（3）生产力以生产方式为中介而对生产关系起决定作
用，即"生产力—生产方式—生产关系"原理。这三种观点侧重点有所不

---

① 普列汉诺夫. 论个人在历史上的作用问题［M］. 北京：商务印书馆，2012：51.

同，第一种观点强调生产力作为最后的原因、作为根本原因、作为必然性条件对生产关系的决定作用；第二种观点强调二者之间直接的决定和反作用关系，同时采取了广义的生产方式概念；第三种关系强调狭义的生产方式在生产力决定生产关系之间的中介作用，实际上应为"生产力—物质生产方式—生产关系"。①②

三种观点尽管有差异，但绝不相互排斥。因为生产力对生产关系的决定作用通过多种路径而实现，在现实的历史研究中，任何将这种决定路径单一化都会导致解释的庸俗化，从而丧失辩证法的灵活性。在马克思、恩格斯的论述中，这种多路径的决定方式有很多类型，上述三种观点阐述了其中最为常见的三种类型：归根到底地决定、直接决定和有中介地决定。其中，有中介地决定也不是只通过"物质生产方式"这一种中介，生产力还可能通过政治或阶级斗争而对生产关系产生决定作用，在这种情况下，生产力可被视为归根到底地起决定作用。甚至，列宁提出，通过改变政治上层建筑来改变生产关系，然后再来实现相应的生产力条件和文化条件。

决定的多种路径意味着对任何事实的分析都必须随时随地以当时的历史条件为转移。发现总体的这种决定路径，并依据辩证法对其进行"思维再现"，达到对具体总体的认识，正是马克思《资本论》的基本方法。在《资本论》中，生产力对生产关系的决定作用主要有两条路径：第一种路径是"生产力—物质生产方式—生产关系"，马克思详细地研究了从工厂手工业到机器大工业的转变；第二条路径是"生产力—阶级斗争—生产关系"，这主要体现在马克思关于资本积累一般趋势的分析中。

3.3 生产关系对生产力的"反作用"

马克思本人对"生产力与生产关系之间的关系"主要有四种解释：一

① 雍文远. 怎样理解"我要在本书研究的，是资本主义生产方式以及和它相适应的生产关系和交换关系"[J]. 上海经济研究, 1982 (7).
② 林岗. 论"生产力决定生产关系"的原理 [J]. 哲学研究, 1987 (4).

是生产关系要适合生产力的发展阶段；二是随着生产力的变化，生产关系发生变化（有中介地或直接地）；三是生产力与生产关系（交往方式）的对抗、矛盾和冲突；四是生产关系对生产力的"决定性的反作用"。前三种情况，马克思有大量的具体论述，限于篇幅，我们不做引证。第四种情况出现在《资本论》第三卷中："从直接生产者身上榨取无酬剩余劳动的独特经济形式，决定了统治和从属的关系，这种关系是直接从生产本身中生长出来的，并且又对生产发生决定性的反作用。"① 笔者认为，这里的"决定性的反作用"，应当从以下两个方面进行解读。

3.3.1 "决定性的反作用"以"决定性的作用"为前提

生产关系对生产力起"反作用"或"决定性的反作用"，不是一个没有前提的论断。首先，这里的生产关系是指新产生的生产关系，而不是旧的生产关系，生产力指的是在旧的生产关系中成长而旧的生产关系却无法与之相适合的生产力，而不是旧的生产力。其次，生产力在一定的社会形式（生产关系）中发展，当生产力发展到一定的程度，就会与既定的社会形式发生冲突，旧的生产关系成为生产力发展的障碍，这时只有改变旧的生产关系才能促进生产力的进一步发展。最后，生产关系发生反作用的前提是，在生产关系中发展的生产力反过来导致生产关系不能与这种发展相适应，因而不改变旧的生产关系新的生产力就不能继续发展。在这种特殊条件和特殊限定下，生产关系对生产力才能够起"决定性的反作用"，生产关系才成为矛盾的主要方面。对此，毛泽东有一段经典的表述：

"诚然，生产力、实践、经济基础，一般地表现为主要的决定作用，谁不承认这一点，谁就不是唯物论者。然而，生产关系、理论、上层建筑这些方面，在一定条件之下，又转过来表现为主要的决定作用，这也是必须承认的。当不变更生产关系时，生产力就不能发展，生产关系的变更就起了主要的决定作用。……这不是违反唯物论，而是避免了机械唯物论，

---

① 马克思恩格斯文集（第七卷）[M]. 北京：人民出版社，2009：894.

坚持了辩证唯物论。"①

　　这一论述强调了决定性的反作用，但并没有否定生产力的决定性作用，而是同时指出，决定性反作用的前提和条件。虽然毛泽东极其重视生产关系的决定性反作用，但是他首先肯定了生产力对生产关系的决定性作用，这是前提。"生产关系的革命，是生产力的一定发展所引起的。但是，生产力的大发展，总是在生产关系改变以后"②。"决定与反作用"之所以具有不对等的地位，不仅在于生产力与生产关系之间相互运动的时序因果性，即生产力引起生产关系变革，生产关系变革解放和促进生产力发展，更深层次的原因在于对二者本身的界定，在于二者之间的"逻辑关系"。这种"逻辑关系"是马克思辩证法所特有的一种阐释方法，这个方法主要包括"基础"与"非基础"的关系、"基础"与"形式"的关系以及"基础"与"上层"的关系。这三种关系的例子分别是：生产关系是社会关系的基础；生产力是生产关系的基础；经济结构是上层建筑的基础。这三个例子中的"基础"具有不同的含义：第一个例子说明本质因素与非本质因素、内核与外围的关系；第二个例子说明内容与形式之间的关系；第三个例子说明结构性关系，即"一方建筑在另一方的基础上""一方从另一方中生长出来"，例如，生产关系特别是其中的所有权关系界定了阶级关系，而阶级关系界定了政治关系，所以，我们说政治上层建筑建立在生产关系的总和即经济基础之上。笔者认为，马克思关于生产力与生产关系的关系的论述，其理论依据主要是第二种关系，即内容与形式之间的关系。在1846年致安年科夫的信中，马克思对生产力与生产关系的这种关系进行了详细地解释："人们不能自由选择自己的生产力——这是他们的全部历史的基础，因为任何生产力都是一种既得的力量，是以往的活动的产物。……他们的物质关系形成他们的一切关系的基础。这种物质关系不过是他们的物质的和个体的活动所借以实现的必然形式罢了。……人们永远不会放弃他们已经获得的东西，然而这并不是说，他们永远不会放弃他们在其中获得一定生产力的那种社会形式。"③

---

① 毛泽东选集（第一卷）[M]．北京：人民出版社，1991：325 – 326.
② 毛泽东文集（第八卷）[M]．北京：人民出版社，1999：132.
③ 马克思恩格斯文集（第十卷）[M]．北京：人民出版社，2009：43 – 44.

马克思这一解释的核心和要点在于：生产力是人们获得的既定的物质力量，是历史承续性的前提和全部历史的基础，当生产关系不适合生产力时，人们改变从历史上继承下来的社会形式，而不是取消既以获得的物质力量。在这里，生产力是"全部历史的基础"，而生产关系是人们"在其中获得一定生产力的社会形式"，是人们"物质的和个体的活动所借以实现的必然形式"。因此，生产力是不可取消、不能自由选择的，而生产关系却是可以放弃、能够改变的。正是基于这种"基础"和"形式"之间的辩证关系，生产力作为第一性的方面起决定性作用，生产关系作为第二性的方面起反作用或决定性反作用。

也就是说，在生产力与生产关系的关系中，除了时序因果关系之外，还存在一种辩证的逻辑关系（不考虑时间），前者属于知性的（自然）科学认识范围，后者属于理性的辩证认识范围。单就生产力决定生产关系而言，"时序因果关系"与"辩证逻辑关系"是一致的，生产力（原因）引起生产关系变化（结果），在逻辑上就是生产力决定生产关系。然而，就范畴构成的整个逻辑体系（大圆圈）而言，即就历时性或历史进程而言（在唯物主义的立场上），时序因果关系与逻辑关系也可能是不一致的，这种不一致性使时序因果关系颠倒过来，成为逻辑关系上的"反作用"。虽然一开始生产力是生产关系的原因，后来生产关系成为生产力的原因，但因果关系并非逻辑关系上的决定关系，逻辑关系也不一定就是因果关系。

在黑格尔的辩证逻辑中，范畴的内涵和外延不是通过定义来界定的，而是通过范畴的运动自己得到规定的。因此，时序因果关系与辩证逻辑关系属于不同的认识层次，决定与反作用的辩证关系不能仅仅理解为时序因果关系，不能将历时性与共时性割裂开来。在《资本论》中，马克思特别强调，地租在时间上产生于资本主义之前，但在资本主义的"具体总体"的逻辑关系中，只有阐述了资本主义生产关系的形成逻辑之后，才能分析地租现象，说的就是这个道理。

3.3.2　生产力的临界点

在旧的生产关系解体和新的生产关系的形成之间，存在一个生产力发展的临界点。当生产力达到这样一个临界点的时候，旧的生产关系不能维持再生产（解体），生产要素得到解放，并在新的生产关系中重新组合，形成新的生产力。马克思在分析英国资本主义形成时指出，"资本关系本身的出现，是以一定的历史阶段和社会生产形式为前提的。在过去的生产方式中，必然发展起那些超出旧生产关系并迫使它们转化为资本关系的交往手段、生产资料和需要。但是，它们只需要发展到使劳动在形式上从属于资本的程度"。① 马克思曾经详细地描述过货币转化为资本的各种"原始的历史形式"、各种中间类型和混合类型及其过渡方式。② 马克思还详细地描述了资本主义发展过程中生产力、生产方式和生产关系变化的历程，③ 特别是资本主义生产关系产生的"生产力前提"。我们可以在资本主义萌芽（以简单协作为基础的手工工场）、工场手工业和机器大工业的阶段更替中，发现一条明确的生产力发展的线索。

将马克思关于资本主义发展历程中生产力、生产方式和生产关系变化的历程提炼成一般化的表述，可形成生产力和生产关系的运动规律，这个规律具有普遍意义，可称为"生产力的临界点理论"，即生产力达到临界点，旧的生产关系解体，新的生产关系形成；生产要素在新的生产关系中组合，使生产方式（劳动方式）发生变化；变化了的生产方式一方面创造新的物质生产力，另一方面使自己在新的物质生产力的基础上得到发展，从而产生彻底的经济革命；经济革命一方面使新的生产关系普遍化和现实化，使其获得统治地位，另一方面则发展出更高水平的劳动生产力、生产条件和交往关系，从而造成生产力和生产关系之间的矛盾尖锐化，进而为新的生产方式创造现实条件，为新的社会形态、新的社会生活过程创造物质基础。

值得再次说明的是，生产力与生产关系之间的"决定与反作用"关系描述的是社会发展的必然性，这种必然性不是直接呈现出来，而是在大量的偶然性中通过间接的方式自我显现的。本质在现象中表现，现象与本质

---

① 马克思恩格斯全集（第49卷）[M]. 北京：人民出版社，1982：126.

② 限于篇幅，我们不详细引证，可参见：马克思恩格斯文集（第八卷）[M]. 北京：人民出版社，2009：164－166.

③ 限于篇幅，我们不详细引证，可参见：马克思恩格斯全集（第49卷）[M]. 北京：人民出版社，1982：126. 或，马克思恩格斯文集（第八卷）[M]. 北京：人民出版社，2009：546－547.

是同一的。必然性和偶然性的辩证法是理解"决定与反作用"及其与"相互作用"之间的关系的方法论基础。生产力的决定性作用与生产关系的决定性反作用，是建立在必然性的基础上的内在趋势，承认必然性，并不意味着排斥无数的偶然因素之间的相互作用以及这些因素及其相互作用对生产力或经济基础的作用。必然产生和什么时候产生是两个不同的问题，所谓的"归根到底"主要指的是"必然产生"问题。

3.4 三种认识误区

3.4.1 因素论的误区

"生产力决定生产关系、经济基础决定上层建筑"的观点，必须同"经济因素对其他因素起决定作用"这种"经济决定论"划清界限。经济决定论是"因素论"，这种"因素论"简单地将社会整体分割为各个单一的要素，然后孤立地界定各要素之间的关系，这种决定论实际上是机械决定论，它的认知结果必然是多元决定，即认为在一定条件下政治因素或思想因素也能起决定作用，从而陷入唯心主义的认知模式。

人们常常将普列汉诺夫视为第二国际中造成机械决定论的始作俑者，其实这是对普列汉诺夫的误解。卢卡奇在批评第二国际丧失辩证法的灵活性从而歪曲马克思主义时指出，只有到列宁才开始了真正的马克思复兴，而在列宁之前，"马克思主义者中普列汉诺夫最精通黑格尔"。① 列宁对普列汉诺夫也有过类似的评价。普列汉诺夫很早就对"因素论"提出批评，甚至认为，"哪个因素在社会生活中起支配作用"这种问题的提法就是不恰当的，因为"它肢解了社会人的活动，把这种活动的各个方面和表现转化为似乎决定社会历史运动的种种特殊力量。……在辩证唯物主义者和不无理由可以称之为经济唯物主义者之间有整整一道鸿沟。……人们创造的并不是若干互相分立的历史——法的历史、道德的历史、哲学的历史，等

---

① 卢卡奇. 关于社会存在的本体论（上卷）［M］. 重庆：重庆出版社，1993：656.

等，而是唯一的一部为每一特定时期生产力状况所制约的、人们自己的社
会关系史。所谓的思想体系不过是这个统一而不可分的历史在人们头脑中
的反映。"①

将生产力与生产关系作为"孤立的经济因素"来理解，二者之间就会
成为仅仅机械地、直接地决定和反作用关系，甚至变成相互决定的多元决
定关系。由此，生产力的社会性质，生产关系作为生产力借以实现的社会
形式，生产力在归根结底的意义上的决定作用，生产力以其他范畴为中介
而对生产关系的间接作用，在多因素的相互作用过程中生产力作为根本原
因的内在统一性，生产力对其他相互作用的范围、限度和可能性的内在制
约性，生产关系发生决定性反作用的前提以及其他丰富的辩证关系，都不
能在因素论的认知框架内得到合理的解释和说明。

3.4.2　历史连续性与断点观察

维持"人类生活的生产和再生产"的物质力量的发展，与再生产借以
实现的社会形式之间的矛盾，即生产力与生产关系之间的矛盾，是贯穿人
类历史的基本矛盾。从历史连续性的角度来看，这两个方面的发展存在主
动性和被动性的关系，生产力是发展的主动的方面，生产关系是被动的方
面。二者之间类似于内容与形式之间的关系：内容决定形式，形式要与内
容相适应；形式相对于内容，有惰性和延迟性，内容相对于形式，则具有
限制、支配和制约作用；没有无内容的形式，也没有无形式的内容。这就
是生产力与生产关系的辩证法。

如果不从历史连续性的角度，而采用断点观察的方法，采用一时一地的
事件来观察二者之间的关系，就会得出生产关系决定生产力的假象，这种认
识在黑格尔看来只属于"存在论"中的认识。现实生活中，这类例子很多。
从历史的观点来看，"归根到底地决定"表达的含义是，在一定条件下，政
治支配经济，但在政治支配经济之前，政治却是由经济所决定的。

辩证决定论坚持历时性和共时性的内在统一，它拒绝截取历史中的一

---

① 马克思恩格斯文集（第八卷）[M]. 北京：人民出版社，2009：138 – 144.

个环节，例如政治单方面支配经济的历史事件、生产关系单方面支配生产力的历史事件，来认识总体规律。马克思在《共产党宣言》中分析了从封建的生产方式中怎样逐步产生资本主义生产方式，在《资本论》中又分析了资本主义生产方式的内在矛盾和过渡性质，这些分析都是从历时性和共时性的内在统一的总体性视角来研究历史的典范。

3.4.3 割裂"决定与反作用"的统一性

"决定与反作用"是对立统一的两个方面，就像作用力与反作用力一样。片面地强调"决定作用"会成为机械决定论或宿命论，片面地强调"反作用"则会成为多元决定论或唯意志论。列宁在晚年为俄国十月革命和社会主义道路所做的辩护（列宁的《论我国革命》），其核心和要点就在于认为历史发展的普遍规律不排斥个别发展阶段的特殊性。在第一次世界大战所造成的革命形势和历史条件下，在俄国资本主义已经得到一定程度的发展的情况下，俄国无产阶级领导的以工农联盟为基础的革命具有历史必然性。同样地，在世界资本主义的生产力水平已经达到相当程度，在资本主义面临生产力与生产关系的剧烈冲突的条件下，俄国通过先夺取政权，改造生产关系，然后获取生产力发展的物质基础，也是一种极具可能性的发展道路。这条道路马克思也曾经设想过，在致查苏利奇的信的初稿和二稿中，马克思曾经提出以世界市场为中介利用资本主义制度的一切肯定成果的设想。当然，马克思首先强调的是，这条道路的可能性能否变成现实性，取决于当时的历史条件和各种偶然性因素。而列宁虽然强调了发挥主观能动性、利用有利条件的方面，实际上也并没有否定这一点。

将生产关系对生产力的决定性的反作用，理解成事后意义上生产力的"有机决定"或"系统决定"，实际上是将上述特殊条件下的事例一般化为普遍规律。但是，苏联的案例与英国工场手工业的资本主义生产关系对生产力的巨大推动作用，属于两种不同的情况，不能等同视之。前者指的是特殊情况下"跨越社会阶段"的可能性问题（存在若干前提），后者指的是历史发展的必然性和普遍性问题。

人们通常理解的"跨越"或者"跨越卡夫丁大峡谷"有三种不同的含

义：一种是在所有的社会群体或国家都没有达到相应的生产力水平或者各区域完全孤立、没有交往的情况下，一个社会形态跨越下一个社会形态，直接达到第三种社会形态，例如，从奴隶社会直接跨越封建社会到达资本主义社会，如果人类历史的最高社会形态是奴隶社会，或即使有的国家达到了资本主义社会但相互之间没有交往的话，这种跨越是不可能的；第二种是高级社会形态对低级社会形态的直接推动（通过暴力的方式或非暴力的方式），例如，美洲在变成殖民地之前处于原始社会，殖民者的侵入打断了其发展的自然进程，从而将其直接变成资本主义社会，对于低级社会形态而言，这是一种比"跨越卡夫丁大峡谷"更大程度的跨越；第三种情况则是指当一个国家处于高于另一国家的社会形态上，同时，这种高级社会形态正在向更高社会形态过渡，处于矛盾尖锐期，而低级社会形态与高级社会形态有广泛的交往关系，能够利用高级社会形态的生产力（或其他肯定的成果），因此，低级社会形态可以不经过高级社会形态曲折，通过革命取得政权，改造生产关系，直接成为更高社会形态的历史起点，也就是马克思所说的"减轻分娩的痛苦"。马克思提出的"跨越卡夫丁大峡谷"和列宁提出的俄国社会主义道路实际上都是指第三种含义，这种情况是一种特殊情况，并且是一种可能性，它需要若干环节才能变成现实性。不能将这种特殊条件下的发展道路理解为普遍规律，也不能将英国工场手工业的"资本主义生产关系"对生产力的决定性反作用孤立出来作为这种普遍规律的证据。

传统意义上生产力与生产关系之间"决定与反作用"的关系并不是一种线性的机械决定论，而是一种辩证的决定论。运用唯物辩证法对其解读，将辩证法融于唯物史观之中，才能够理解其真实的含义。从理论史的角度来看，经典作家关于生产力和生产关系的阐述是一致的，他们的理解都是一元论的，都是彻底的唯物主义的。尽管传统解释容易导致误读，但是直到目前为止，最贴近马克思主义创始人本意的、最具合理性和深刻性的概括仍然是"决定和反作用"的关系。笔者赞同用"决定与反作用"来表述生产力与生产关系之间的关系，但主张用辩证法的逻辑来理解这种关系，主张用辩证决定论来代替传统的线性决定论，并且认为，这种解释模式比"事后意义上的生产力的系统决定论"更有说服力。

第 *4* 章

社会主义道路的理论和实践探索

　　《共产党宣言》阐释了人类社会运动的基本规律，揭示了资本主义的历史趋势，在人类历史上产生了巨大的影响，深刻地改变了无产阶级的命运，开启了社会主义革命、建设和改革的伟大历程。这一历程最重要的"实践成就"就是产生了"社会主义道路"，即东方道路。如果从 1848 年《共产党宣言》发表开始算起，至今已有 170 年，这 170 年大致可以概括为三个历史时期：第一个时期是为社会主义建设准备政治前提的历史时期，即落后国家无产阶级取得政权，从政治上成为国家的统治阶级，这一时期以《共产党宣言》的发表为起始，以"卡夫丁大峡谷"的探讨为标志，持续到 1917 年第一个社会主义国家政权的建立；第二个历史时期是建设社会主义的第一阶段，从 1917 年到 1979 年中国实施改革开放，以"苏联模式"为典型代表；第三个历史时期以 1979 年中国实施改革开放为起始，以党的十三大提出"社会主义初级阶段"的理论为标志，"习近平新时代中国特色社会主义思想"是其最新理论成果。这三个历史时期的"总问题"都是一样的，即没有经历典型资本主义经济社会形态或生产力没有得到充分发展的国家如何"跨越卡夫丁大峡谷"的问题，这一问题是横跨社会主义初级阶段整个历史进程的根本问题。

4.1　《共产党宣言》的理论逻辑

　　《共产党宣言》（以下简称《宣言》）是科学社会主义伟大的纲领性文

件，是马克思主义诞生的标志性著作。《宣言》按照逻辑和历史相统一的
方式阐释了封建生产方式向资本主义生产方式的历史过渡以及由此产生的
资产阶级和无产阶级的发展，论证了资本主义生产方式的内在矛盾以及无
产阶级和共产党人的历史使命。《宣言》以资本主义发展的具体案例深刻
地揭示了历史唯物主义的一般原理，以及与之相关的一系列重要理论观
点，透彻地展示了马克思主义的精神实质和方法论原则。

　　《宣言》深刻地揭示了生产力的发展原理。生产力发展是社会形态变
迁的决定性因素，在社会历史领域贯彻唯物主义的基本原则，最重要的一
点就是坚持唯物主义的一元论，将生产关系的变化归结为生产力的发展，
而不是归结为阶级斗争、国家意志等其他次级因素。《宣言》以生产力发
展为核心，深刻地阐释了代表先进生产力发展方向的资产阶级从封建社会
产生及其在历史上的革命性作用。其中，生产力发展包括新地域的发现、
技术的革新、交通工具的改进、分工扩展和分工深化、劳动方式的变化等。

　　《宣言》充分地肯定了资产阶级在历史上的革命性作用。这种革命性
作用体现在：消灭了建立在封建生产方式基础上的各种宗法关系、家庭关
系、社会意识和政治形式，极大地解放和发展了生产力，开拓了世界市
场，使民族的历史变成了世界历史。在揭示生产力发展原理这一历史唯物
主义的核心命题时，《宣言》还提到了内含于该命题的一些重要的原理，
这些原理包括：市场范围与分工发展之间的协同作用，新产品、新市场与
分工的外生扩展，专业化与分工深化，创新通过产业关联而对经济发展产
生的乘数效应，人力的使用效率，科学技术的应用，生产力的集中，等
等。在《资本论》中，马克思对于这些原理进行了更加详细地阐述。

　　《宣言》深刻地剖析了生产力与生产关系的矛盾法则。生产关系作为
生产力借以实现的社会形式，随着生产力的发展而不断地变化。当生产关
系适应生产力水平时，生产力就能够借助这种社会形式获得快速发展，而
生产力发展的结果却导致了这种生产关系或社会形式与发展了的生产力不
相适应，从而最终阻碍生产力的发展。生产力的发展是不可逆的，只有变
革生产关系，才能解放和发展生产力。《宣言》按照生产力与生产关系的
矛盾法则，全面地阐明了资本主义的生产力从封建社会中产生并在资本主
义生产关系中得到发展进而与生产关系相对抗的历史过程。

在运用生产力与生产关系的矛盾法则时，马克思、恩格斯还分析了先进生产力的民族和国家对落后生产力的民族和国家的影响。马克思、恩格斯认为，资本主义生产方式将一切民族甚至最野蛮的民族卷入现代文明中，从而使它们跨越社会形态采用资本主义生产方式，因此，资本主义具有按照自己的面貌创造新的资本主义世界的能力，这种能力将逐步使整个世界变成资本主义文明。而资本主义向非资本主义世界的扩张，同时也是资本主义克服生产力和生产关系矛盾、缓解经济社会危机的重要手段。

马克思、恩格斯认为，资本主义的生产力反抗生产关系一方面体现在周期性发生的经济危机上，另一方面体现为无产阶级的产生和发展，体现为社会日益分裂为两大对立的阶级集团。无产阶级及其政党的发展、无产阶级建立国家政权的政治要求是资本主义发展的必然结果。资本主义生产力与生产关系的矛盾是通过资产阶级与无产阶级的矛盾而具体地呈现和展开。

《宣言》全面地分析了经济基础与上层建筑的辩证关系原理，阐明了随着资产阶级发展而不断变化的政治上的发展。资产阶级从产生到发展，再到最终取得政治统治地位，经历了不同的政治形式，早期是被压迫的等级，在工场手工业时期是第三等级，在机器大工业和世界市场建立后，它们在代议制国家中取得政治统治地位。在资产阶级发展的同时，也产生了它的对立面——无产者，无产者最初在资产阶级的领导下帮助资产阶级取得政治统治，随着资本主义的发展，无产阶级力量逐步壮大，无产阶级反对资产阶级的斗争发生了从自在到自为的变化，无产阶级组织成为政党，采取了以推翻资产阶级统治为目标的政治斗争。

与上层建筑的发展相对应，当资本主义生产方式在生产中取得主导地位时，人与人之间的社会关系也发生了根本性的变化，建立在这些社会关系上的人们的心理、思想和观念也随之改变，于是，在这种社会意识基础上就形成了资本主义的各种精神产品。正如马克思、恩格斯所指出的：资产阶级的"观念本身是资产阶级的生产关系和所有制关系的产物"，资产阶级的法不过是被奉为法律的资产阶级的意志，而这种意志的内容是由资产阶级的物质生活条件来决定的。①

---

① 马克思恩格斯文集（第二卷）[M]．北京：人民出版社，2009：49．

《宣言》还提供了一系列重要的经济思想。这些思想中最为核心的就是所有制理论、世界市场理论、经济危机理论。马克思、恩格斯将所有制关系视为生产关系的核心，将所有制关系的变化视为社会形态变化的标志，并认为共产党人的使命就是"消灭私有制"。在《宣言》中，马克思、恩格斯指出，"一切所有制关系都经历了经常的历史更替、经常的历史变更""共产主义的特征并不是要废除一般的所有制，而是要废除资产阶级的所有制"。①

马克思、恩格斯认为，地理大发现、机器大工业的建立、世界市场的形成，使一切国家的生产和消费都成为世界性的，与此同时，各个民族、各个国家的精神生产也变成世界性的。由于资本主义的发展，生产力在地域上的集中产生了政治的集中以及新的城乡关系。特别是，他们还指出了未开化和半开化的国家从属于文明国家的现象，揭示了世界资本主义体系的中心—外围结构。

马克思、恩格斯深刻地揭示了资本主义经济危机的性质，指出这一现象的本质是现代生产力反抗现代生产关系，其实质在于，"资产阶级的关系已经太狭窄了，再容纳不了它本身所造成的财富了"。② 资产阶级对付危机的办法只能是消灭大量的生产力、夺取新市场，或者更加彻底地利用旧市场。消灭生产力就是强制性地使生产与消费保持一致，从而恢复再生产平衡；夺取新市场就是要将更多的地区纳入资本主义生产方式的范围之内，形成世界资本主义体系；更加彻底地利用旧市场就是通过创新、通过分工的深化和扩展来扩大社会的总市场规模。

《宣言》的根本分析方法是唯物辩证法。它从资产阶级和无产阶级之间矛盾的形成、发展和消灭全面地论证了资本主义的发展过程，论证了资本主义"自己运动"的内在逻辑，这一逻辑既承接了唯物史观的基本观点，也形成了粗线条的《资本论》纲要。资本主义产生于封建社会及其物质条件，共产主义社会则产生于资本主义社会及其物质条件，在资产阶级产生时也同时出现了其对立面——无产阶级。而随着资本主义的发展，无

---

① 马克思恩格斯文集（第二卷）[M]. 北京：人民出版社，2009：45.
② 马克思恩格斯文集（第二卷）[M]. 北京：人民出版社，2009：37.

产阶级必然从矛盾的次要方面转化为矛盾的主要方面，并最终获取自己创造的巨大的物质力量。

《宣言》所阐述的一般理论的"现实化"就是建立在科学社会主义理论基础上的无产阶级政党的形成，就是无产阶级政党所领导的争取民主和解放的革命斗争的广泛展开，而其最高的"实践成就"就是形成了"落后国家社会主义道路"（东方道路）。这一道路的历史起点是从《宣言》开始的，在《宣言》中马克思、恩格斯实际上已经提出了跨越的思想。在论述共产党人对待德国资产阶级革命的时候，马克思、恩格斯指出，共产党在帮助资产阶级反对封建势力时，要"尽可能明确地意识到资产阶级和无产阶级的敌对的对立，以便德国工人能够立刻利用资产阶级统治所必然带来的社会的和政治的条件作为反对资产阶级的武器，以便在推翻德国反动阶级之后立即开始反对资产阶级本身的斗争"，"德国的资产阶级革命只能是无产阶级革命的直接序幕。"① 这个观点实际上已经提出了在德国封建专制制度中发展了资本主义并导致二重生产方式并存的"混合社会"向社会主义跨越的设想，与后来马克思提出跨越"卡夫丁大峡谷"的理论设想是一致的。

4.2　跨越"卡夫丁大峡谷"的实践命题

马克思、恩格斯对资本主义经济形态的解剖是为无产阶级革命和人类的解放服务，他们提出未来社会形态的未来发展是建立在对资本主义基本矛盾的科学分析的基础上的。也就是说，《宣言》所论述的一般原理和科学预测所论证的问题是，资本主义向社会主义过渡的历史必然性，这一必然性的根据在于资本主义社会孕育了共产主义，即"在旧社会内部已经形成了新社会的因素"。② 正如列宁所指出的：马克思"把从旧社会诞生新社会的过程、从前者到后者的过渡形式，作为一个自然历史过程来研究"；

---

① 马克思恩格斯文集（第二卷）[M]. 北京：人民出版社，2009：66.
② 马克思恩格斯文集（第二卷）[M]. 北京：人民出版社，2009：51.

"共产主义是从资本主义中产生出来的，它是历史地从资本主义中发展出来的，它是资本主义所产生的那种社会力量发生作用的结果。马克思丝毫不想制造乌托邦，不想凭空猜测无法知道的事情。马克思提出共产主义的问题，正像一个自然科学家已经知道某一新的生物变种是怎样产生以及朝着哪个方向演变才提出该生物变种的发展问题一样"。① 这一论述指出了马克思、恩格斯分析的人类社会发展的一般道路的科学性问题。

在现实中，应用马克思主义的一般原理和科学预测，并不能将其局限于一国之内，而必须放眼于整个资本主义的世界体系，并随时随地以当时的历史条件为转移。在《宣言》中，马克思早就指出了资本主义发展的世界历史性质，马克思、恩格斯将资本主义生产方式向非资本主义世界的扩展、将非资本主义国家从属于资本主义国家看作作为整体的资本主义运动的内部要素。由于资本主义发展的世界化，资本主义世界里社会主义因素的形成和发展状况在不同的国家就形成了不同序列，在典型的资本主义国家形成了成熟的资产阶级、强力的国家机器和更有利于维护资产阶级统治的阶级协调机制，这些因素反而限制了无产阶级运动的发展，而在刚刚发展资本主义经济的封建国家或者半资本主义的落后国家，无产阶级受到的压迫更为深重，资产阶级的发展并不成熟，社会中各个阶级和阶层的矛盾更加尖锐和复杂，再加上帝国主义之间的斗争，无产阶级取得胜利的可能性更大。俄国十月革命的胜利就是在这样的历史背景下取得的，而这一革命政权的取得在整个世界资本主义体系中打开了第一个缺口，从而真正开启了人类社会跨越资本主义"卡夫丁大峡谷"的历史进程，同时也就否定了早期的"世界革命"以及最发达的资本主义国家首先取得革命胜利的判断，为马克思关于跨越"卡夫丁大峡谷"的理论设想提供了具体实践的第一个必要条件，即其政治前提。

从《宣言》的发表到俄国十月革命半个多世纪的时间里，马克思主义的实践主题就是无产阶级如何取得政权、如何塑造自己的国家机器和政治组织。围绕着这一时代主题，在世界范围内展开了各种各样广泛的革命实践活动，列宁领导的十月革命将这些活动推向了历史的顶点。十月革命可

---

① 列宁选集（第三卷）［M］. 北京：人民出版社，1995：186 - 187.

以看作是马克思跨越"卡夫丁大峡谷"理论设想的政治实现，但这只是跨越的第一步，因为，这种跨越是在非资本主义国家或不完全的资本主义国家实现的，是在生产力条件较为落后的条件下实现的，是在无产阶级领导的争取民族解放和反对封建主义斗争中实现的，这种政治实现一开始就带有其内在的不成熟性，但其不成熟性并不能否定它是整个资本主义时代的产物。从资本主义世界体系来看，它是资本主义向整个世界扩展道路上的必然产物，是资本主义向外伸张运动的一个环节，是帝国主义薄弱环节的首次突破，是作为世界哲学的无产阶级的阶级意识的首次实现。

在普遍交往和日益扩大的全球化进程中，一国的生产力常常具有世界意义。一国没有达到无产阶级解放的物质条件，并不意味着整个世界不具备无产阶级解放的物质条件。十月革命作为跨越"卡夫丁大峡谷"实践命题的第一环节，正是以世界资本主义生产力发展为其前提条件的。当时的俄国与资本主义处于同一个时代，而资本主义又是一个正在世界化的、不断自我复制的经济社会形态，其内在矛盾已经得到充分的暴露和展现，所以，俄国跨越资本主义的发展阶段，正是以资本主义已经在世界范围内得到了生产力的巨大发展为其条件的，世界各国资本主义发展的不平衡性孕育了一些非资本主义国家或半资本主义国家首先取得政治跨越的外部条件。如果将整个资本主义看作一个逐步向周围扩展和深化的总体，而不局限于一个国家，那么，俄国十月革命正是在资本主义体系向世界扩展进程中从资本主义的内部运动中孕育出来的，它是资本主义过程总体内部矛盾的必然结果。

在人类历史上，呈现出两种不同的社会形态的跨越：一种是高级社会形态直接对低级社会形态的拉动（暴力或非暴力的方式），例如，美洲的原始社会形态直接跨越到资本主义社会形态；另一种是高级社会形态已经显现出其向更高社会形态过渡的特征，低级社会形态正在向高级社会形态演进，低级社会形态与高级社会形态处于同一个时代，而且不同发展阶段的社会形态形成了普遍的交往关系，这样，低级社会形态可以不经过高级社会形态的充分孕育而直接向更高社会形态过渡。马克思所讲的跨越"卡夫丁大峡谷"指的是第二种形式的跨越，这种跨越的历史条件只有在资本主义充分发展的一定阶段才能够实现，因而具有特殊性，但其特殊性并不排斥历史发展的一般性，相反，它正是在历史必然性和主体能动性的基础之上，实现了合规律性、合目的性的内在统一。

马克思曾多次论述过当时的俄国跨越"卡夫丁大峡谷"的可能性。早在 1877 年《给"祖国纪事"杂志编辑部的信》中，马克思就已经提出俄国不必走西欧资本主义发展道路：不能把"关于西欧资本主义起源的历史概述彻底变成一般发展道路的历史哲学理论"，不能认为"一切民族，不管他们所处的历史环境如何，都注定要走这条道路"，如果那样做，"会给我过多的荣誉，同时也会给我过多的侮辱"。① 在《给维·伊·查苏利奇的复信草稿》的初稿中，马克思论证了俄国农村公社跨越"卡夫丁大峡谷"在理论上的可能性："因为它和资本主义生产是同时代的东西，所以它能够不通过资本主义生产的一切可怕的波折而吸收它的一切肯定的成就，……在俄国公社面前，资本主义是处于危机状态，这种危机只能随着资本主义的消灭、现代社会的回复到'古代'类型的公有制而结束，……和控制着世界市场的西方生产同时存在，使俄国可以不通过资本主义制度的"卡夫丁大峡谷"，而把资本主义制度的一切肯定的成就用到公社中来。"②

马克思的论述强调了吸收资本主义肯定成就的重要性，这些肯定的成就主要就是资本主义社会中不断发展的生产力。俄国的革命从政治实践上解决了跨越"卡夫丁大峡谷"从可能性变成现实性的首要问题，但这只是跨越的第一步，因为新的社会主义国家政权是世界资本主义体系中的孤岛（一国社会主义），是在落后的物质条件下建立的，是资本主义世界体系的"部分质变"或"局部质变"。"先革命、后建设""一国社会主义"这些情况决定了生产力发展在业已建立的社会主义国家的极端重要性，从而也就决定了经济建设在社会主义建设中的主导地位。怎样取得生产力的快速发展、如何获得和利用资本主义的先进生产力，以及如何依据已经实现的生产力发展水平来调整生产关系和上层建筑使之适应生产力进一步发展的要求，是社会主义国家必须面对和解决的长期问题，是整个社会主义的

---

① 马克思恩格斯全集（第 19 卷）[M]. 北京：人民出版社，1982：130 – 131.
② 马克思恩格斯全集（第 19 卷）[M]. 北京：人民出版社，1982：269.

主要任务。

4.3 社会主义建设的两个阶段

十月革命后建立的新的社会主义政权面临的首要问题是：巩固政权并利用上层建筑改造经济基础使其适应社会主义国家快速发展社会生产力的要求。苏联的探索是十分曲折的，这种曲折性体现了从不完全、不发达的社会主义进入到完备形式的成熟的社会主义，即共产主义的第一阶段，不仅需要一个长期的历史过程，而且需要大量的实践探索和曲折的发展历程。

十月革命后，苏联试图直接过渡到共产主义的生产和分配，实施战时共产主义政策，但事实证明这一政策很快就遇到了严峻的问题。1921 年列宁《在全俄政治教育委员会第二次代表大会上的报告》指出，当时经济政策的失败表现在："我们上层制定的经济政策与下层脱节，它没有促成生产力的提高，而提高生产力本是我们党纲规定的紧迫的基本任务。"对于后来实施的"新经济政策"，列宁称之为"战略退却"，列宁认为，"新经济政策就是以实物税代替余粮收集制，就是在很大程度上转而恢复资本主义。究竟到什么程度，我们不知道"。同时，列宁还强调，"无产阶级的国家政权是不是能够依靠农民，对资本家老爷加以适当的控制，把资本主义纳入国家轨道，建立起一种受国家领导并为国家服务的资本主义，是一个必须清醒地提出和看待的问题。"① 在《关于工会在新经济政策条件下的作用和任务的提纲草案》中，列宁进一步指出，"无产阶级国家在不改变其本质的情况下，可以容许贸易自由和资本主义的发展，但只是在一定限度内，而且要以国家调节（监察、监督、规定形式和规章等）私营商业和私人资本主义为条件。"②

列宁逝世后，苏联于 1928 年开始废止新经济政策，1936 年在斯大林

---

① 列宁选集（第四卷）［M］. 北京：人民出版社，1972：576－578.
② 列宁选集（第四卷）［M］. 北京：人民出版社，1972：620.

的领导下，苏联宣布建立了完全的社会主义制度，实现了社会主义，从而开启了落后国家经济建设的"苏联模式"。苏联模式采用全民所有制和集体所有制两种所有制形式，采用计划经济，优先发展重工业、军事工业，以剥夺农民的方式进行高速度的工业化运动，这些措施在一定时期内极大地提高了苏联的经济实力，取得了经济建设的巨大成就，使苏联快速成为工业化国家，并在第二次世界大战中为反法西斯斗争作出了重要贡献，但是由于过高地估计了发展的阶段性，也为以后的发展进程埋下了隐患。苏联模式作为探索社会主义道路的一种经典模式，具有极其重要的理论和实践意义，它的历史价值就像巴黎公社那样，是社会主义发展历程中的具有重要历史价值的一个关键性实验。

中国自 20 世纪 50 年代就开始效仿苏联模式，但是中国关于社会主义经济建设第一阶段的内容与苏联也有不同，体现了中国的特殊情况，例如，苏联基本上大多是中央计划体制的大企业，而中国则大多是地方管辖的中小企业，苏联实行剥夺农民的工业化道路，而中国按照"农轻重"的方针，先安排好农业和轻工业，在此基础上再安排重工业发展。尽管当时苏联和中国在具体的经济建设层面有诸多不同之处，但在所有制结构、发展方式等方面都属于同一个模式，而且这一模式也是 20 世纪 50 年代大多数社会主义国家普遍实行的模式。

从十月革命到中国实施改革开放，可以大致归属于社会主义经济建设的第一阶段。这一阶段是从政治革命进入到具体的社会主义实践，而在此过程中，社会主义经济建设经历了一个短暂的过渡时期，在苏联为"新经济政策"时期，在中国则为 1949 年到 1956 年的社会主义过渡时期，经过这样短暂的过渡之后又快速地推进到社会主义阶段。这种快速的推进实际上是超越阶段的。中国 1978 年开始的改革开放进程正是对这种超阶段过渡的一种现实的和实践上的纠正，但这种纠正并不意味着中国又重新回复到社会主义革命前的过渡状态、回复到新民主主义社会，也不意味着重新实行"新经济政策"，而是对于前三十年的已经进入社会主义经济模式的一种调整。因此，称其为"社会主义初级阶段"而不是"过渡社会"，是有重要的科学道理的。

从中国的实践来看，改革开放前和改革开放后两个时期之间的关系不能简单地进行线性理解。前一个时期是后一个时期的历史基础，这个基础主要就是基本经济制度、基本政治制度和基本文化制度的建立以及统一的工业基础的建立，后一时期的改革和建设是在前一历史时期的基础上进行的。而苏联的新经济政策和中国的社会主义过渡时期，其历史基础是革命前包含封建主义的和一定程度资本主义的复杂的经济关系、政治关系和思想关系以及落后的物质生产方式，这是当时苏联新经济政策和中国社会主义过渡时期经济政策的现实基础。不从这个现实基础出发，就无法理解社会主义初级阶段相对于过渡时期的性质差异，从而也就不能科学地理解中国特色社会主义的本质。试想不经过改革开放前的社会主义经济建设，不通过国家力量的强力作用，中国能够快速形成一个经济、政治和文化制度稳定、工业体系健全的物质基础吗？

中国特色社会主义的理论基础就是社会主义初级阶段理论，而社会主义初级阶段具体就是指发展进程中的社会主义，也可以说是不完全、不充分的社会主义，它表达了建立社会主义国家政权后的现实基础。从广义上看，它包含了迄今所出现的所有的社会主义形式，例如南斯拉夫的自治社会主义、匈牙利模式等。而建立在高度发达的生产力水平上，经过资本主义发展充分孕育的、非跨越的社会主义，至今还没有出现，我们能看到的只是当代资本主义向"后资本主义"过渡，资本主义中的社会主义成分的不断出现。中国特色社会主义属于初级阶段社会主义中的一种，它的基本特征是公有制为主体的基本经济制度与市场起决定性作用的资源配置方式和市场经济体制相结合，其最本质的特征是中国共产党的领导。这种社会主义的发展道路是中国人民的首创，它产生后形成了蓬勃的发展活力，使中国经过 30 年的时间完成了西方国家需要 300 年才能完成的发展历程，从而将世界范围内落后国家社会主义建设的实践探索推进到第二个重要的发展阶段。

中国特色社会主义的实践主题是解放和发展生产力，实现共同富裕。这个实践主题仍然内含于跨越"卡夫丁大峡谷"的实践命题，是跨越的第二个必不可少的步骤。无产阶级政权的建立只是实现了跨越的第一步，只是共产主义第一阶段（社会主义）的起点，而要从这个历史起点到达完全的、更加成熟的社会主义，是一个长期的历史过程，围绕着这一历史过程的核心主题就是"尽可能快地增加生产力的总量",① 就是更快地形成"无产阶级解放的物质条件",② 就是以世界市场为中介充分吸收资本主义的"一切肯定的成就"。③ 在这里,不能将中国特色社会主义理解成"过渡社会",即资本主义向社会主义的过渡状态,也就是说处于临界状态,还没有进入社会主义社会,这与事实不符,中国是经过了社会主义革命之后,进入社会主义建设第一阶段,并取得了重要历史成就的基础上,来进一步纠正和调整已经形成的经济基础使其更加适应生产力发展的要求。如果定性为"过渡社会"的话,事实上就否定了社会主义建设的第一阶段,而没有第一阶段的建设和发展,也不可能形成中国特色社会主义的现实基础和物质条件。

从概念上讲,建立社会主义基本制度是形成社会主义社会的标志和起点,但是,建立了社会主义基本制度与形成完全的、成熟的社会主义并不是一回事,这是跨越"卡夫丁大峡谷"的特殊情况。"从社会主义经济制度的初步确立到建成完全的社会主义,即建成完备形式的、政治民主、经济发达的社会主义,这整个时期就是社会主义建设时期。这个时期的首要任务是发展生产力,创造比资本主义更高的劳动生产率和经济效益,以保证满足日益增长的社会需要"。④ 中国社会主义经济建设的前后两个阶段,同属于跨越"卡夫丁大峡谷"的实践命题,同属于建设社会主义的范畴,但两个阶段又表现出不同的内外条件和阶段特征。没有前一阶段的建设就不可能有后一阶段的发展,没有后一阶段的发展就不可能更好地将社会主义事业推向前进。正如习近平指出的,我们党领导人民进行社会主义建设,有改革开放前和改革开放后两个历史时期,这是两个相互联系又有重大区别的时期,但本质上都是我们党领导人民进行社会主义建设的实践探索。⑤ 这一论述精辟而科学地阐释了两个历

① 马克思恩格斯文集(第二卷)[M]. 北京:人民出版社,2009:52.
② 马克思恩格斯文集(第二卷)[M]. 北京:人民出版社,2009:62.
③ 马克思恩格斯全集(第19卷)[M]. 北京:人民出版社,1982:431–452.
④ 吴江. 社会主义的前途与马克思主义的命运[M]. 北京:中国社会科学出版社,2001:267.
⑤ 习近平. 在新进中央委员会的委员、候补委员学习贯彻党的十八大精神研讨班开班式上的讲话[N]. 人民日报,2013–1–6.

史时期的共同本质和辩证关系。

事实表明，中国的社会主义实践探索是世界社会主义中最为成功的案例，中国特色社会主义道路代表了马克思跨越"卡夫丁大峡谷"理论设想的正确方向。《共产党宣言》的一般论证、巴黎公社的实践、跨越"卡夫丁大峡谷"的理论设想、列宁领导下的政治和经济实践、苏联模式和中国改革开放前的社会主义建设、中国特色社会主义道路，这六个方面的丰富内容形成了建设社会主义实践探索的几个重要阶段或关键节点。从历史来看，这些阶段或节点都是有内在的历史联系的，科学地把握这种内在联系，是中国特色社会主义政治经济学的重要任务。

4.4 习近平新时代中国特色社会主义的发展道路

党的十八大以来，以习近平同志为核心的党中央带领全国人民开启了中国特色社会主义的新篇章，形成了习近平新时代中国特色社会主义经济思想（简称"习近平经济思想"），开创了以中国特色社会主义经济形态[①]为基础的新时代政治经济学体系，即新时代中国特色社会主义政治经济学。新时代中国特色社会主义政治经济学是"强起来的政治经济学"，是围绕建设富强民主文明和谐美丽的"社会主义现代化强国"这一历史任务而产生的新的政治经济学体系，构建这样的政治经济学体系离不开《共产党宣言》所阐释的一般原理和科学精神的指导，离不开落后国家社会主义建设经验的继承和发展，离不开改革开放以来中国特色社会主义的实践探索和理论基础。正如习近平总书记所指出的："把《共产党宣言》蕴含的科学原理和科学精神运用到统揽伟大斗争、伟大工程、伟大事业、伟大梦想的实践中去，不断谱写新时代坚持和发展中国特色社会主义新篇章。"[②]

习近平新时代中国特色社会主义是中国特色社会主义的最新发展阶

---

① 王国平. 改革开放 40 年：中国特色社会主义经济形态及其世界价值 [J]. 上海行政学院学报，2018（1）.

② 习近平. 深刻感悟和把握马克思主义真理力量 谱写新时代中国特色社会主义新篇章 [N]. 人民日报，2018 - 4 - 25（1）.

段，也是继续探索社会主义道路的最新实践成果。按照理论和实践的逻辑，对于世界社会主义而言，它属于社会主义道路的第三阶段（大阶段），属于世界社会主义 500 年历程的第六阶段（大阶段），对于中国特色社会主义而言，它属于第二阶段（小阶段）。而对于资本主义时代和资本主义文明而言，现实中的社会主义属于整个资本主义世界体系和过程总体的"部分质变"①，新时代则是这种"部分质变"运动过程中的一个特定的历史时期。这一特定的历史时期是以《共产党宣言》中所得出的一般原理和科学结论为指导，立足于中国特色社会主义的"现实基础"（出发点），继续推进社会主义事业的发展。而要发展中国特色社会主义，就必须以社会主义初级阶段的总问题为依据，就必须明白马克思关于跨越"卡夫丁大峡谷"的一般理论逻辑。

党的十九大提出了新时代的发展道路，这个发展道路的总目标就是建设富强民主文明和谐美丽的"社会主义现代化强国"。"强国"目标的主要内容就是要在生产力水平上赶上甚至超过发达资本主义国家，就是要实现生产力水平的整体跃迁，这实际上也是跨越"卡夫丁大峡谷"本来的应有之义。正如前文所述，建立社会主义国家政权只是实现跨越的第一步，要实现完的、充分的社会主义，就必须在物质基础上达到相应条件，而要达到这样的物质技术基础，不仅要不断地巩固社会主义的上层建筑，而且要调整生产关系以适应生产力发展的需要，并利用资本主义文明的一切肯定成果，这是东方道路的特殊性。1992 年邓小平南方谈话时指出，"社会主义的本质，是解放生产力，发展生产力，消灭剥削，消除两极分化，最终达到共同富裕"。② 这是对初级阶段社会主义的经典概括和正确判断，不仅指出了社会主义建设的根本任务，也指出了社会主义初级阶段的最终目标，即共同富裕。在这个意义上，习近平总书记进一步强调，解放和发展社会生产力，不断改善人民生活，是中国特色社会主义政治经济学的核心，"要继续深化对共产党执政规律、社会主义建设规律、人类社会发展规律的认识，特别是要主动研究社会主义初级阶段社会生产力发展规律、

---

① 与这种"部分质变"或"局部质变"同时进行的还有发达资本主义国家内部发生的"渐进量变"。

② 邓小平文选（第三卷）[M]．北京：人民出版社，1993：373.

生产关系适应生产力发展的规律，提高解放和发展社会生产力的自觉性、主动性"。① 研究和揭示"社会主义初级阶段社会生产力发展规律、生产关系适应生产力的发展规律"，是中国特色社会主义政治经济学的核心和主线。

中国特色社会主义政治经济学本质上仍然是发展中国家探索怎样建设社会主义、建设什么样的社会主义的经济学。在中国社会主义经济建设实践中，马克思主义政治经济学基本原理与中国实际创造性结合形成了毛泽东时代中国社会主义经济思想、中国特色社会主义经济理论（第一阶段）、习近平经济思想。习近平经济思想与毛泽东时代中国社会主义经济思想、中国特色社会主义经济理论（第一阶段）是一脉相承的关系，是马克思经济学中国化的第三阶段。毛泽东时代中国社会主义经济思想的重大时代课题是构建经济发展的政治架构和国民经济基础；中国特色社会主义经济理论（第一阶段）的重大时代课题是探索中国特色社会主义发展道路、实现经济制度转型；习近平经济思想的重大时代课题是建设富强民主文明和谐美丽的社会主义现代化强国、实现中华民族伟大复兴的中国梦。

中国特色社会主义经济形态是新时代政治经济学的现实基础。马克思认为，一定的思想体系总是产生于一定的现实、一定的物质环境，"经济范畴只不过是生产的社会关系的理论表现，即其抽象"。② 改革开放以来，我国发展的总体趋向是形成了一种适应于社会主义初级阶段生产力水平的"特殊经济形态"，这个经济形态是公有制为主体与市场在一般性资源配置中发挥决定性作用的有机结合，是在单一公有制和计划经济模式基础上逐步调整而来的一种新的混合经济模式，到目前为止，这种调整基本上已经形成了一种独特的形态，具有相对稳定性，其制度框架就是习近平总书记提出的"中国特色社会主义的重大原则"。新时代的政治经济学就是在这样一种经济形态的基础上探索实现社会主义现代化强国目标的现实路径，既要坚持中国特色社会主义政治经济学的重大原则，确保改革发展沿着社会主义的方向，又要进一步"改变束缚生产力发展的经济体制"，③ 建设现

---

① 习近平关于社会主义经济建设论述摘编［M］. 北京：中央文献出版社，2017.
② 马克思恩格斯文集（第一卷）［M］. 北京：人民出版社，2009：602.
③ 邓小平文献（第三卷）［M］. 北京：人民出版社，1993：370.

代化经济体系。社会主义与现代化是强国目标的两个必要条件，二者缺一不可。

习近平经济思想开创了新时代政治经济学新框架，形成了新时代中国特色社会主义发展道路的崭新思想体系（见图4-1）。这一思想体系主要包括"五论"和"十大重要方面"。"五论"是指社会经济矛盾论、发展阶段论、人民中心论、发展目标论、发展理念论。社会主要矛盾的变化决定了社会发展阶段的变化，科学把握社会发展阶段的特征是制定各项政策的基本依据；人民中心论即以人民为中心的发展思想，是马克思主义的根本立场，是制定各项政策的基本出发点。发展阶段论和人民中心论是习近平经济思想的总理论依据。发展目标论是发展的蓝图，体现了人民群众的共同理想，同时也是中国特色社会主义道路特定阶段的具体目标；发展理念论是发展的基本遵循，是推进各方面工作的指挥棒。"五论"构成了一个理论总体，是各种具体政策和实践操作的思想基础。

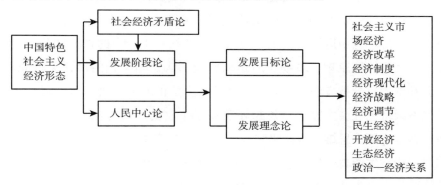

图4-1 新时代中国特色社会主义政治经济学理论体系

"十大重要方面"是指社会主义市场经济、经济改革、经济制度、经济现代化、经济战略、经济调节、民生经济、开放经济、生态经济、政治—经济关系十个方面的重要论述。社会主义市场经济方面着重探讨社会主义与市场经济相结合的问题，研究如何将市场在一般性资源配置中的决定性作用与更好地发挥政府的作用统一起来；经济改革方面包括全面深化改革的理论问题，其中"供给侧结构性改革"是主线和重点；经济制度方面主要是指基本经济制度、经济体制、法治经济以及国家治理体系和治理能力现代化等方面的思想；经济现代化方面主要是指四化协同发展、高质量发展、建设社会主义现代化强国的思想。经济战略方面主要包括创新驱动发展战略、京津冀协同发展战略、长江经济带发展战略、乡村振兴战略、区域协调发展战略等重大战略思想；经济调节方面主要包括稳中求进工作总基调以及宏观政策（主要是宏观调控思想）、产业政策、微观政策、改革政策、社会政策方面的思想。民生经济方面主要研究提高人民生活水平、满足人民对美好生活需要以及社会治理方面的思想；开放经济方面是指形成全面开放新格局、推进"一带一路"建设、构建人类命运共同体的思想；生态经济方面探讨绿色发展、生态环境保护、生态文明建设方面的思想；政治—经济方面着眼于上层建筑与经济基础的关系，研究党对经济工作的领导、党的建设保障作用方面的思想。"五论"是基础，"十大重要方面"是具体应用。

习近平经济思想是《共产党宣言》一般原理与中国实际相结合的理论成果，是立足于中国特色社会主义，运用《实践论》《矛盾论》主要思想方法所得出的科学结论，鲜明地体现了马克思主义的立场、观点和方法。习近平经济思想中运用的主要原理和方法包括：生产力的首要性和发展原理、人民主体性原理、事物矛盾运动原理、认识和实践的辩证关系原理、社会基本矛盾分析方法、物质生产是社会生活的基础的观点等。习近平新时代中国特色社会主义经济思想还蕴涵了丰富的思维方法，如精准思维、底线思维、历史思维、战略思维等。习近平经济思想的核心思想方法是唯物辩证法，生产力—生产关系、经济基础—上层建筑的辩证关系原理，以及体现马克思主义基本立场的人民中心论。

4.5 结语及展望

回顾从《共产党宣言》发表以来 170 年国际共产主义的历程，社会主义道路（东方道路）是其最重要的"实践成就"，这一成就在当代中国仍然迸发着鲜活的生命力。事实证明，《共产党宣言》所阐释的马克思主义一般原理和研究结论至今仍然具有科学性和真理性，它所开辟的道路正在通过中国特色社会主义新时代而被引入更为广阔的境界，从而在理论和实践上形成了具有内在联系的逻辑链条。这一链条就是《共产党宣言》的发表、跨越"卡夫丁大峡谷"的讨论、苏联及其他国家的社会主义实践、中国改革开放前的社会主义实践、中国特色社会主义经济形态的形成、中国特色社会主义新时代。囊括这六个发展环节的总问题就是落后国家如何建设社会主义、建设什么样的社会主义,就是社会主义初级阶段这样一个根本问题。跨越"卡夫丁大峡谷"并不是一个短暂的跳跃,而是一个在历史必然性和主体选择性之间不断摆动的长期的实践过程,是曲折中的前进、迂回中的发展和退却中的进步。

随着资本主义社会生产力的不断发展和矛盾的尖锐化,随着资本主义中社会主义成分的不断增加,随着资本主义渐进地量变的逐渐累积,东方道路将成为引领资本主义向社会主义过渡的前哨,东方道路的社会主义力量将与西方资本主义内部的社会主义成分实现新的力量整合。当代世界互联网正在将人类引入数字时代,智能机器人正在代替人的脑力和体力,海洋科技、生命科学、信息科学、空间科学、材料科学等飞速发展,新一轮科技革命和产业革命正在孕育兴起,这一切正在成为改变世界的新的物质力量,以中国特色社会主义新时代为代表的社会主义道路必将展现出更为壮阔的前景。

第5章

超额利润、价值总量与一般利润率

超额利润的来源及其对价值总量和一般利润率的影响是马克思主义政治经济学中一个重要的理论问题。据文献检索，在马克思主义内部对超额利润来源问题的研究形成了三种代表性观点：一是流通论，认为超额利润来源于与其他部门的交换；[①] 二是转移论，认为超额利润来源于其他部门剩余价值或社会总剩余价值的转移；[②] 三是创造论，认为超额利润是新创造出来的价值，是部门内部复杂劳动的结果。[③④] 笔者认为，马克思的"虚假的社会价值"理论不仅适用于农业部门，[⑤] 而且适用于工业部门，特别是产业创新的情况，真正意义上的超额利润是社会价值形成过程中纯粹多出来的虚假部分（"虚假的社会价值"或"虚假的社会价格"），因而它对价值总量和一般利润率水平甚至社会经济的宏观运行有重大影响。本章试图在区分不同超额利润的基础上对这一看法提供一个数理模型的证明，并

---

① 骆耕漠. 关于如何正确理解"虚假的社会价值"问题 [J]. 经济研究，1964（6）.

② 熊穆权. 论"虚假的社会价值"是对社会总剩余价值的扣除及其他 [J]. 江西师范大学学报（哲学社会科学版），1988（3）.

③ 陈征. 有关虚假的社会价值的几个争论问题 [J]. 学术月刊，1984（12）.

④ 王福祥. 也谈超额利润的来源——与梅竹林同志商榷 [J]. 当代财经，1981（3）.

⑤ 国内学者关于"虚假的社会价值"的适用范围也有两种不同的观点：一是以骆耕漠为代表的学者，认为"虚假的社会价值"仅适用于农业部门；二是以曹英耀、许兴亚、孟捷等为代表的学者，认为"虚假的社会价值"不仅适用于农业部门，也适用于其他部门，因而具有普遍性。可参见：骆耕漠. 关于如何正确理解"虚假的社会价值"问题 [J]. 经济研究，1964（6）；曹英耀. 谈社会必要劳动时间的两重意义和价值到市场价值的转化——与寒苇、曾启贤同志商榷 [J]. 江汉论坛，1963（1）；许兴亚. 论虚假的社会价值 [J]. 价格理论与实践，1990（8）；孟捷. 技术创新与超额利润的来源 [J]. 中国社会科学，2005（5）.

将马克思的"虚假的社会价值"概念应用于产业创新（新产业的形成）的研究中。

5.1　社会价值形成的四种情况

在个别价值的社会化过程中形成社会价值，① 社会价值即社会实际认可的价值。按照马克思的假定，社会价值的形成主要包括四种情况：一是按照平均数规律，由中等生产条件决定社会价值，② 这种社会价值的形成需要在市场中存在众多的生产企业和充分的竞争；二是由劣等生产条件决定社会价值，也就是劳动生产率最低的个别价值成为社会价值；三是由优

---

　　① 马克思在《资本论》第三卷第十章谈到"市场价值"或"社会生产价格"概念，市场价值与社会价值在马克思看来似乎是等价的，它们调节供求关系，是市场价格波动的中心。但是，严格说来，二者之间还是有差别的，在价值总量的含义上，"社会价值"包括的范围更广泛，它不仅包括"虚假的社会价值"，以及不参与利润率平均化过程的价值，如绝对地租，马克思说："某些生产部门的资本，由于某些原因没有参与平均化过程"（马克思恩格斯文集（第七卷）［M］.北京：人民出版社，2009：194.），而且在一定意义上，根据形式上的相似性，甚至可以包含垄断价格的情况。垄断价格与纯粹由供求关系引起的市场价格的波动有实质上的区别，垄断价格不能完全归于市场价格的范畴，虽然它们都隶属于现象层面，即都属于在《资本论》第三卷才能达到具体化的概念。下文拟将垄断价格纳入社会价值范畴，根据形式上的相似性，将其视为"虚假的社会价格"。

　　② 马克思在《资本论》第一、第二卷都假定了平均价值决定市场价值或社会价值的假定，并且这一假定都内含了供求关系保持一致的含义。因此，在论述第一种社会必要劳动时间时，马克思仅仅从生产的角度进行描述，而在论述与社会需要的相适应的劳动时间（第二种社会必要劳动时间）时，则将概念的内涵进一步具体化。依据从抽象到具体的方法论，两种社会必要劳动时间实际上就是一种（宋承先. 关于"社会必要劳动时间"问题——也与魏埙、谷书堂两同志商榷［J］. 学术月刊，1958（4）；胡寄窗. 社会必要劳动时间不存在两种含义［J］. 经济研究，1990（3）；宋则行. 对"两种含义的社会必要劳动时间"的再认识［J］. 当代经济研究，1996（5）；丁堡骏. 论社会必要劳动时间的理论定位［J］. 当代经济研究，2010（10）.），只不过二者属于逻辑展开的不同阶段而已。笔者认为，"均衡"指的是供给侧的"数量调整"能够与社会需要（取决于阶级关系和收入分配）的变化保持一致的状态；"非均衡"指的是供给侧的"数量调整"无法或者需要较长时间才能达到社会需要的状态。第二种社会必要劳动时间不能在马克思的意义上理解为非均衡，也不能将马克思的"均衡"或者"平衡"理解为价格层面上的均衡与价值层面的非均衡的共存（孟捷. 劳动价值论与资本主义经济中的非均衡和不确定性：对第二种社会必要劳动概念的再阐释［J］. 政治经济学报，2017（9）.）。特别是，在利润率平均化过程中，由于资本有机构成不同导致的价值转移，不能理解为价值层面的非均衡。

等生产条件决定社会价值，即劳动生产率最高的个别价值成为社会价值；①
四是完全垄断条件下个别价格也就是社会价值，二者是等价的。这四种情
况分别对应于不同的超额利润来源及价值总量变化情况。

（1）在中等生产条件决定社会价值的情况下，劳动生产率高于中等生
产条件的企业的个别价值低于社会价值，在市场中按社会价值出售，获得
超额利润，而劳动生产率低于中等生产条件的企业的个别价值高于社会价
值，在市场中按社会价值出售，获得高于成本价格但低于一般利润率水平
的利润。在这里，社会价值是按照所有个别价值的平均数确定的，劳动生
产率高的企业所获得的超额利润恰好等于劳动生产率低的企业所损失的价
值，所有企业个别价值的总和等于社会价值的总和，因而没有出现超过整
个行业总价值的额外价值。

在自由竞争的条件下，行业内的劳动生产率有向同一水平靠拢的趋
势，也就是说，由于竞争和模仿，企业有改进生产技术和其他生产条件的
动力，从而使劳动生产率高的企业的优势逐渐消失，最后超额利润消失。

---

① 第二和第三种情况，被一些学者称为"第二种市场价值"，而第一种情况则为"第一种
市场价值"（孟捷．劳动价值论与资本主义经济中的非均衡和不确定性：对第二种社会必要劳动
概念的再阐释［J］．政治经济学报，2017（9）.）。笔者认为，第一种市场价值指的是理想情
况，是理论上的纯粹化，是研究的参照系。在这种理想条件下，同一部门内部虽然存在价值转
移，但是对整个生产部门而言，产品的单位价值的总和与部门的总价值量是一致的，因此，单
位价值就是产品价值的直接代表，就是产品的实际价值。马克思还考察了"加权平均价值"
（马克思恩格斯文集（第七卷）［M］．北京：人民出版社，2009：203－205.），即优等、中等
和劣等生产条件的不同权重对市场价值的影响，若优等或劣等生产条件占优势，产品的市场价
值的总和与总价值量就会发生偏离，因而在市场中就会发生"价值余缺"。为了研究的简明性和
纯粹性，在本章中我们不考虑这种现象，只考虑标准模式。第二种市场价值指的是"数量调整"
受限制的情况：若社会需要（取决于阶级关系和收入分配）大于生产能力，而生产能力（供给
侧）无法或需要较长时间调整到社会需要的规模，那么社会价值或市场价值就取决于最差的生
产条件；若社会需要小于生产能力，而（供给侧的）产量不能或需要较长时间才能缩减到社会
需要的较小的规模，那么社会价值或者市场价值就取决于最优的生产条件。第二种市场价值仍
然是通过供求关系的即时变化而引起的市场价格波动来表现自己的，因此，在这里不能将供求
关系与市场价值决定混为一谈，市场价值的决定和形成取决于社会需要与生产的或供给侧的数
量调整之间的关系，而市场价格取决于即时变化的供求关系。对于第二种市场价值，马克思所
指出的"市场价值调节供求关系"的原理依然成立。另外，需要说明的是，按照"加权平均价
值"或"第二种市场价值"，在市场中，社会认可的价值与实际价值发生偏离，部门之间存在
不等价交换，这一原理可推广到国家与国家之间的交换情况，从而能够为"国际价值理论"提
供理论基础，可与普雷维什的"中心—外围理论"以及伊曼纽尔的"不等价交换理论"结合起
来，是一种重要的研究方向。

在这种超额利润趋于零的过程中，决定社会价值的个别价值越来越小，越来越接近最高劳动生产率企业的个别价值，直到所有企业的个别价值都相等，行业内各企业之间不再发生价值转移。因此，这种假定条件下，超额利润可视为行业内部各企业之间转移而来的。

（2）按照最低劳动生产率决定社会价值，也就是按最高个别价值决定社会价值。在这种情况下，行业内所有其他企业的个别价值都低于社会价值，都能获得高于一般利润率水平的超额利润。最低劳动生产率的企业不能获得超额利润，仅仅得到符合一般利润率水平的正常利润。

满足这种情况的必要条件是，该行业处于"持续性稀缺"① 状态，因而产品的社会需要单方面地决定可被社会利用的劳动生产率水平。马克思分析的农业中级差地租的情况就如下，由于土地经营权的垄断，社会对农产品的需求决定了什么生产条件的土地投入生产。社会对农产品的需求越大，能够被社会承认的社会价值就越高，就越能够保证更低劳动生产率水平的土地投入使用。

虽然，马克思仅仅在分析资本主义地租的情况下采用这种最低劳动生产率水平决定社会价值的假定，但是在实际生活中这种情况却是一种极为普遍的现象。在一种新行业的产生（产业创新）过程中，产品的社会需求尚未饱和，该产品对社会需求而言就处于"持续性稀缺"状态，其社会价值就取决于最低劳动生产率的企业，因而该行业能够获取普遍的超额利润。这种情况与地租的情况不同在于，土地是一种特殊的生产要素，由于土地经营权的垄断，农业中的超额利润转化为级差地租不会由于竞争而消失，而在产业创新过程中，由于竞争和模仿，以及行业生产规模的扩大和社会需求的饱和，超额利润会逐渐消失。

---

① 曼德尔称之为"结构性稀缺"（孟捷．技术创新与超额利润的来源［J］．中国社会科学，2005（5）；孟捷．劳动价值论与资本主义经济中的非均衡和不确定性：对第二种社会必要劳动概念的再阐释［J］．政治经济学报，2017（9）.），但这种性质的"稀缺"并不是一种结构性现象，称之为"持续性的稀缺"更好，因为只有在"数量调整"或早或迟地使其达到一般均衡，从而超额利润消失的时期内（在特殊情况下超额利润不消失，如级差地租），相对于社会需要，产品的生产量低于社会的实际需求，进而社会认可的价值大于产品的实际价值，后文将运用图形显示这种性质的"稀缺"现象所持续的时间。与之相对应，我们将相反的情况，即社会价值形成的第三种情况，定义为"持续性的饱和"，用来说明我们所表达的时间概念。

不考虑以上地租和产业创新的特殊原因，仅仅就它们所产生的超额利润而言，二者在性质上是相同的，都符合马克思所提出的"虚假的社会价值"这个经济学范畴。因而，这种由"持续性稀缺"所造成的超额利润同上述第一种情况完全不同：第一种情况是行业内的部分企业获取超额利润，第二种情况则是整个行业获取超额利润；第一情况下的超额利润是通过企业间转移而来的，第二种情况的超额利润却是纯粹多出来的；第一种情况下行业的价值总量没有变，第二种情况下行业的价值总量出现了一个虚假的增量。

虚假的社会价值，即第二种含义上的超额利润，既然不来自行业内的价值转移，那么，它是否来自行业之间的价值转移，在后文中我们将分析这个问题。在这里，要说明的是，在利润率平均化过程中由于资本有机构成不同而导致行业之间的价值转移并不属于我们前面分析的第二种超额利润的界定范畴，这里发生了纯粹的剩余价值转移，有劳动作为它的价值实体，不形成超额利润。因此，由于农业的资本有机构成低于工业资本有机构成而产生的绝对地租就不能归结为超额利润，它们与不同的工业部门之间由于资本有机构成差异而产生的纯粹剩余价值转移是同一类性质的，不属于超额利润的范畴。①

（3）按最高劳动生产率水平决定社会价值，也就是依据最低个别价值决定社会价值。在这种情况下，处于最高劳动生产率水平的企业获得一般利润率水平的平均利润，其他所有企业皆获得低于正常利润但高于成本价格的利润，因而社会价值总量与所有个别价值之和相比减少了一个数额，也就是说，除最高劳动生产率的企业外，其他企业

---

① 在本章，根据研究的需要，我们将"超额利润"界定为按个别生产价格出售而获得的超过平均利润的"虚假的社会价值"，并将这一类的"超额利润"（即本章中的第二类和第四类超额利润）作为研究对象，因此，在概念上与马克思的界定有一定差异。"虚假的社会价值"是社会认可的无价值实体的虚假的价值，绝对地租之所以不属于"虚假的社会价值"，是因为绝对地租是产品实际价值减去较低的生产价格的值，是超过平均利润的实际价值，所以，在本章中我们不将绝对地租归入"超额利润"范畴作为研究对象。下文中将分析与之相反的另一种情况，当创新部门最低劳动生产率的企业资本有机构成高于常规部门时，该企业的个别生产价格高于个别价值，按个别生产价格出售产品也能够获得"虚假的社会价值"，但这部分虚假的价值却是生产价格减去实际价值的值，不属于超过平均利润部分，因而也不将其归入"超额利润"的范畴作为本章的研究对象。

的个别价值皆不能全部在市场中得到社会的认可，因而都存在部分无效的价值。

在现实生活中，这种情况较为少见，因为当一个行业只有最高劳动生产率的企业能够获取正常利润，而其他企业皆不能获得正常利润，资本就会从该行业逐渐退出。这种情况可界定为市场的"持续性饱和"状态，在一些极为特殊的情况下也可能发生，例如，由于长期的行政性保护或者资产专用性强而又处于衰退状态的行业，在一定时期内尽管社会需求在不断减少，但资本却不易转移，数量调整无法实现或需要较长时间才能完成，因而需求长期处于持续性饱和状态，甚至具有最高劳动生产率的企业都无法获得正常利润。

这里出现的"价值缺失"，是上述第二种超额利润的反面，即相反的情况。问题是二者之间能否相互抵消，从而保证各行业的价值总额不变。我们认为，这两种情况在现实生活中是不对称的，第二种超额利润在经济发展过程中是一种普遍现象，也就是熊彼特在《经济发展理论》中界定的创新发展过程，① 第三种状态尽管有可能发生，但不是一种常见的现象，也很少发生。在《资本论》中，马克思考虑过这种情况，但并没有将其作为一种重要现象，而在论述产业资本的运动过程中，马克思实际上假定社会价值按照平均数规律来形成，只有在农业地租的分析中，马克思才谈到第二种超额利润转化为级差地租的情况，并做了详细的论证和研究。

---

① 熊彼特认为，在静态经济中，循环流转的渠道不发生变化，不存在利润，企业主获得的剩余部分被视为与工资等同的劳动报酬，即"经营管理的工资"（约瑟夫·熊彼特. 经济发展理论——对于利润、资本、信贷、利息和经济周期的考察 ［M］. 何畏等，译. 北京：商务印书馆，1997：143.）。只有在经济发展中，才有利润现象发生，而利息来源于利润的扣除。利息被定义为资本的报酬，而资本被定义为企业家为实现创新需要通过银行家以信用创造的方式而借入的资金，提供信用创造的银行家就是熊彼特意义上的"资本家"。根据熊彼特《经济发展理论》与马克思《资本论》中概念之间的对应关系，可以将熊彼特的"企业家利润"视为马克思理论中的"超额利润"，由此，"超额利润"就成为一种普遍的"发展现象"，而熊彼特的"利润"范畴就可以纳入马克思的理论框架进行研究。正如熊彼特所言："没有发展就没有利润，没有利润就没有发展。对于资本主义制度而言，还要补充一句，没有利润就没有财富的积累。至少不会有我们所目睹的这样宏伟的社会现象——这确实是发展的后果，认真说是利润的后果。"（约瑟夫·熊彼特. 经济发展理论——对于利润、资本、信贷、利息和经济周期的考察 ［M］. 何畏等，译. 北京：商务印书馆，1997：171.）

（4）纯粹的市场垄断所产生的超额利润。这种超额利润与前面三种情况完全不同，它属于现象层面，而前三种情况分析的则是由于社会价值的形成或者说社会生产价格的形成所产生的情况。这里，超额利润取决于垄断价格与正常意义下的生产价格之间的差额。垄断价格由社会中对该产品有支付能力的需求所决定，而正常意义下的生产价格则是指成本价格加上平均利润。在现实中，完全垄断是极端情况，大多数的市场结构处于完全垄断和完全竞争之间，因而，垄断价格与生产价格之间差额的大小，即"垄断利润"的数额，受社会对该产品需求强度以及市场中的竞争程度和模仿的速度等因素的影响。

"垄断利润"这种超额利润的形式，可称之为"虚假的社会价格"，在现实生活中也是一种较为普遍的现象。上述第二种超额利润与这里的垄断利润相比，尽管产生的机制不同、分析的层面不同，但两种超额利润在形式上是相似的。实际上，垄断的结果也可以视为"持续性稀缺"状态，因为垄断只有造成"持续性稀缺"，才能使市场价格超出生产价格之上。另外，在农业地租的情况下，或者是在产业创新的情况下，也是由于经营权垄断或一定时期的技术垄断和市场势力等原因，才造成了持续性稀缺的状态。

根据第二种超额利润与第四种超额利润形式上的相似性，即它们都是由于社会机制的客观作用，使社会价值或市场价格凭空增加而产生的一个虚假部分，我们将其视为同一种超额利润，并在下文的分析中将这种超额利润①作为研究对象，分析它与价值总量和一般利润率的关系。

---

① 马克思曾经明确地区分了三种形式的超额利润："市场价值（关于市场价值所说的一切，加上必要的限定，全都适用于生产价格）包含着每个特殊生产部门中在最好条件下生产的人所获得的超额利润"（马克思恩格斯文集（第七卷）［M］. 北京：人民出版社，2009：221.），此为本章所论的第一种形式的超额利润；"普通意义上的垄断——人为垄断或自然垄断——所产生的超额利润"（马克思恩格斯文集（第七卷）［M］. 北京：人民出版社，2009：221.），即本章所论及的第四种形式的超额利润——垄断利润；"超额利润还能在下列情况下产生出来：某些生产部门可以不把它们的商品价值转化为生产价格，从而不把它们的利润转化为平均利润"（马克思恩格斯文集（第七卷）［M］. 北京：人民出版社，2009：221.），此为绝对地租和级差地租形态的超额利润，即本章研究的超额利润。但是，如前所述，本章中论及的超额利润与绝对地租不同，它是超过平均利润的"虚假的社会价值"，以及超过平均利润的"虚假的社会价格"（垄断价格）。

5.2 超额利润与价值总量：两部门模型

假定有两种社会价值形成机制，一种依据平均数规律或平均价值形成社会价值，另一种依据具有最低劳动生产率企业的最高个别价值形成社会价值。属于第一种价值形成机制的部门称为"常规部门"（部门 I），属于第二种价值形成机制的部门称为"创新部门"（部门 II）。① 假设常规部门（部门 I）内企业的不变资本、可变资本、剩余价值和产量分别为 c_{1i}、v_{1i}、m_{1i}、q_{1i}，其中 $w_{1i} = c_{1i} + v_{1i} + m_{1i}$，$i = 1, 2, \cdots, n$；创新部门（部门 II）内企业的不变资本、可变资本、剩余价值和产量分别为 c_{2i}、v_{2i}、m_{2i}、q_{2i}，其中 $w_{2i} = c_{2i} + v_{2i} + m_{2i}$，$i = 1, 2, \cdots, v$。两部门的平均资本有机构成分别为 K_1 和 K_2，社会的一般利润率为 r。

5.2.1 两部门都按平均价值形成社会价值

这是分析的参照标准，是一种理想状态。如果两个部门都按照平均价值形成社会价值，则两个部门内部各企业之间发生的价值转移不影响部门的价值总量，两个部门之间由于资本有机构成不同而发生的价值转移也不

---

① 这里的"创新部门"主要是指正在形成中的新的产业部门，是新的使用价值和新的劳动分工的产生，可称之为"分工扩展"。马克思说："各种使用价值或商品体的总和，表现了同样多种的，按照属、种、科、亚种、变种分类的有用劳动的总和，即表现了社会分工。"（马克思. 资本论（第一卷）［M］. 北京：人民出版社，1975：55.）产业创新或产品创新在本质上都是社会分工的扩展，这种扩展表现为从创新部门转变为常规部门的过程，即超额利润的产生和消失的过程。与之相对应的概念是"工艺创新"或"过程创新"，这种形式的"创新"可理解为产品的生产方法、工艺流程、管理和组织方法的创新，其目的是提高既定产品的劳动生产率、降低生产成本。目前，关于技术进步与平均利润率之间关系的研究，大多是基于提高劳动生产率、降低生产成本的"工艺创新"这一假定，并且采用实物量与价格之间的关系来计量利润率变化，如置盐信雄（1961）和孟捷、冯金华（2016）（［日］置盐信雄. 技术变革与利润率［J］. 教学与研究，2010（7）；孟捷，冯金华. 非均衡与平均利润率的变化：一个马克思主义分析框架［J］. 世界经济，2016（6）.），这一研究改变了假定前提和论证方法，体现不出劳动价值论的真正内涵以及从抽象到具体的辩证方法，但并不意味着否定了马克思的结论。笔者认为，与这一类的研究相比，马克思的假定和前提以及论证的方法更具合理性，马克思的资本有机构成概念是分析资本主义经济中"创造性破坏"的有用工具之一。

影响社会的价值总量。部门Ⅰ和部门Ⅱ的社会价值分别为：

$$\bar{p}_1 = \frac{\sum_1^n w_{1i}}{\sum_1^n q_{1i}}; \quad \bar{p}_2 = \frac{\sum_1^v w_{2i}}{\sum_1^v q_{2i}} \tag{5-1}$$

两部门的总产值分别为：

$$G_1 = \bar{p}_1 \left(\sum_1^n q_{1i} \right) = \sum_1^n w_{1i} \tag{5-2}$$

$$G_2 = \bar{p}_2 \left(\sum_1^v q_{2i} \right) = \sum_1^v w_{2i} \tag{5-3}$$

两部门之间的价值转移为：

$$T_1 = G_1 - (C_1 + V_1)(1 + r_0) \tag{5-4}$$

$$T_2 = G_2 - (C_2 + V_2)(1 + r_0) \tag{5-5}$$

根据定义，即 $G_1 = C_1 + V_1 + M_1$、$G_2 = C_2 + V_2 + M_2$、$r_0 = \dfrac{M_1 + M_2}{C_1 + V_1 + C_2 + V_2}$，可以证明：$T_1 + T_2 = 0$。这说明两个部门在利润率平均化过程中由于资本有机构成不同而发生的价值转移并不影响社会的价值总量。

在"价值转形"研究中，以上假定具有重大的理论意义。按照马克思的思路，在从价值到生产价格的转化过程中，投入按照实际价值进行。但是，即使在投入前的利润率平均化过程中，投入价格由于各部门的资本有机构成不同而与实际价值发生偏离，由于价值总量不变，一个部门所得为另一部门所失，这也并不影响投入要素按实际价值计算的结果，只是导致某一时期价值总量与生产价格总量之间的差额向下一时期传递，在动态过程的整体中，"两个相等条件"仍然可以满足。[①] 这一论证，以社会中不存在"虚假的社会价值"为前提，也就是以平均价值作为社会价值为前提。在平均价值作为社会价值的条件下，某一时期的生产价格与价值之间的差额"有劳动作为它的价值实体"，[②] 而"虚假的社会价值"则是没有价值实体的社会价值，是实际价值的虚假增值。因此，若不按照平均价值形成社会价值，而是按照"加权平均价值""最高个别价值"或"最低个别价值"形成社会价值，部门或者行业作为整体就会发生"价值余缺"，各部

①② 丁堡骏. 转形问题研究 [J]. 中国社会科学，1999 (5).

门或行业之间就会发生不等价交换，就不能在价值转形的整体过程中实现
具有价值实体的"价值总量守恒"。所以，对于纯理论分析，必须假定社
会价值等于平均价值，否则就必须考虑"价值余缺"所产生的虚假价值变
动对投入要素价格的影响，就必须考虑不等价交换对价值总量的影响，从
而价值转形就成为一个更为复杂的问题。

5.2.2 部门 II 按最高个别价值形成社会价值

当部门 II 的社会价值取决于该部门内具有最低劳动生产率的企业时，
最高个别价值成为社会价值的标准。由于部门 II 中最低劳动生产率的企
业以部门 I 中平均利润率为参照获取平均利润，否则它就会投资部门 I
中产品的生产，而尽管部门 II 中除了最低劳动生产率的企业获取平均利
润之外，其他企业均获得了一定数量的超额利润，但由于时滞或垄断等
原因，"数量调整"需要较长时间完成，在"持续性稀缺"期间，部门 I
的企业不能向部门 II 投资。假定部门 II 中的 e 企业具有最低劳动生产
率，即：

$$\frac{c_{2e} + v_{2e} + m_{2e}}{q_{2e}} = \max\left(\frac{c_{2i} + v_{2i} + m_{2i}}{q_{2i}}\right) \tag{5-6}$$

部门 I 的生产价格与部门 II 的社会价值分别为：

$$p_1 = \frac{(C_1 + V_1)(1 + r_1)}{\sum_1^n q_{1i}} \tag{5-7}$$

$$p_2 = \max\left(\frac{c_{2i} + v_{2i} + m_{2i}}{q_{2i}}\right) \tag{5-8}$$

其中，$r_1 = \dfrac{M_1}{C_1 + V_1}$，$C_1 = \sum_1^n c_{1i}$，$V_1 = \sum_1^n v_{1i}$，$M_1 = \sum_1^n m_{1i}$。

部门 II 的生产价格为：

$$p_2' = \frac{(c_{2e} + v_{2e})(1 + r_1)}{q_{2e}} \tag{5-9}$$

在上面的推理中，部门 I 中根据平均价值决定社会价值，各企业之间
发生价值转移，但并没有影响部门 I 的价值总量。部门 II 能否按照社会价

值 p_2 出售产品，最低劳动生产率的企业能否获得超过平均利润的剩余价值，即超额剩余价值，取决于 p_2 与 p_2' 的大小，而 p_2 与 p_2' 的大小取决于部门 I 的平均资本有机构成与部门 II 中企业 e 的资本有机构成大小（假定所有企业的剩余价值率都相同）。当企业 e 的资本有机构成大于部门 I 的平均资本有机构成时，$p_2 < p_2'$；当企业 e 的资本有机构成小于部门 I 的平均资本有机构成时，$p_2 > p_2'$。这说明，在部门 II 中最低劳动生产率企业按照部门 I 的平均利润率形成生产价格时，若其社会价值大于该生产价格，则最低劳动生产率的企业可以获得大于平均利润的剩余价值，但这种超额剩余价值并不是转移来的，而是劳动创造的，因而它不同于虚假的社会价值，绝对地租就是这种情况。[①] 根据上面的公式可知，绝对地租的数量为 $[(p_2 - p_2')q_{2e}]$。

两部门的总产值分别为：

$$G_1 = p_1\left(\sum_1^n q_{1i}\right); \quad G_2 = p_2\left(\sum_1^v q_{2i}\right) \tag{5-10}$$

部门 II 中各企业获得的超额利润和部门 II 的超额利润总额分别为：

$$\Delta r_{2i} = p_2 q_{2i} - (c_{2i} + v_{2i})(1 + r_1) \tag{5-11}$$

$$\Delta R_2 = \sum_1^v \Delta r_{2i} = G_2 - (C_2 + V_2)(1 + r_1) \tag{5-12}$$

其中，$C_2 = \sum_1^v c_{2i}$，$V_2 = \sum_1^v v_{2i}$。

上式表明，部门 II 中劳动生产率较高的企业，其成本价格较低，但社会认可的成本价格较高，因而才能获得超额利润。这种性质的超额利润不是通过部门内部转移而来，也不是通过部门之间转移而来，而是纯粹多出来的部分。那么，进一步的问题是，既然这些超额利润不是转移来的，是

---

① 对"绝对地租"采用"超额剩余价值"概念，是因为绝对地租是有劳动作为价值实体的，它是资本有机构成低的农业部门不参与工业部门的利润率平均化而获得的大于生产价格（按工业部门的平均利润率计算）的价值，是农业部门的劳动实际创造的价值。这类似于按照平均价值作为社会价值，部门内超额利润的情况：在同一部门内部，一些企业由于工艺创新，提高了劳动生产率，个别价值低于社会价值，获得超额利润，而这种超额利润之所得正好是劳动生产率低的企业之所失，因而整个部门的价值总量没有发生变化，只是发生了转移，因此，这种形式的"额外利润"（马克思恩格斯文集（第七卷）[M]. 北京：人民出版社，2009：219.）可视为有价值实体的利润，即超额剩余价值。

不是由复杂劳动创造出来的，答案是不确定的。通过迂回生产、技术进步或提高劳动熟练程度等途径提高劳动生产率，与复杂劳动有关；但是，仅仅由劳动的外在条件导致的劳动生产率提高，却与劳动的复杂性程度没有关系。第一类级差地租的情况就是这样，即使劳动数量、劳动强度完全相同，但优等地的劳动生产率却高于劣等地的劳动生产率，这是纯粹由土地的自然条件的级差所导致的，而与劳动的复杂性程度无关。超额利润的产生依据在于社会价值的形成机制，或者说是生产价格的形成机制，是通过竞争的社会过程而实现的一种纯粹的虚假部分，它可能与复杂劳动有关，也可能与复杂劳动无关。[1]

整个社会的总产值为：

$$G = G_1 + G_2 = [(C_1 + V_1) + (C_2 + V_2)] + [r_1(C_1 + V_1) + r_1(C_2 + V_2)] + \Delta R_2 \tag{5-13}$$

式（5-13）表明，社会的总产值包括两部门投入的总成本$[(C_1 + V_1) + (C_2 + V_2)]$、总的平均利润$[r_1(C_1 + V_1) + r_1(C_2 + V_2)]$和创新部门（部门 II）的超额利润 ΔR_2，超额利润表现为一个多出的数额。

以上推理是按照马克思在研究绝对地租问题时采用的假定，即劣等地按照工业部门平均利润率形成生产价格、农产品按照劣等地的社会价值出售。由于农业中劣等地的资本有机构成低于工业部门的资本有机构成，社会价值大于生产价格，所以劣等地仍然可以获得超过平均利润的超额剩余价值，即绝对地租。但是，如果部门 II 中最低劳动生产率企业的资本有机构成高于部门 I 的话，社会价值小于生产价格，那么部门 II 就可能按照其生产价格而非社会价值出售产品，这样它能够获得按照部

---

[1] 在什么情况下，超额利润来源于复杂劳动，是一个值得探讨的重大问题。对于作为整体的社会生产而言，"迂回生产"可作为计量劳动复杂性程度的一个重要指标，分工扩展的主要形式之一就是"迂回生产"程度的不断增加，而迂回生产与科研劳动密切相关。在现代经济中，科研劳动有两种方式：一种是研发（R&D）部门成为资本控制下的一个生产部门，另一种是由国家或社会部门支持的公益性的科学研究。问题在于，两种科研劳动作为复杂劳动通过怎样的途径进入迂回生产过程，进而使整个社会的劳动复杂性程度增加。在本章的研究中，"虚假的社会价值"作为产业创新过程中发生的重要现象，虽然可能与新产业中实际从事的劳动的复杂性程度没有任何关系，而与数量调整和持续性稀缺的外在条件有关（类似于级差地租 I），但是新产业形成的前提或者新产品的开发却可能与科研劳动密切相关，或者与整个社会的劳动复杂性程度密切相关。复杂劳动在社会中的作用机制，始终是一种需要进一步研究的重要问题。

门 I 平均利润率水平计算的平均利润。在这种情况下，即使部门 II 中最低劳动生产率的企业也能获得大于其社会价值的利润，这些利润不属于超额利润（超额利润是超过平均利润的虚假社会价值），但属于虚假社会价值的范畴（不是直接劳动创造的）。根据上面的公式，部门 II 中最低劳动生产率的企业按照大于社会价值的生产价格出售产品而获得的虚假的社会价值（非超额利润）为：

$$\Delta \tilde{r}_e = (p_2' - p_2) q_{2e} \tag{5-14}$$

这种情况与马克思所分析的绝对地租的情况正好相反。企业 e 按照生产价格出售产品才能获取平均利润，如果按照社会价值则不能获取正常条件下的平均利润，该企业将选择按照部门 I 的平均利润率计算的个别生产价格出售，因为这是可见的价格，是能够获得平均利润的价格，否则企业 e 不能获得平均利润，这与"持续性稀缺"的假定相矛盾。

对于最低劳动生产率的企业 e 而言，由于其资本有机构成高于部门 I 而又不参与部门 I 的利润率平均化过程，所以按部门 I 的平均利润率计算的企业 e 的个别生产价格大于其个别价值，企业 e 以个别生产价格出售产品能获得大于其个别价值的"虚假的社会价值"，否则其将不能获取平均利润。[①] 部门 II 内部的其他企业相对于企业 e 来讲，由于劳动生产率高于企业 e，按照企业 e 的个别生产价格出售产品，能够获得超过企业 e 所得的"虚假的社会价值"，即超额利润（相对于平均利润而言）。这种"超额利润"是由于劳动生产率的级差而直接产生的，而企业 e 所得的"虚假的社会价值"则是社会需求导致的，也就是说，社会需求的压力在边际上能够使企业 e 按照超过其个别价值的个别生产价格出售产品，并获取平均利润。

在持续性稀缺条件下，劳动生产率最低的企业的个别生产价格决定社会生产价格，这不仅是一种现实的假定，而且在产业创新过程中是一种常见现象。这意味着部门 II 的市场价格是围绕生产价格而不是社会价值而波

---

① 该企业不参与利润率平均化，虽然其资本有机构成高于部门 I，但不能通过利润率平均化从部门 I 转移价值，所以，若按照部门 I 的平均利润率计算其生产价格，必然会产生一个超过其实际价值的部分，否则该企业不能获得平均利润。如果将"超额利润"理解为超过平均利润的利润，那么这种个别生产价格超出实际价值的部分就不能称为"超额利润"，而只能称为不属于"超额利润"范畴的"虚假的社会价值"。

动。按生产价格计算的部门Ⅱ的总产值为：

$$G'_2 = p'_2 \left(\sum_1^v q_{2i} \right) \qquad (5-15)$$

部门Ⅱ中各企业获得的超额利润和部门Ⅱ的超额利润总额分别为：

$$\Delta r'_{2i} = p'_2 q_{2i} - (c_{2i} + v_{2i})(1 + r_1); \ \Delta R'_2 = \sum_1^v \Delta r'_{2i} = G'_2 - (C_2 + V_2)(1 + r_1)$$

$$(5-16)$$

整个社会的总产值为：

$$G' = G_1 + G'_2 = [(C_1 + V_1) + (C_2 + V_2)] + [r_1(C_1 + V_1) + r_1(C_2 + V_2)] + \Delta R'_2$$

$$(5-17)$$

对于产业创新来说，一般情况下新产业的资本有机构成高于其他产业，因而在部门Ⅱ中以最低劳动生产率企业的个别生产价格而不是个别价值为标准的情况更为普遍，上述第二种情况（以 p'_2 作为社会的计价标准）更具有代表性。以下我们将以第二种情况来分析超额利润的实现及其对整个社会的一般利润率的影响。

5.2.3 超额利润的实现

超额利润在生产过程中产生，但是通过市场交换而实现。假定部门Ⅱ最低劳动生产率企业的资本有机构成大于部门Ⅰ的平均资本有机构成（$k_e > K_1$），即按照劳动生产率最低企业的个别生产价格作为社会生产价格。商品Ⅱ（部门Ⅱ的产品）在交换过程中实现的虚假的社会价值可记为：

$$p'_2 - \bar{p}_2 = \frac{(C_2 + V_2)(r_1 - r_2)}{\sum_1^v q_{2i}} + \frac{\Delta R'_2}{\sum_1^v q_{2i}} = \frac{\Delta W_2}{\sum_1^v q_{2i}} \qquad (5-18)$$

其中，$\bar{p}_2 = \dfrac{\sum_1^v (c_{2i} + v_{2i} + m_{2i})}{\sum_1^v q_{2i}} = \dfrac{C_2 + V_2 + M_2}{\sum_1^v q_{2i}}$，$r_2 = \dfrac{M_2}{C_2 + V_2}$，$(p'_2 - \bar{p}_2)$ 为

单位商品Ⅱ通过交换获得的虚假价值，中间第一项为单位商品Ⅱ由于按照商品Ⅰ的平均利润率形成生产价格而获取的价值的虚假增值，第二项为单

位商品Ⅱ的超额利润，ΔW_2 为包含了超额利润的"虚假的社会价值"。

如果两部门之间存在投入产出关系，那么部门Ⅱ中的虚假的社会价值对一般利润率的影响就会发生变化。如前所述，这里涉及的价值转形问题，我们将另文讨论，本章仅考虑一种简单的情况。商品Ⅱ有可能作为部门Ⅰ的生产资料，也有可能直接作为消费品。如果商品Ⅱ作为生产资料，那么，超额利润是通过与部门Ⅰ的不等价交换而实现的；如果商品Ⅱ作为消费资料，部门Ⅱ的超额利润就直接在出售过程中从消费者那里获取。假定部门Ⅱ的产品作为部门Ⅰ的生产资料，部门Ⅰ生产消费品，部门Ⅱ的虚假的社会价值仅仅影响部门Ⅰ投入的不变资本，而部门Ⅰ的资本技术构成和可变资本不受影响，即：

$$\boxed{C_1} + V_1 + M_1 = W_1$$

$$\boxed{C_2 + V_2 + M_2} + \Delta W_2 = W_2 + \Delta W_2 \tag{5-19}$$

根据上面的假定可知：

$$\left(p_2' \sum_1^v q_{2i} + u_1 L_1 \right)(1 + r_1) = p_1' \sum_1^n q_{1i} \tag{5-20}$$

其中，u_1 表示部门Ⅰ的工资率，L_1 表示部门Ⅰ的就业量，$V_1 = u_1 L_1$。

若部门Ⅱ按平均价值形成社会价值（标准情况）：

$$\left(\bar{p}_2 \sum_1^v q_{2i} + u_1 L_1 \right)(1 + r_1) = \bar{p}_1 \sum_1^n q_{1i} \tag{5-21}$$

根据式（5-18）可得：

$$p_1' = \bar{p}_1 + \frac{\Delta W_2}{C_1 + V_1} \tag{5-22}$$

式（5-22）表明，如果部门Ⅱ作为部门Ⅰ的投入品，部门Ⅰ生产消费品，那么，部门Ⅱ的超额利润会通过加价的方式由消费者支付。由于部门Ⅱ获得了超额利润，将导致部门Ⅰ的劳动者的实际工资从 $\left(\dfrac{u_1}{p_1}\right)$ 下降到 $\left(\dfrac{u_1}{p_1'}\right)$。这说明，部门Ⅱ的超额利润最终是由消费者购买来支付的，是对整个社会产品的无偿占有。这种无偿占有不是通过部门内部或部门之间转移来的，而是通过不等价交换实现的。马克思在分析级差地租时指出，"被当作消费者来看的社会在土地产品上过多支付的东西，社会劳动时间实现在农业生产上时形成负数的东西，现在对社会上的一部分人即土地所有者来说却成了正数"。^① 这表明，像级差地租一类的超额利润并没有在社会中消失，而是最终通过消费者的多余的支付，使整个价值总量发生了虚拟的膨胀。也就是说，假如原来社会中有 100 的价值总量，现在由于实现超额利润的社会机制和实现过程变成了 110，从而通过类似通货膨胀的方式使社会的价值总量发生稀释和膨胀，这个过程没有改变社会新创造财富的总量，但是却使财富占有和分配发生了变化。

在产业创新过程中，部门 II 的形成和发展伴随着"信用创造"和信用扩张，超额利润的不断增长是"信用创造"的基础，而由于较高的利润率所导致投资的不断增长则是信用扩张的基础。熊彼特在《经济发展理论》中特别将"信用创造"作为创新的前提，认为以信用支持的创新是资本主义的本质属性，^② 但他关于信用创造的观点，仅仅涉及创新部门通过银行创造出来的信用获取货币资金并购买生产资料，从而将生产要素转移到创新部门。我们认为，银行也可以通过"信用媒介"的方式向创新部门转移资源，不一定通过信用创造的方式。真正引起信用创造的原因不在于需要转移生产资源，而在于创新部门不断增大的超额利润。正是超额利润导致的实际价值的虚假膨胀，才使信用创造成为必要，从而不断地使"信用货币"发生长期贬值。根据文献检索，在目前国内关于"虚假的社会价值"的研究中，只有许兴亚教授注意到这一现象："虚假的社会价值的实质即超额利润，只是它在农业中比较固定而已。在工业部门，它也同样存在。……必须从资本主义的竞争和生产过程的内在机制和内部规律上来说明物价上涨、通货膨胀以及利润率上升等现象，而不是相反。质言之，虚假的社会价值也要有相应的实现手段。这就是造成资本主义社会中通货膨胀和信用膨胀以及其他'虚假经济'现象的最为深刻的内部根源。"^③

需要注意的问题是，这里不能采用斯拉法的方法。斯拉法的模型处理的是实物量与价格之间的关系，价格从属于实物量的技术关系或投入—产出关

---

① 马克思恩格斯文集（第七卷）[M]. 北京：人民出版社，2009：745.

② 约瑟夫·熊彼特. 经济发展理论——对于利润、资本、信贷、利息和经济周期的考察 [M]. 何畏等，译. 北京：商务印书馆，1997：129－137.

③ 许兴亚. 论虚假的社会价值 [J]. 价格理论与实践，1990（8）.

系。在这类模型中，价格仅仅作为实物关系的参数，是适应技术关系和一般均衡而必须满足的量（方程的解），① 它不能反映生产中的实际耗费，也不能反映市场交换的基本规律。必须追问的问题是，商品交换的基础是什么？是构造投入—产出的一般均衡模型并使价格与其相适合，还是商品的内在价值决定的等价交换关系？劳动价值论最为根本的内涵在于：人的本质力量的对象化形成商品的价值，价值衡量人的劳动付出，是主体见之于客体的东西，是主体力量的外在化形式。② 如果抛弃了这一点，单纯地用价格体系来契合技术关系和一般均衡状态，尽管具备数学上的一致性，但这种数学模型不仅不能说明任何东西，也不具备任何理论意义。一些学者不考虑斯拉法模型与马克思模型的本质差异，采用斯拉法的价格决定体系来看待马克思的社会再生产理论，其结果就是将超额利润问题取消，因为斯拉法的理论建立在一般均衡的前提下，在一般均衡的条件下，就不存在超额利润。

超额利润的存在意味着非均衡状态，超额利润逐步衰减的过程就是经济从非均衡向均衡的转化过程，这个过程才是我们研究的对象。所谓非均衡状态，指的是"数量调整受限制"的情况，也就是产品的生产量（供给侧）不能快速增加到社会需要的程度，以至于由劳动生产率最差企业的个别价值或个别生产价格作为社会价值或社会生产价格。一些学者将"产品实现率"未达到1认定为非均衡状态，进而证明平均利润率与产品实现率的同向变化关系。③ 笔者认为，将其理解为马克思的"相对生产过剩"可

---

① 斯拉法. 用商品生产商品［M］. 北京：商务印书馆，1991.
② 在《巴黎手稿》的第三手稿中，马克思写道："私有财产的主体本质，私有财产作为自为地存在着的活动、作为主体、作为人，就是劳动。因此，十分明显，只有把劳动视为自己的原则，也就是说，不再认为私有财产仅仅是人之外的一种状态的国民经济学，只有这种国民经济学才应该被看成私有财产的现实能量和现实运动的产物，现代工业的产物；而另一方面，正是这种国民经济学促进并赞美了这种工业的能量和发展，使之变成意识的力量。因此，按照这种在私有制范围内揭示出财富的主体本质的启蒙国民经济学的看法，那些认为私有财产对人来说仅仅是对象性本质的货币主体体系和重商主义体系的拥护者，是拜物教徒、天主教徒。因此，恩格斯有理由把亚当·斯密称作国民经济学的路德。"（马克思恩格斯文集（第一卷）［M］. 北京：人民出版社，2009：178.）这段话确凿无疑地肯定了古典经济学中的劳动原则的重大意义，肯定了在古典劳动价值论中蕴藏的更深层次的内涵，成了马克思构建以劳动为原则的经济学理论体系的起点。在后续的表述中马克思多次运用了"以劳动为原则的国民经济学""劳动是财富的唯一本质"等词句，并揭示了古典经济学的悖论：这种经济学表面上承认人，其实是彻底实现对人的否定。
③ 孟捷，冯金华. 非均衡与平均利润率的变化：一个马克思主义分析框架［J］. 世界经济，2016（6）.

能更为合适。凯恩斯的"有效需求"指的是相对于既定的过剩生产能力的需求，投资和消费有多少，产出就有多少；也就是说，生产所有产品所带来的购买力正好被购买这些产品所消耗，[①] 有多少购买就有多少生产，因而"有效需求"表达的并不是一种非均衡状态，而是一种生产能力没有被完全利用条件下的均衡状态。按照凯恩斯的观点，"有效需求"小于既定生产能力是一种通常状态（所以凯恩斯将其著作称为"通论"），这种状态并非产品实现率未达到 1，而是生产能力未得到完全利用。产能利用率小于 1 与产品实现率小于 1 是两个不同的问题。在凯恩斯模型中，产能利用率小于 1，但产品实现率是等于 1；而在马克思的模型中，产能利用率小于 1 被定义为"资本过剩"，而产品实现率小于 1 则可理解为"相对生产过剩"，即生产相对于有支付能力的需求过剩。在马克思看来，"相对生产过剩"源于生产的扩大与群众有限的消费力之间的矛盾，这又归根到底取决于资本主义所有制支配下对抗性的分配关系。马克思说"进行直接剥削的条件和实现这种剥削的条件，不是一回事。二者不仅在时间和地点上是分开的，而且在概念上也是分开的。前者只受社会生产力的限制，后者受不同生产部门的比例关系和社会消费力的限制。但是社会消费力既不是取决于绝对的生产力，也不是取决于绝对的消费力，而是取决于以对抗性的分配关系为基础的消费力；这种分配关系，使社会上大多数人的消费缩小到只能在相当狭小的界限以内变动的最低限度。另外，这个消费力还受到追求积累的欲望，扩大资本和扩大剩余价值生产规模的欲望的限制。"[②] 笔者认为，"凯恩斯模式"中的"有效需求"表达的是一种"即时的平衡"，高鸿业教授将其解释为："能使社会全部产品都被买掉的购买力，而这笔购买力又是由于生产这些产品而造成的"。[③] 因此，凯恩斯的"有效需求"概念与马克思的"平衡"概念表达的含义类似，而由于产品实现困难所导致的生产和消费之间的比例失调，可理解为"相对生产过剩"，即生产相对于有支付能力需求的过剩，不管这种相对生产过剩能否通过价格调整而实现价格层面上的均衡，都不能将价值层面的问题与此等同而认定在价格

①③　凯恩斯. 就业、利息与货币通论［M］. 高鸿业，译. 北京：商务印书馆，1999：31.
②　马克思恩格斯文集（第七卷）［M］. 北京：人民出版社，2009：272 - 273.

均衡条件下价值未完全实现为非均衡状态，它们属于科学抽象或辩证逻辑的不同层面。

5.3 超额利润与一般利润率

超额利润会随着竞争和模仿而逐渐消失，在超额利润逐步衰减的整个时期，即产品的"持续性稀缺"时期，也就是创新产业融入整个社会的一般均衡的过程。

1. 考虑两部门的情况

根据上面的分析，可以写出部门Ⅱ的平均利润率公式：

$$r_2 = \frac{\max(p_2, p_2')\left(\sum_1^v q_{2i}\right) - \left(\sum_1^v c_{2i} + \sum_1^v v_{2i}\right)}{\sum_1^v c_{2i} + \sum_1^v v_{2i}} \tag{5-23}$$

当 $p_2 \geq p_2'$ 时，可得：

$$r_2 = r_1 + \frac{\Delta R_2}{C_2 + V_2} \tag{5-24}$$

当 $p_2 < p_2'$ 时，可得：

$$r_2 = r_1 + \frac{\Delta R_2'}{C_2 + V_2} \tag{5-25}$$

由此可以看出，部门Ⅱ的平均利润率高于部门Ⅰ，高出部分是由于超额利润导致。在产业创新过程中，由超额利润引致的部门Ⅱ较高的利润率，会导致社会资本向部门Ⅱ转移以追求更高的利润水平，从而促使竞争和模仿的加剧，使超额利润逐渐衰减并趋于消失。

考虑 $p_2 < p_2'$ 的情况，整个社会的一般利润率可以写成：

$$r = \frac{G' - (C_1 + V_1) - (C_2 + V_2)}{(C_1 + V_1) + (C_2 + V_2)} = r_1 + \frac{\Delta R_2'}{(C_1 + V_1) + (C_2 + V_2)} \tag{5-26}$$

由式（5-26）可知，由于部门Ⅱ中超额利润的出现，整个社会的一般利润率上升，上升的幅度正好等于超额利润的总量占整个社会资本的比例。由于较高利润率引致的模仿和竞争，上式中 $\Delta R'_2$ 是一个逐渐衰减的量，随着 $\Delta R'_2 \to 0$，社会的一般利润率逐渐下降，但并不是趋近于 r_1，而是趋近于 r_0，因为在超额利润的衰减过程中，两个部门之间发生了利润率的平均化过程，最终的一般均衡状态是两个部门都按照平均利润率确定的社会生产价格来决定。如果部门 II 的资本有机构成高于部门 I，那么利润率平均化之后的一般利润率水平将低于部门 I 的平均利润率水平，即超额利润消失之后的一般利润率会降低，这符合马克思的一般利润率下降趋势；如果部门 II 的资本有机构成低于部门 I，那么，经过利润率平均化之后的一般利润率高于部门 I 的平均利润率水平。即：若 $K_2 > K_1$，则随着 $\Delta R'_2 \to 0$，有 $r \to r_0$ 且 $r_0 < r_1$；若 $K_2 < K_1$，则随着 $\Delta R_2 \to 0$，有 $r \to r_0$ 且 $r_0 > r_1$。

图 5-1 显示了在部门 II 的资本有机构成大于部门 I 资本有机构成的情况下，超额利润衰减过程中所引起的社会的一般利润率的变化。由图可知，随着竞争和模仿，部门 II 的超额利润在不断减少，直至部门 II 的平均利润率接近部门 I 的平均利润率，然后通过两部门之间的利润率平均化过程，一般利润率继续下降到 r_0，整个经济达到一般均衡状态。在此过程中，不仅发生了超额利润的衰减，而且由于两部门资本有机构成不同而发生了价值转移，部门 I 的价值向部门 II 转移了一部分。在图 5-1 中，$\Delta R'_2 \to 0$、$r \to r_1$ 的阶段（即 $0 \to t_1$）可称为处于"持续性稀缺阶段"。图 5-2 显示了相反的情况，由于部门 II 的资本有机构成低于部门 I，随着超额利润衰减，社会的一般利润率逐渐接近 $r_0 (r_0 > r_1)$，因此，$\Delta R'_2 \to 0$、$r \to r_0$ 的阶段（即 $0 \to t_0$）可称为处于"持续性稀缺阶段"。

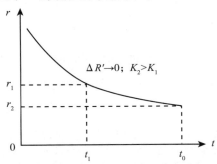

图 5-1　一般利润率随时间的变化（$K_2 > K_1$）

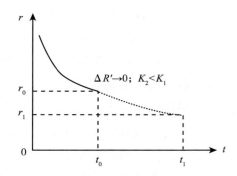

图 5 - 2　一般利润率随时间的变化（$K_2 < K_1$）

2. 考虑整个社会的经济发展情况

如果考虑整个社会的情况，那么所有的生产部门可以简单地分为"常规部类"和"创新部类"两大生产部类。假定常规部类中的生产部门为 X_1，X_2，…，X_Z，创新部类中的生产部门为 X_{Z+1}，X_{Z+2}，…，X_{Z+A}，那么，社会中的创新程度就取决于 Z 和 A 的大小。① 当 A 较小、Z 较大时，整个社会的创新程度较高；当 A 较大、Z 较小时，整个社会的创新程度较低。当 $A = 0$ 时，社会中全部都是常规部门；当 $Z = 0$ 时，社会中全部都是创新部门。设定常规部类的平均利润率为 r_Z，创新部门的超额利润为 ΔR_{X_i}，社会的平均剩余价值率为 S_Z（假定在每个部门都相同），常规部类的平均资本有机构成为 K_Z，包括常规部类和创新部类的全部社会总资本为 W_X，则整个社会的一般利润率可写为：

$$r = r_Z + \left(\frac{\sum_{Z+1}^{Z+A} \Delta R_{X_i}}{W_X} \right) = \left(\frac{S_Z}{1 + K_Z} \right) + \left(\frac{\sum_{Z+1}^{Z+A} \Delta R_{X_i}}{W_X} \right) \qquad (5 - 27)$$

式（5 - 27）即为整个社会的一般利润率公式。根据马克思的分析，随着社会经济的发展，在不考虑产业创新和超额利润（ΔR_{X_i}）的情况下，

---

　　① 超额利润的大小除了取决于创新的范围之外（Z 和 A 的大小），还取决于创新的程度。按照创新程度的不同，可将创新划分为渐进性创新（incremental innovations）和根本性创新（或重大创新）（radical innovations）。依据熊彼特的观点，不同数量级的创新及其次级波，将引起不同的经济周期。

资本有机构成 K_z 将不断增大，于是社会的一般利润率有不断下降的趋势。但是，考虑到超额利润的存在，情况就会发生变化，整个社会的一般利润率水平在创新时期可能会上升。式（5－27）即为包含了产业创新和超额利润对一般利润率影响的情况，其具体的含义如下。

（1）当 $\Delta R_{X_i} = 0$ 时，整个经济达到一般均衡状态，社会中不存在产业创新和超额利润，社会的一般利润率完全取决于社会的平均资本有机构成。

（2）在创新蜂聚和创新集群加速时期，也就是产业革命时期，社会分工急剧扩展，新的产业部门大量出现（A 增大），社会中的超额利润加速增长，社会中资本有机构成的提高所导致的一般利润率下降趋势被超额利润引起的利润率上涨趋势所抵消，并被超越，从而引起一般利润率大幅度上升。

（3）考虑产业创新和超额利润，社会的一般利润率变化趋势是波浪式下降。如图 5－3 所示，在产业革命时期，一般利润率上升，在一般情况下，一般利润率的变化受资本有机构成变化的制约，呈现下降趋势。在图 5－3 中，下面的粗曲线代表不考虑超额利润的利润率下降模型，上面的细曲线代表考虑超额利润的利润率波动模型，纳入超额利润的一般利润率水平要高于仅仅考虑资本有机构成变化的平均利润率水平，高出的部分是由"虚假的社会价值"引起的实际价值膨胀所带来的财富分配变化导致的。

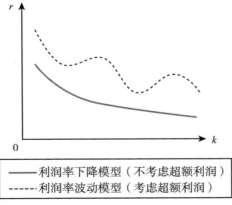

图 5－3　整个社会的一般利润率变化

（4）在现实中，利润率是多种因素共同作用的结果。其影响因素可以根据方法论标准区分为两类：① 一类是静态经济因素，包括工资挤压、产能利用率、产品实现率等，工资与利润的关系在马克思的第一层次的理论中实际上指的是剩余价值率，产能利用率和产品实现率实际上涉及马克思的经济周期理论；另一类是动态经济因素，即在熊彼特意义上的经济发展现象，包括资本有机构成提高和超额利润的出现。孤立地来看，创新（熊彼特意义上的）所导致技术进步使资本有机构成不断提高，从而平均利润率有不断下降的趋势，但是，按照辩证法思想，任何事物都是矛盾的统一体，技术进步在使平均利润率下降的过程中也产生了相反的趋势，这个趋势就是超额利润连续不断地产生和消失，从而使平均利润率不再表现为一个没有时间框架的单一下降趋势，而是表现为一个随着创新范围和创新程度不断变化的波浪式下降的过程。若进一步考虑阶级斗争因素（决定工资和利润的份额）和经济周期因素（产能利用率和产品实现率），利润率的波动和变化就更为复杂，这是在实证研究中难以在短时期内确定利润率变化趋势的主要原因。

---

① 在马克思经济学中，利润率是一个核心变量，几乎所有的因素都会影响利润率的变化，从而使经济运行状态发生改变。在这些因素中，最主要的有四个：生产技术变革导致的资本有机构成的变化、由创新（熊彼特意义上）或垄断带来的超额利润、由阶级关系影响的工资和利润的比例（实际上是剩余价值率）、由剩余价值生产与实现的矛盾带来的产品实现率和产能利用率（实际上是由经济周期影响所致）。这四种主要因素在马克思的文本中都被大量的论述过，并在以后的研究中被提炼成各种不同的理论体系，不同的流派和学者强调不同的方面。韦斯科普夫将马克思经济危机理论的三个流派（ROC 流派、RSL 流派、RF 流派）综合在一个利润率的决定公式中，利润率取决于收入中的利润份额、生产能力利用率和资本产出比（托马斯·韦斯科普夫．马克思主义的危机理论和战后美国经济中的利润率［C］//现代国外经济学论文集（第六辑）．北京：商务印书馆，1984：173．）。这一观点尽管采用了综合的视角，有利于进行经验研究，但并没有划分出本质因素和非本质因素，也没有考虑各因素之间的内在联系和逻辑关系，缺乏辩证法的视角，并且三个流派都忽略了超额利润对价值总量和一般利润率的影响。笔者认为，借助马克思的"虚假的社会价值"理论，在不考虑剩余价值率变化的条件下也能够论证重大技术革命中一般利润率的上升。"置盐定理"在价格和实物量的量纲上所证明的，实际工资不变的条件下"剩余价值率的提高可以达到技术进步所能允许的最大值，并且以抵消有机构成的增长"（孟捷，冯金华．非均衡与平均利润率的变化：一个马克思主义分析框架［J］．世界经济，2016（6）．），是一个极其不现实的极端假定，它只是一种理论上的可能性，对解释现实（作为本质和现象的统一）没有什么帮助。

5.4　超额利润的变动与"熊彼特创新周期"

根据式（5-5）可以进一步研究超额利润与经济周期之间的关系。按照"熊彼特创新周期"，创新"一旦出现，那就会成组成群地连续地出现"。[①] 创新的"蜂聚假说"表明，创新密集地产生于同一时期。熊彼特认为，其原因在于"一个或少数几个企业家的出现可以促使其他企业家出现，于是又可促使更多的企业家以不断增加的数目出现"，[②] 这一解释说明了模仿比首次创新更容易，创新产生的超额利润将吸引越来越多的模仿者和竞争者出现。

笔者认为，由于产业之间存在投入—产出关系，主导产业的重大创新将通过产业之间的前向关联和后向关联引致其他产业的一系列创新，即一个部门的"创新蜂聚"将引致一系列关联产业的"创新集群"。因此，类似于产业革命的那种大范围的创新浪潮是创新的"蜂聚效应"和"集群效应"相互作用的结果。马克思在《资本论》中分析了第一次产业革命过程中，从"工具机"的创新到动力机构和传动装置的创新，再到机器体系的形成，最后机器改造自己的工场手工业生产基础，发展成"用机器生产机器"，整个一系列过程形成了机器产品的"创新集群"。马克思有这样的描述："一个工业部门生产方式的变革，必定引起其他部门生产方式的变革。这首先是指那些因社会分工而孤立起来以致各自生产独立的商品，但又作为总过程的阶段而紧密联系在一起的工业部门。因此，有了机器纺纱，就必须有机器织布，而这二者又使漂白业、印花业和染色业必须进行力学和化学革命。同样，另一方面，棉纺业的革命又引起分离棉花纤维和棉籽的轧棉机的发明，由于这一发明，棉花生产才有可能按目前所需要的巨大规模进行。但是，工农业生产方式的革命，尤其使社会生产过程的一般条件

---

① 约瑟夫·熊彼特．经济发展理论——对于利润、资本、信贷、利息和经济周期的考察 [M]．何畏等，译．北京：商务印书馆，1997：249.

② 约瑟夫·熊彼特．经济发展理论——对于利润、资本、信贷、利息和经济周期的考察 [M]．何畏等，译．北京：商务印书馆，1997：253.

即交通运输工具的革命成为必要。"①

　　以间断性出现的创新浪潮为基本特征的产业革命内生于资本主义生产力和生产关系的基本矛盾，是资本主义发展中的重要现象，不能将其视为简单的"循环论"，而应理解为螺旋上升的、必然的、具有内在联系的"阶段论"。② 在每一个阶段，从超额利润的产生、增大、衰减、消失的角度，都可将其描述为一个"超额利润周期"（如图 5 - 4 所示）。在《经济发展理论》中，熊彼特试图将其"创新蜂聚"假说同时用于解释三种经济周期——基钦周期（40 个月）、尤格拉周期（9～10 年）和康德拉季耶夫周期（50 年或略长一点）。但是，笔者认为，按照马克思的理论，"熊彼特创新周期"主要适用于可用"超额利润周期"来表征的康德拉季耶夫周期，③ 而康德拉季耶夫周期实际上就是资本主义发展的不同阶段。假定在启动创新之前，经济处于一般均衡状态。由于创新的蜂聚效应和集群效应，超额利润将从零开始逐渐增加到最大值，经济从复苏走向繁荣。然后，随着竞争的加剧，随着大量企业的快速进入，经济达到繁荣的顶点，超额利润开始下降，经济进入衰退通道。繁荣是衰退的原因，从繁荣到衰退是经济机制内生的，是资本竞争的结果，资本主义竞争的悖论在于：资本家的个体理性行为（对超额利润的追逐）必然导致"集体非理性"（超额利润消失）。在超额利润的衰减过程中将发生大小不等的经济危机，每一次危机都将导致衰退的进一步加剧。当超额利润趋于零时，经济进入长期萧条状态，即相对静止的均衡状态。熊彼特将这一过程视为"周期性萧

---

　　① 马克思．资本论（第一卷）[M]．北京：人民出版社，1975：421.
　　② 在马克思看来，辩证方法实际上也可理解成具有内在联系的阶段论，即辩证的阶段论。在《资本论》第一卷第二版跋中，马克思引用了一位俄国作者考夫曼的批评，认为这位先生"把他称为我的实际方法的东西描述得这样恰当，并且在考察我个人对这种方法的运用时又抱有这样的好感，那他所描述的不正是辩证方法吗？"考夫曼的批评如下："在马克思看来，只有一件事情是重要的，……由一种形式过渡到另一种形式，由一种联系秩序过渡到另一种联系秩序的规律，……批判将不是把事实和观念比较对照，而是把一种事实同另一种事实比较对照。对这种批判唯一重要的是，把两种事实尽量准确地研究清楚，使之真正形成相互不同的发展阶段，但尤其重要的是，同样准确地把各种秩序的序列、把这些发展阶段所表现出来的连贯性和联系研究清楚"（马克思．资本论（第一卷）[M]．北京：人民出版社，1975：20 - 23.）。
　　③ 尤格拉周期与马克思所描述的经济周期时间长度基本一致，马克思认为这种 10 年一次的经济周期的物质基础是固定资本的更新。马克思还考察了英国棉纺织工业长达 90 年的长期波动状态，实际上提出了基于特定行业的长波周期。

条的本质",而危机和萧条则是吸收经济体系中出现的干扰、"合并新事物并使经济体系与之相适应的过程",或者说,是"一种清理的过程""一种探索以达到新的静止状态的途径"。①

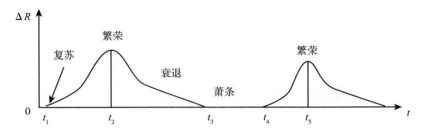

图 5 – 4　超额利润变化与创新周期

图 5 – 4 是以 ΔR（社会中出现的超额利润总量）为纵轴、时间 t 为横轴而绘制的创新周期随时间变化的图像。根据库茨涅兹以熊彼特《商业周期》为基础而建立的"长波年表",② 图中的第一个"超额利润周期"可作为第一次产业革命中以棉纺、铁和蒸汽动力为主导产业的创新浪潮（1760 ~ 1827 年）的图像模拟，第二个"超额利润周期"可作为中产阶级时代以铁路为主导产业的创新浪潮（从 1828 ~ 1885 年）的图像模拟。

对图 5 – 4 进行解释的难点在于：什么因素启动了创新浪潮？熊彼特认为企业家的出现导致了创新。企业家这种类型的人，处于人口正态分布的两端，他们具有特殊的品质，例如拥有创造"私人王国的梦想和意志""战斗的冲动"以及"创造的欢乐"。③ 这一解释的说服力不强。曼德尔在《资本主义发展的长波》一文中提出了一个"不对称假说"：启动经济长波的原因是外生的，而长波下降却是资本主义经济体系内生的，资本主义运动的一般规律能够解释从扩张性长波向萧条性长波的转变，但是不能说明从后者向前者的转变，"关键的转折点明显是由外生的非经济因素所引致

① 约瑟夫·熊彼特. 经济发展理论——对于利润、资本、信贷、利息和经济周期的考察 [M]. 何畏等，译. 北京：商务印书馆，1997：256 – 257.
② 范·杜因. 经济长波与创新 [M]. 上海：上海译文出版社，1993：114.
③ 约瑟夫·熊彼特. 经济发展理论——对于利润、资本、信贷、利息和经济周期的考察 [M]. 何畏等，译. 北京：商务印书馆，1997：103 – 104.

的，但是它们只是启动了可被资本主义运动方式的内在逻辑来加以说明的动态进程"。① 笔者认为，"超额利润周期"中的启动机制，需要借助马克思的理论来解释和说明，创新的启动可归结为作为外在强制的竞争、科技发展的程度、产业进步的不平衡性、社会需要的扩展、萧条所带来的较低投资成本及前次创新所带来的生产关系的变化等因素。

5.5 简要的结论

马克思的"虚假的社会价值"理论并不是一个仅仅适用于农业级差地租的理论，它对于其他行业也具有一般的适用性，特别是对于产业创新过程中处于"持续性稀缺时期"的超额利润的研究具有普遍的理论意义。一个部门或行业的社会价值的决定可能有四种不同的情况：一是由部门内部的平均个别价值决定社会价值，在这种情况下，该行业没有价值总量的余缺；二是由部门内部的最低劳动生产率企业所具有的最高个别价值决定社会价值；三是由部门内部最高劳动生产率企业所具有的最低个别价值决定社会价值；四是由垄断价格决定社会价格。其中第二种情况产生的"虚假的社会价值"，第四种情况产生"虚假的社会价格"，它们都是指由社会机制决定的超出部门内产品实际价值的一个虚拟的增加额。

在两部门模型中，根据创新部门内部最低劳动生产率企业的资本有机构成与常规部门平均资本有机构成的大小（假定所有企业的剩余价值率相同），可以分为两种不同的情况：当创新部门最低劳动生产率企业的资本有机构成小于常规部门的平均资本有机构成时，创新部门最低劳动生产率企业的个别价值大于依据常规部门平均利润率所得的创新部门的生产价格，创新部门最低劳动生产率企业获得超过其生产价格的超额剩余价值，这种剩余价值是由创新部门最低劳动生产率企业实际创造的，不属于"虚假的社会价值"范畴，而其他具有较高劳动生产率的企业通过低于生产价

---

① 欧内斯特·曼德尔. 资本主义发展的长波——马克思主义的解释［M］. 北京：商务印书馆，1998：19.

格的个别价值而获得的超额利润则属于虚假的社会价值的范围；当创新部门的最低劳动生产率企业的资本有机构成大于常规部门的平均资本有机构成时，创新部门依据常规部门的平均利润率所计算的生产价格大于其内部最低劳动生产率企业的最高个别价值，创新部门的产品按生产价格出售所得的超过其真实价值的余额则属于"虚假的社会价值"，但不属于"超额利润"。

超额利润在各个部门或产业之间复杂的投入产出关系中，并没有消失，而是通过市场交换从社会中获得其实现途径。超额利润归根到底是通过对劳动者所创造的社会产品的无偿占有。这种无偿占有可能是通过创新部门的产品纯粹作为生产资料在与其他部门的不等价交换过程中引起整个社会的产品价格上涨而实现对社会财富的无偿占有，也可能是通过创新部门产品作为纯粹的消费资料而直接在市场中从消费者那里获取。

与农业中的级差地租不同，产业创新中的虚假社会价值或超额利润会随着竞争和模仿而逐渐消失，最终所有的产业回归一般均衡状态。在一般均衡状态下，随着技术的进步，社会的资本有机构成不断提高，社会的一般利润率呈不断下降的趋势。但是，考虑周期性（长周期）出现的创新蜂聚和创新集群或者说产业革命浪潮，所产生的巨大的超额利润，社会的一般利润率并非表现为单一下降的趋势，而表现为波浪式下降的过程。在创新范围较广、创新程度较大的情况下，纳入超额利润的一般利润率将大幅度上升，但是，随着竞争的加剧和社会需求的饱和，超额利润将逐步衰减，资本有机构成决定社会的一般利润率下降趋势将再次成为主导因素，从而有恢复一般均衡的内在趋势。在市场竞争条件下，通过创新获取超额利润是企业的内在冲动，即使在经济运行的一般时期（非产业革命时期），各种不同的非革命性创新也是普遍存在的，再加上由于技术垄断、权力垄断等因素导致的超额利润的固化（像级差地租那样超额利润持续存在而不衰减），社会中总会有一定数量的超额利润存在，因而社会的一般利润率水平总是处于波浪式运动状态，虽然总趋势是下降的，但局部和个别变化则是不确定的，特别是考虑阶级斗争因素和经济周期因素的复杂作用关系。

超额利润的存在意味着经济处于非均衡状态，因此，对超额利润的研究不能运用马克思的社会资本再生产理论，也不能使用斯拉法的模型，更不能从等价交换、第二种必要劳动时间以及等量资本获取等量利润的角度来分析，① 这三种情况的前提都是经济处于一般均衡状态。与超额利润对应的是非均衡经济，一般均衡的思维方式无法处理存在超额利润的非均衡过程，这是一些学者认为从整个社会来看超额利润不存在、超额利润只是部门现象的原因。这就像我们处理经济危机问题时，不能用马克思的两大部类再生产平衡的框架，用这种框架推出的结果永远是平衡状态，而不可能有危机出现。经济危机本身就意味着非均衡，意味着部门之间的比例失调。在经济学史上，杜冈－巴拉诺夫斯基的"比例失调论"实际上是一种没有内容的普遍的抽象，因为任何原因导致的危机都会通过比例失调表现出来。

如果说创新是经济发展的最基础的动力，那么，由创新所产生的超额利润就是经济发展中存在的普遍现象，因而，它对经济运行有重大影响。在现实中，超额利润不仅意味着经济发展，而且是一种重要的财富分配机制，它使社会产品的实际价值（真实价值）表现为一个增大了的价值，通过类似于通货膨胀的方式，无偿占有一部分社会财富。李嘉图在分析级差地租时指出，随着土地边际生产率的递减，整个社会的地租总量及其在社会财富中的比例会不断增长，从而导致不生产的地主阶级在国民收入分配中的份额越来越大。这一原理在一定程度上也适用于产业创新中产生的超额利润的情况。不仅如此，超额利润的扩大，还意味着整个价值总量的稀释和膨胀，超额利润是信用创造的内在根源，它导致了财富的虚假增值，而实现这种增值的社会过程，就需要通过信用创造的手段来创造新的货币供给，这是长期内货币贬值的重要原因。另外，在资本主义发展的各阶段中，超额利润的产生、增大、衰减、消失对应于经济运行中复苏、繁荣、衰退、萧条四个阶段，可用"超额利润周期"来测度主导产业重大创新引致的"康德拉季耶夫周期"。

---

① 有学者认为"虚假的社会价值"理论与第二种必要劳动时间、等价交换、等量资本获取等量利润等一般均衡假定条件下的规律矛盾，实际上他们忽略了虚假的社会价值和超额利润对应的是经济的非均衡状态这一前提。

第 *6* 章

知识创造、劳动升级与经济发展

超额利润作为经济发展现象，在根本上是知识创造、知识利用以及以知识衡量的劳动升级（不断复杂化）的结果。在经济发展中所表现的超额利润的产生、增大和消失，在本质上是经济吸收知识的过程，正如马克思所说的那样，是科学并入生产过程。在市场经济条件下，这种吸收和并入的过程存在着一套机制，这个机制包含着社会中知识创造的机制以及市场过程吸收知识的机制（企业家创新）。在本章中，我们构建了一个基于知识创新的经济发展模型，用于在本质层面对经济发展进行解释；同时，我们也给出了复杂劳动还原和企业家收入的理论模型，用于对经济发展中的劳动升级和企业家人力价值进行度量。

6.1　考虑劳动复杂性程度和价值膨胀的动态经济模型

动态经济意味着经济发展，意味着经济运动过程出现了新事象。这种新事象的出现将对经济运行造成干扰，进而打破循环流转，打破经济均衡，使经济向更高阶段跃迁。那么，推动这种经济发展或经济动态变化的动力是什么？在马克思经济学看来，这种经济中自发的运动和变化由市场竞争内生，或者说，是资本主义经济关系的必然结果。因此，资本主义制度可以看作是一种创新的内在机制。马克思充分肯定资本主义制度在发展生产力方面的巨大作用，在《共产党宣言》中，马克思指出："资产阶级在它的不到一百年的阶级统治中所创造的生产力，比过去一切世代创造的全部生产力还要多，还要大。"① 这说明，资本主义经济制度对生产力具有巨大的推动作用，决不可忽视这种生产力的巨大进步所带来的积极效应。当然，这并不意味着资本主义经济制度具有永恒的生命力，随着生产力的发展，资本主义生产关系迟早会成为生产力发展的障碍，因而必须变革资本主义生产关系，生产力才能得到进一步发展。

在资本主义制度下，基本经济制度和经济体制所造成的全面的竞争关系和对剩余价值的追求是推动经济发展的主要推动力，竞争作为外在的强制迫使企业追求创新以获得更高的利润。资本是资本主义经济关系的承载者，资本家的使命就是追求价值增值。因此，在资本主义社会中知识的创造和知识的使用的效率和速度是史无前例的。而经济发展的本质就在于，企业家将社会中的知识引入生产过程，从而使知识进入经济社会领域。一个国家经济发展的水平取决于这个国家在经济中运用知识的数量，在经济中进入生产函数的知识数量和规模越大，该国的经济发展水平就越高。从知识的角度来看，所谓物质资本和人力资本都是知识的载体和物化形态，是知识融于自然材料和自然劳动力的结果。

与熊彼特创新理论不同，我们将创新的标的物定义为知识，而将企业家的创新活动理解为企业家将社会中的知识（包括已有的旧知识和新创造的知识）引入经济领域的过程，因此，创新也就可以简单地概括为将知识引入生产函数，将知识转化为生产力，将知识转变成经济社会过程中的一部分，使其获得物质载体或人力载体。为了分析的简单化，我们将企业家要引入的知识主要界定为科学知识、技术知识以及社会知识，科学知识属于理论知识，技术知识和社会知识属于实践知识。由此，企业家的创新活动就主要包括将科学知识引入经济过程的创新活动，将技术知识引入经济过程的创新活动，以及将社会知识引入经济过程的创新活动。第一类创新活动的典型例子有牛顿力学定律与卫星轨道测算、爱因斯坦质能方程与核能的计算等，第二类创新活动的典型例子有石油的提炼技术与石油的运用、现代通信技术与移动终端等，第三类创新活动的典型例子如泰勒制管

---

① 马克思恩格斯文集（第二卷）[M]. 北京：人民出版社，2009：36.

理与工厂制度、福特流水线作业方式与标准化生产等。经济发展与物质和人力有极大的关系，但最终起决定性作用的是知识，一些物质和人力较为缺乏的国家通过知识创新仍然能够进入先进国家行列，一些物质和人力较为充裕的国家由于知识落后常常沦为落后国家。在全球化和世界市场的背景下，物质和人力可以通过市场交换获取，决定国家竞争优势的主要因素是知识的规模和更新速度，以及知识在经济中的利用程度。

假定在一个封闭的市场经济中，社会中的知识总量为 N，由于社会中的知识根据各行业的不同是不同质的，对知识的计量是一个复杂的问题，本章不作探讨。定义知识转化率为 ϕ，ϕ 表示社会中的知识转化为实际应用的程度，不考虑知识的其他应用，ϕ 可以代表经济领域或生产领域吸收知识的程度，ϕN 可以表示进入经济过程或生产函数的知识总量，称之为"有效知识"，即：

$$\tilde{N} = \phi N \qquad (6-1)$$

一国的经济发展水平并不取决于社会中的知识总量，因为有大量的知识并没有得到应用，例如，在专利局注册的大量专利并没有在经济领域得到应用。知识的生产和知识的应用是两个不同的问题，能够在经济领域中得到应用的知识，或者说能够进入经济过程的知识，必须满足的条件是：企业家引入知识能够获取超额利润，即进入生产函数的新知识能够为企业带来超过平均利润的额外利润，根据前文的定义可知该条件为：

$$\Delta R > 0 \qquad (6-2)$$

式（6-2）的经济含义非常广泛，它可以表示成本降低的创新，可以表示成本不变、收益增加的创新，也可以表示成本和收益同时增加但收益增加更快的创新，还可以表示一种全新的成本和收益关系。因此，绝不能将马克思和熊彼特意义上的创新仅仅理解为成本降低的创新，置盐信雄的错误就在于他认为技术创新必须降低生产成本，否则资本家不会引入创新，从而单方面地将创新可能带来的收益变化排除在模型之外。

根据社会中的有效知识总量可以进一步定义经济发展水平。经济发展主要并不取决于物质和人力，而是取决于以物质和人力为载体的有效知识总量的多少，取决于能够进入生产领域的知识的规模。于是，可以将经济发展水平定义为有效知识的函数，即：

$$D = F(\tilde{N}) = F(\phi N) \qquad (6-3)$$

对式（6-3）求导时可得：

$$\frac{\partial D}{\partial \tilde{N}} \frac{\partial \tilde{N}}{\partial \phi} > 0 \,; \, \frac{\partial D}{\partial \tilde{N}} \frac{\partial \tilde{N}}{\partial N} > 0 \qquad (6-4)$$

由此可得命题 1：**一个国家的知识总量越大，知识转化率越高，则其经济发展水平就越高。**

命题 1 可以解释发达国家与发展中国家经济发展差距的原因。发达国家知识总量规模大，知识转化率高，经济中的有效知识高于发展中国家。具有相同知识总量的发展中国家，由于制度或其他原因，知识的转化率也是大不相同的，第二次世界大战后一些发展中国家的迅速成长，前期主要原因是知识转化率的大幅度提高。

将式（6-3）设定时间下标并对时间求导：

$$\dot{D}_t = N_t \cdot F'_t \cdot \dot{\phi}_t + \phi_t \cdot F'_t \cdot \dot{N}_t \qquad (6-5)$$

由此可得命题 2：**一国的经济发展速度取决于知识增长的速度和知识转化率提高的速度。**

进一步的，我们还可以上述有效知识的概念来定义劳动的复杂性程度。在什么情况下，超额利润来源于复杂劳动，是一个值得探讨的重大问题。对于作为整体的社会生产而言，"迂回生产"可作为计量劳动复杂性程度的一个重要指标，分工扩展的主要形式之一就是"迂回生产"程度的不断增加，而迂回生产与科研劳动密切相关。在现代经济中，科研劳动有两种方式：一种是研发部门成为资本控制下的一个生产部门，另一种是由国家或社会部门支持的公益性的科学研究。问题在于，两种科研劳动作为复杂劳动通过怎样的途径进入迂回生产过程，进而使整个社会的劳动复杂性程度增加。在本书的研究中，"虚假的社会价值"作为产业创新过程中发生的重要现象，虽然可能与新产业中实际从事的劳动的复杂性程度没有任何关系，而与数量调整和持续性稀缺的外在条件有关（类似于级差地租Ⅰ），但是新产业形成的前提或者新产品的开发却可能与科研劳动密切相关，或者与整个社会的劳动复杂性程度密切相关。复杂劳动在社会中的作用机制，始终是一种需要进一步研究的重要问题。

假定基期的有效知识总量为 $\phi_0 N_0$，t 期相对于基期的劳动复杂性程度可以定义为：

$$\varphi = \frac{\phi_t N_t}{\phi_0 N_0} \qquad (6-6)$$

考虑劳动复杂性程度的价值总量可记为：

$$W_t = \varphi(C_0 + V_0 + M_0) \qquad (6-7)$$

式（6-7）的经济含义在于：**不管实际生产中劳动的熟练程度、技能的增加或减少（去技能化），不管劳动强度的变化，仅仅由于经济中吸收的知识的增加，社会劳动的复杂性程度提高了，社会中的价值总量的增长主要与这种形式的社会劳动复杂性程度变化有关，而与操作性的劳动复杂性程度无关。**此即命题 3。

式（6-7）表明，复杂劳动系数 φ 不能仅仅计量转化为价值的活劳动的复杂性程度，而应当对整个社会的价值总量的增长进行描述。不同生产部门和不同企业在将生产的知识转化为有效知识的过程中，将形成总体的协同效应，从而使社会的整体劳动复杂性程度提高，进而被物化成实体的价值总量增加。

在前述章节中，我们分析了产业创新所产生的价值的虚假的膨胀，这种膨胀将导致以货币形式计量的价值总量的增长。虽然虚假的社会价值是没有价值实体的价值膨胀，但是它仍然能够导致以社会价值计量的总价值量的增长。假定这种价值膨胀系数为 δ，δ 将随着创新周期而不断变化。实际上，δ 度量的是超额利润占总投入价值的比率，可视为超额利润率。在经济发展过程中，考虑产业创新和知识的吸收过程，整个社会的价值总量可以表示为：

$$W_t = \varphi(C_0 + V_0 + M_0)(1 + \delta) \qquad (6-8)$$

社会总价值的增长率可以记为：

$$g = \varphi(1 + \delta) \qquad (6-9)$$

式（6-9）表达了经济发展的本质。企业家进行创新实际上就是将知识引入经济过程，大量的企业家创新将使社会经济过程中的有效知识总量增加，使总体劳动的复杂性程度增加。同时，企业家的创新还造成"虚假的社会价值"，形成超额利润，使经济中的价值总量发生膨胀。**社会中的**

总价值量的增长是劳动复杂性程度增加和价值膨胀的结果。此即命题4。

同时考虑扩大再生产、劳动复杂性程度提高和价值膨胀的总价值量增长模式可以表示为：①

$$g = \varphi(1+\delta)(1+a\bar{r}) \qquad (6-10)$$

式（6-10）表达的经济含义是：**在不考虑货币价值变化的情况下，社会总价值量的增长率取决于积累率、平均利润率、劳动复杂性程度和价值膨胀系数。此即命题5。**式（6-10）可以用来解释经济发展速度，可作为经济发展的一般化模型。

6.2　复杂劳动还原与人力价值的经验测量

根据式（6-10），经济发展的关键因素之一是以有效知识来衡量的劳动复杂性程度的高低，而有效知识取决于社会中的知识总量的转化率 ϕ。我们进一步定义推动知识转化利用的人为企业家。企业家的功能就在于将新的知识引入经济过程、实现生产要素的新组合。这就是熊彼特意义上的企业家创新。企业家并不是进行知识的生产，而只是进行知识的利用，通过整合资源将新的知识实现在具体的经济活动中，从而获取超额利润。一种知识能否为企业家带来超额利润，是企业家是否愿意进行创新的关键。一些知识尽管在技术上很完美，但并不能给企业家带来超过平均利润的超额利润，这种知识就不能有效地转化为生产力。可以看出，专利的数量远远多于实际利用的专利，其原因在于有一些专利在经济上不合算，或者社会缺乏企业家精神。

假定经济发展的过程分为三个阶段：第一阶段是知识的生产过程；第二阶段是企业家创新过程，即将社会中的知识转化为经济中的有效知识；第三阶段是常规经济运行过程。当经济发展进入常规运行时期，社会中的

---

① 假定国民财富为 $(W = C+V+M)$，资本有机构成为 k（不变），剩余价值率为 s，积累率为 a，则下一期新创造的价值为 $G = \left(V + \dfrac{1}{1+k}aM\right) + \left[\left(V + \dfrac{1}{1+k}aM\right)s\right]$，经济中新增的价值量为 $\Delta G = \left(\dfrac{1}{1+k}aM\right) + \left[\left(\dfrac{1}{1+k}aM\right)s\right]$，由此经济增长率可记为 $g = \dfrac{\Delta G}{G} = ar$。

知识就融入经济过程。测算有效知识的总量，是一个极其复杂的理论问题。在现代经济学中，这种测量是通过"索洛余值"来间接核算的，在索洛模型中，知识作为生产要素参与价值的创造，扣除生产要素对增长的贡献，剩余的部分就是知识进步或者全要素生产率提高所带来的增长效应。在马克思经济学中，有效知识可以用劳动力价值（或人力价值）来测量。在本章中，我们将尝试提出一个理论模型，来间接测量经济中有效知识总量的变化。

在马克思主义经济学中，复杂劳动还原问题是一个长期未得到解决但又极具研究价值的理论问题。近年来，在学术界出现了将复杂劳动概念用来分析人力资本和内生经济增长的研究方向，[①] 从而极大地拓展了马克思主义政治经济学基本理论的内涵。本章拟根据这一研究方向，构建一个基于劳动力异质性和劳动市场结构差异为基础的理论模型，提出复杂劳动还原系数和人力价值的经验测量方法。从方法论角度来看，这一研究是基于认识论和本体论的区分。亚当·斯密、李嘉图、马克思都曾经提出复杂劳动还原在本体论上的含义，马克思将其表述为，"各种劳动化为当作它们的计量单位的简单劳动的不同比例，是在生产者背后由社会过程决定的"。[②] 这意味着，复杂劳动还原是"市场过程"的结果，是通过竞争和市场运动表现出来的。我们提出的经验测量方法是以这种本体论的结果为依据的一种认识论模型，是一种基于事后变量的思想实验。也就是说，假定市场是有效的，我们可以依据经验中的、可测量的实际经济变量来测量复杂劳动还原系数和人力价值，而可以不去考虑市场过程。本节的结构如下：第一部分阐述还原问题研究的思想脉络和理论分歧；第二部分提出理论假设并进行理论分析；第三部分构建数理模型，分析复杂劳动的经验测量方法。

6.2.1 主要的思想脉络和理论分歧

在经济思想史上，较早提出复杂劳动还原思想的是威廉·配第。配第

---

① 孟捷. 复杂劳动还原与马克思主义内生增长理论［J］. 世界经济，2017（5）.
② 马克思恩格斯文集（第五卷）［M］. 北京：人民出版社，2009：58.

指出："我们也必须使技术和简单劳动之间有一种等价和等式的关系。因为，假定我使用这种简单劳动，在 1000 天里能够耕种 100 亩土地；再假定我用了 100 天的时间来研究一种更省事的方法，并制造出一种省事的工具；在这 100 天里完全没有耕种土地，可是在其余的 900 天里我却耕种了 200 亩土地；那么我认为，这种只花费了 100 天时间的发明技术就永远值一个人的劳动；因为有了这种技术时一个人所做的工作，等于没有这种技术时两个人所做的工作。"① 配第的论述可以作这样的解释：相同时间内包含了研发过程在内的劳动（复杂劳动）相当于两倍的简单劳动，复杂劳动还原系数为 2。问题在于，当技术发明出来之后，工人利用技术工具实际从事的直接劳动或直接操作可能更简单了，那么这是否意味着劳动复杂性程度没有提高，反而降低了呢？显然，配第没有用新技术之后的直接劳动来衡量劳动复杂性程度，而是将研发劳动包含在总劳动之中，构建了一个两阶段模型，并据此来计量相同时间内的劳动复杂性程度。

配第的模型可称为"总体劳动模型"。实际上，马克思在研究生产劳动时也提出了"总体劳动"的思想，但它并没有用来解释复杂劳动还原问题。马克思指出："在特殊的资本主义生产方式中，许多工人共同生产同一个商品；随着这种生产方式的发展，这些工人的劳动同生产对象之间直接存在的关系，自然是各种各样的。例如，前面提到过的那些在工厂中打下手的辅助工人，同原料的加工毫无直接关系；监督直接进行原料加工工人的那些监工，就更远一步；工程师又具有另一种关系，他主要只用自己的头脑劳动，如此等等。但是，所有这些具有不同价值的劳动能力（虽然使用的劳动数量大致保持在同一水平上）总体进行生产的结果，从单纯的劳动过程的结果来看——表现为商品或一个物质产品。所有这些劳动力合在一起，作为一个生产集体，是生产这种产品的活机器，就像从整个生产过程来看，他们用自己的劳动同资本交换，把资本家的货币作为资本再生产出来，就是说，作为自行增值的价值，自行增大的价值再生产出来。"② 按照高赫的看法，马克思的"总体劳动"思想的意义在于，它提示着，

---

① A. E. 门罗（编）. 早期经济思想——亚当·斯密［M］. 北京：商务印书馆，2011：220.
② 马克思恩格斯文集（第八卷）［M］. 北京：人民出版社，2009：417-418.

"今天要把大批的科学家、技术专家、技师和工程师，加上大部分管理人员，以及白领工人都包括到生产劳动之中"。这里就出现了一个问题，复杂劳动还原指的是将研发或教育培训作为间接劳动包含在总劳动过程中的还原，还是指的是直接劳动过程的劳动复杂性程度的增加。从历史发展的总体来看，显然，总体劳动模型的解释力更强。

在配第之后，亚当·斯密提出了复杂劳动还原另外的两种机制。第一种机制与斯密主张的"看不见的手"有关，可称为"社会过程模型"。在《国富论》中斯密指出："要确定两个不同劳动量的比例，往往很困难。两种不同工作所费去的时间，往往不是决定这比例的唯一因素，它们的不同困难程度和精巧程度，也须加以考虑。一个钟头的困难工作，比一个钟头的容易工作，也许包含有更多劳动量；需要十年学习的工作做一小时，比普通业务做一月所含劳动量也可能较多。但是，困难程度和精巧程度的准确尺度不容易找到。诚然，在交换不同劳动的不同生产物时，通常都在一定程度上，考虑到上述困难程度和精巧程度，但在进行这种交换时，不是按任何准确尺度来作调整，而是通过市场上议价来作大体上两不相亏的调整。"①

社会过程模型认为复杂劳动还原是通过市场过程而自动实现的，这种实现正是通过"看不见的手"进行自动调整的结果。因此，在有效的市场上，复杂劳动和简单劳动之间的比例可以在经验中进行大致确定。这个重要的思想在李嘉图那里进一步表现为相对价值理论。李嘉图认为，重要的并不是商品的绝对价值，而是商品的相对价值，即商品的表现价值，并且他还认为，"研究对于不同种人类劳动的估价高低，并没有什么重要性"，②因为这种比例的差别由历史决定了，变化很小，对短时间内商品的相对价值影响不大。同时，李嘉图还指出，"各种不同性质的劳动的估价很快就会在市场上得到十分准确的调整，并且主要取决于劳动力的相对熟练程度和所完成的劳动的强度"。③

马克思集成了古典政治经济学的这一思想，并明确地指出："各种劳

---

① 亚当·斯密. 国民财富的性质和原因的研究 [M]. 北京：商务印书馆，2018：26.
②③ 大卫·李嘉图. 政治经济学及赋税原理 [M]. 北京：商务印书馆，1962：16-17.

动化为当作它们的计量单位的简单劳动的不同比例，是由生产者背后由社会过程决定，因而在他们看来，似乎是由习惯确定。"① 马克思之后的很多学者，都对这句话中的"生产者背后的社会过程"做出解释，实际上马克思所说的"社会过程"同斯密和李嘉图的观点一样，指的是市场交换的过程，也就是说，在有效的市场上，不同复杂程度的劳动会通过相互之间的议价作大体上两不亏欠的交换。按照马克思的看法，在理论研究中，可以只考虑简单劳动，并且可以直接地从经验中确定复杂劳动转换的比例。在方法论上，这可视为复杂劳动还原的本体论思想，具有重要的理论价值。

斯密提出的另外一种复杂劳动转换的思想可称为"高价机器模型"或现代经济学意义上的"人力资本模型"。在《国富论》中，针对工资和利润随资本用途不同而不同时，斯密指出："设置高价机器，必然期望这机器在磨毁以前所成就的特殊作业可以收回投下的资本，并至少获得普通的利润。一种费去许多工夫和时间才学会的需要特殊技巧和熟练的职业，可以说等于一台高价机器。学会这种职业的人，在从事工作的时候，必然期望，除获得普通劳动工资外，还收回全部学费，并至少取得普通利润。"②

高价机器模型所表达的思想就是现代经济学中的"人力资本"理论，将学习成本视为投资，并且要求能够收回投资并获取利润。这里的"资本"概念不同于马克思的概念，是与物质资本相对应的人力投入。按照要素价值论，不管是人力资本还是物质资本都是要创造价值的。我国学者陈其人在指出"高价机器"作为复杂劳动化为多倍简单劳动的机制时，从劳动价值论的角度对其做出了另外一种解释：第一，高价机器在使用时的折旧属于旧价值的转移；第二，高价机器的使用就是通过劳动创造新价值；第三，复杂劳动也是要进行维护和练习的，这些成本也要归入价值转移和价值创造中来。③ 这一解释是将学习所获得的劳动技能视为固定资本，但这种资本概念不同于人力资本概念，而是指马克思经济学意义上的不变资

---

① 马克思恩格斯文集（第五卷）［M］. 北京：人民出版社，2009：58.
② 亚当·斯密. 国民财富的性质和原因的研究（第一卷）［M］. 北京：商务印书馆，1972：26.
③ 陈其人. 论复杂劳动是多倍的简单劳动的机制［J］. 海派经济学，2004（11）.

本，它不创造剩余价值，只是转移旧价值。在这个意义上，活劳动不仅要
创造新价值，而且要转移旧价值，即转移教育和训练成本。这种观点的国
外重要代表人物是希法亭，并获得了大量西方马克思主义经济学家的支持
和发展。以置盐信雄为代表的学者根据希法亭的观点建立了数理模型。这
一模型的基本含义是，教育和训练所花费的直接劳动和间接劳动的总和等
于劳动力在一生中的劳动增加值，这一劳动增加值是由于教育和训练所造
成的劳动复杂性提高导致的，因而教育和训练所消耗的劳动是通过劳动力
一生的劳动过程而转移的。① 这一发展方向内含了一个假定，教育培训所
形成的技能或研发产生的技术产品在以后的重复使用过程中永远能够创造
价值，即威廉·配第指出的发明技术永远值一个人的劳动。在笔者看来，
这一假定不现实，因为形成的技能在劳动力一生中能够使用很多次，发明
技术能够在社会中广泛使用一定的时间，直到新技能和新发明代替原来的
旧技术和旧发明。在这个过程中，一次性培训的技能和发明不可能在以后
的每一次生产中都创造价值，第一次总体劳动可视为复杂劳动，但第二个
生产周期或以后的劳动就不再包含技能生产劳动和技术发明劳动，实际上
以后的劳动就变成简单劳动了。因此，这一模型尽管极具解释力，但仍然
面临概念上的逻辑问题需要解决。本章将基于马克思的基本理论，扩展马
克思的假定条件，从经验认识的角度对"社会过程模型"进行进一步的解
释和发展。

6.2.2　理论分析

马克思对复杂劳动还原的研究结论可概括为三个重要命题：一是复杂
劳动在单位时间内创造更多的价值；二是复杂劳动的劳动力价值较高；三
是复杂劳动需要较高的培养训练费用。如何处理复杂劳动还原所涉及的三
个重要变量之间的关系，是以上研究的主要理论分歧点。在马克思看来，
复杂劳动力价值、复杂劳动创造的价值以及复杂劳动的形成费用之间的对

---

① 　孟捷，冯金华. 复杂劳动还原与产品的价值决定：理论和数理分析［J］. 经济研究，
2017（2）.

应关系是，复杂劳动还原系数（复杂劳动与简单劳动单位时间内创造的价值之比）等于复杂劳动力价值与简单劳动力价值之比，而这一比例又取决于劳动力的教育培训费用的差异。笔者认为，马克思的这一分析至今仍然具有重要的意义和价值，但其正确性建立在一些基本假定之上，在理论上对于这些基本假定的扩展，可以引申出更多的经济含义。

第一，马克思假定了"劳动力的异质性与抽象劳动的同质性"。也就是说，物化在产品中的活劳动可以化为等同的抽象人类劳动，但不同活劳动物化的比例是不同的，这取决于劳动力的性质差异，即不同劳动力创造价值的能力是不同的。按照斯密的看法，人之间的差别其实比动物之间的差别要小得多，造成人之间劳动差异的主要原因在于分工，在于干中学和教育训练。马克思的观点与斯密是一致的。马克思关于劳动力价值的观点，是将一般的教育训练费用计入普通劳动力维持再生产的生存工资之内，作为普通劳动力应当具备的基本素质："劳动力的教育费用随着劳动力性质的复杂程度而不同。因此，这种教育费用——对于普通劳动力来说是微乎其微的——包括在生产劳动力所耗费的价值总和中。"① 马克思的论述表达了两种含义：一是劳动力性质的不同复杂性程度需要不同的教育费用；二是普通劳动力的教育费用内含于其生存工资，数额微乎其微，这种教育费用是维持劳动力再生产的必要支出。

马克思在分析中还指出了决定劳动力价值的三个主要因素：一个是工人平均通常必要的生活资料的价值的变化；二是"劳动力的发展费用，这种费用是随生产方式的变化而变化的"；三是"劳动力的自然差别"。② 在具体的研究中，马克思撇开了后两个因素，假定了复杂劳动已经转化为简单劳动，因而劳动力具有同质性，这是因为马克思主要关注的是由工人的必要生活资料价值变化而导致的相对剩余价值的变化。在现实中，劳动力的发展费用和自然差别对劳动力价值具有重要的影响，是不可忽略的，研究这两个方面对劳动力价值的影响是一种重要的理论发展方向，也是本书的主要关注点。

---

① 马克思恩格斯文集（第五卷）[M]. 北京：人民出版社，2009：200.
② 马克思恩格斯文集（第五卷）[M]. 北京：人民出版社，2009：593.

第二，马克思假定了"市场是有效的"。在一个有效的市场上，通过完全竞争，产品的价格等于价值（或生产价格），工资准确地反映劳动力价值，不同性质劳动力的工资比例成为复杂劳动还原系数的精确指标。这一假定不仅要求产品市场处于完全竞争状态，而且要求劳动力和资本市场处于完全竞争状态。在这种严格的假定条件下，若劳动力不存在天赋上的差异，那么选择不同的教育程度对劳动力而言就是无差异的。举例来说，一个劳动力投入 1000 个工作日学习一门技术所获得的收入超过没有这门技能的普通劳动力的收入，通过资本化后，实际上相当于这 1000 个工作日中普通劳动力能创造的价值。这个有技术的劳动力所获得收入的增加额只相当于其学习成本所能获得的利息，因此，对这个劳动力而言，将学习费用投资在资本市场和教育市场实际上是无差异的。

另一种情况是，天赋才能差异造成的劳动复杂性程度增加。在这种情况下，劳动市场难以实现完全竞争，否则天赋才能的差异就是可以忽略的，因而也就只有唯一一个只包含教育程度不同的完全竞争市场。这种专用才能的差异所造成市场的竞争不完全性的考虑超出了马克思的假定范围之外，对于这种劳动力市场，马克思关于复杂劳动还原系数等于复杂劳动力价值与简单劳动力之比的结论不适用，因为在这种劳动力市场上有天赋才能的劳动力有市场势力，凭借这种市场势力，他能够获取资本家的一部分剩余价值，因而他的劳动力价值还包括了因为市场势力而获取的一部分剩余价值。在下文的模型分析中，我们将设计一个二元的劳动力市场，并证明如何在考虑这种劳动力市场分割的条件下从经验上计量劳动复杂性程度。

第三，马克思还假定了两种类型劳动力的"剩余价值率相同"。实际上这个假定可以看作第二个假定的推论，在完全竞争的产品市场、劳动力市场和资本市场上，劳动力有充分的流动性，因而其剩余价值率必然是相同的。马克思在大多数场合都是假定了剩余价值相同，以此来分析更为本质的问题。在马克思看来："这样一个一般的剩余价值率——像一切经济规律一样，要当作一种趋势来看——是我们理论上的简便而假定的；但是实际上，它也确实是资本主义生产方式的前提，尽管它由于实际的阻力会多少受到阻碍，这些阻力会造成一些相当显著的地方差别，例如，为英国的农业短工而制定的定居法就是如此。但是我们在理论上假定，资本主义生产方式的规律是以纯粹的形式展开的。"①

假定剩余价值率相等是对于实际情况的理想化，按照斯威齐的看法，这个假定要建立在两个前提之上：一个是"必须由一支同质的、可以转移的和流动的劳动力"；另一个就是"每个产业和每个产业内的一切企业，它所使用的劳动量必须刚好是现有条件下社会必要的劳动量"。② 这两个基本假定，马克思在《资本论》第一卷中都已经明确地指出过，正是马克思分析资本主义生产方式赖以成立的两个基本条件，即假定不同质的劳动力可以化为相同的简单劳动力，以及企业的技术水平大体相同。

"剩余价值率相等"对于复杂劳动和简单劳动而言，意味着不同质的劳动力价值直接对应着不同的价值创造能力，即劳动力价值之比等于单位时间内的价值创造之比。因此，在纯粹的形式上，不同质的活劳动之间的价值还原系数就完全等同于不同质的劳动力价值之比。由此可以做出进一步的推论，在我们不知道不同质的劳动力在单位时间内创造的价值以及一般的剩余价值率的情况下，若马克思的三个基本假定条件满足，则可以直接观察不同质的劳动力所获得的劳动报酬而从经验上测量复杂劳动还原系数。也就是说，在一个有效的市场上，我们只通过观察不同性质的劳动力所获得的劳动报酬，就可以在经验上直接判断不同的劳动力在使用过程中的劳动复杂性程度，而不需要去计量剩余价值率和活劳动创造的价值量的具体数值。后面我们还将证明这一结论与孟捷和冯金华（2017）的经验计量方法的一致性；我们认为，如果假定剩余价值率相等，使用相关部门劳动时间的货币表现与社会平均劳动时间的货币表现之比来衡量复杂劳动还原系数，与用劳动力价值之比衡量复杂劳动还原系数完全等价。

揭示马克思的三个基本假定所包含的经济意义，实际上也就阐明了斯密、李嘉图和马克思所说的"背后的社会过程"的具体含义。也就是说，假如市场是有效的，市场过程将自动实现复杂劳动的还原，因此，在理论上我们可以忽略复杂劳动还原的过程，而直接假定整个社会的劳动都是简

① 马克思恩格斯文集（第七卷）[M]. 北京：人民出版社，2009：195.
② [美]保罗·斯威齐. 资本主义发展论——马克思主义政治经济学原理 [M]. 北京：商务印书馆，2006：84.

单劳动，并以此为基础来研究社会劳动力根据社会需要而在不同领域的分配，并决定整个社会生产能力的大小的过程。对于复杂劳动还原系数的大小，只要市场是有效的，在认识论上，我们只需要观察不同劳动者的劳动报酬就可以对其进行经验测量。

在《资本论》中，马克思批评了将工资看作利息、将劳动力看作提供这种利息的资本的观点，马克思还专门引用了弗·雷登用工人的平均日工资除以一定的利息率将工资资本化，以此来计算工人的平均价值的观点。[①]马克思的批评固然是对的，这种"收入资本化"的观点颠倒了本质与现象的关系，使拜物教更加彻底，但是在经验中用这种方法来衡量有规则的、能反复取得收入的价值，却是可取的，在现实生活中我们衡量股票、债券等虚拟资本的价值都使用这种方法。对于接受马克思主义政治经济学的人而言，将固定的、能反复取得的劳动报酬通过社会的平均利息率进行资本化来计量不同性质劳动力的价值创造能力或其"人力价值"，与主张活劳动创造价值的观点并不冲突，而且这也决不视为承认工资是利息的庸俗经济学观点。也就是说，我们可以一方面承认劳动创造价值，坚持劳动价值的一元论，另一方面将劳动报酬资本化用以从经验上测量劳动者的"人力价值"。这样，在完全竞争的劳动力市场上，工人通过教育训练提升自己的劳动复杂程度所获取的只是自己投入成本的利息收入，因此教育训练支出可视为一笔"生息资本"。对于不经过专门教育训练的普通劳动力（如车间工人）而言，其基础教育费用归入生存工资，专门的教育训练费用为零，其人力价值等于普通工资收入的资本化。对于经过专门教育训练的高级劳动力（如管理人员和技术人员），需要经历专门的教育训练，其人力价值等于普通的人力价值加上工资溢价的资本化价值。在这种情况下，工人的劳动报酬可视为，工人从自己所创造的价值中获取了一部分相当于其人力价值的利息收入。

6.2.3　理论模型

假定整个社会中的劳动力数量为 n。根据不同劳动力的知识要求将劳

---

① 马克思恩格斯文集（第三卷）［M］. 北京：人民出版社，2009：528 - 529.

动力分为三种：一是普通劳动力（车间劳动力），只需要获得基础教育和训练水平，在不同的工种之间容易转化，这种劳动力的劳动过程为简单劳动，假设在总劳动力中所占比为 θ_1；二是高级劳动力（办公室劳动力），需要进行专业的教育和训练，教育、训练费用和学习的时间成本高昂，形成的工作技能的专用性较强，在不同工种之间的转化较难，但是正常的劳动力进行过一定程度的教育和训练以及学习过程都可以获得这样的工作技能，假设这种劳动力在总劳动中的占比为 θ_2；三是特殊劳动力，这种劳动力需要某种天赋，具有不可替代性，即使经过教育培训或学习都不能使没有这种天赋的劳动力获得需要的工作技能，也就是说，教育培训或干中学加上个人天赋才能具有这种专业技能，假设这种劳动力在总劳动中的占比为 θ_3。根据这些假设可知：

$$\theta_1 + \theta_2 + \theta_3 = 1 \qquad\qquad (6-11)$$

1. 完全竞争市场

进一步假定以上三种劳动力在单位（一天、一周或一个月）时间内创造的价值量分别为 λ_1、λ_2 和 λ_3，将高级劳动力和特殊劳动力视为复杂劳动力，并设定复杂劳动转化系数为 ε，于是：

$$\frac{\lambda_2}{\lambda_1} = \frac{\lambda_3}{\lambda_1} = \varepsilon \qquad\qquad (6-12)$$

这里之所以将特殊劳动力和高级劳动力的转化系数设定为相同，是因为出于简化分析，我们将特殊劳动力的教育培训和干中学成本视为统一的，由于高级劳动力不具备专业天赋，不能形成特殊劳动力的技能，因而特殊劳动力就能够利用这种天赋的能力获取资本家的部分剩余价值，高级劳动力却不能分享剩余价值。高级劳动力虽然从事的是复杂劳动，但是并没有与资本家讨价还价的权利，因为其他普通劳动力也能经过教育培训和干中学而形成相应的专业技能并与之竞争。高级劳动力和普通劳动力的竞争性，意味着高级劳动力的教育培训和干中学的成本与其通过复杂劳动而获取的更高水平的劳动力价值（工资）的折现值应该是一致的。设普通劳动力价值为 ω_1，高级劳动力的价值为 ω_2，特殊劳动力的价值为 ω_3，利率水平为 r，教育、训练和干中学的成本为 C，假设劳动力获取工资的时间尺度为无限期限，于是：

$$\frac{\omega_2 - \omega_1}{r} = C \qquad (6-13)$$

假定高级劳动力与普通劳动力对资本的剩余价值率不变（为 e），根据式（6-12）、式（6-13）可得：

$$\omega_1 = \left(\frac{r}{\varepsilon - 1}\right) C \qquad (6-14)$$

$$\omega_2 = \left(\frac{\varepsilon r}{\varepsilon - 1}\right) C \qquad (6-15)$$

由式（6-12）、式（6-13）可知：普通劳动力和高级劳动力的劳动力价值的比例正好等于他们劳动的复杂程度的比例，两类劳动力的劳动复杂性程度相差越大，其工资差距就越大，因此可以用不同劳动力的工资差异来测算劳动复杂性程度。这里对众多研究提供了数理模型的证明。这其实就是马克思所说的"背后的社会过程"。若假定教育培训和干中学的成本 C 是劳动复杂性程度 ε 的线性函数，即 $C = (\varepsilon - 1)K$，式（6-14）、式（6-15）所表示的两种劳动力价值就仅仅取决于复杂劳动还原系数、利率和系数 K，即：

$$\omega_1 = Kr \qquad (6-16)$$

$$\omega_2 = \varepsilon Kr \qquad (6-17)$$

系数 K 实际上测算的是普通劳动力的人力价值，即 $K_1 = K = \frac{\omega_1}{r}$，其数值正好等于普通劳动力工资的资本化。进一步地，高级劳动力的人力价值 $K_2 = \varepsilon K_1$，高级劳动力与普通劳动力人力价值之比正好等于两种劳动力之间的复杂劳动还原系数。

再来看资本家所得的剩余价值的变化。根据定义，剩余价值等于劳动力单位时间内创造的价值减去劳动力价值，于是可得：

$$\lambda_2 - \omega_2 = \varepsilon(\lambda_1 - \omega_1) \qquad (6-18)$$

由式（6-18）可知，资本家使用高级劳动力所获得的剩余价值与资本家使用普通劳动力所获得的剩余价值之比正好等于两类劳动的复杂性程度之比。这表明，在生产过程中劳动复杂性程度的提高将同时提高高级劳动力的价值和资本家的剩余价值，劳动和资本在价值创造中的正和关系成立。

2. 不完全竞争市场

下面，我们再来分析特殊劳动力的劳动力价值和剩余价值之间的关系。根据上面的假定，特殊劳动力与资本家之间有讨价还价的权利，但是其劳动复杂性程度与高级劳动力是一样的。若特殊劳动力生产的产品在市场中没有垄断势力，产品按照实际价值售卖，即劳动市场处于卖方垄断，产品市场处于完全竞争状态。这时，特殊劳动力凭借其垄断势力可以获得一部分剩余价值，从而导致剩余价值率降低。假设特殊劳动力的垄断力量为 η，η 可理解为特殊劳动力分享资本家由于使用复杂劳动而获得的剩余价值增值的比例。剩余价值增值的部分为 $(\lambda_2 - \omega_2) - (\lambda_1 - \omega_1)$，于是，特殊劳动力的收入可以表示为：

$$S_3 = \omega_2 + \eta[(\lambda_2 - \omega_2) - (\lambda_1 - \omega_1)] = \omega_2 + \eta(\varepsilon - 1)(\lambda_2 - \omega_2) \quad (6-19)$$

式（6-19）中的 $\eta(\varepsilon - 1)(\lambda_2 - \omega_2)$ 为特殊劳动力凭借技能垄断而获得的部分剩余价值，其劳动力的实际价值仍然是 ω_2，即 $\omega_3 = \omega_2$。在这种情况下，雇佣特殊劳动力的剩余价值率较低，并不意味着企业的利润率较低，因为决定利润率的还有资本有机构成。在资本有机构成相同的条件下，雇佣特殊劳动力的企业较低的利润率将导致一部分企业退出市场，从而改变产品市场的结构，使产品市场对消费者具有垄断势力，形成劳动市场和产品市场同时具有垄断势力的市场结构，企业通过在产品市场的垄断势力获取一部分超额利润来弥补劳动市场的损失，仍然能够获取较高的利润率。

假设特殊劳动力在单位时间内生产的产品数量为 q，产品的售卖价格为 p，为简化分析，我们假设生产中不需要生产资料。于是，特殊劳动力实际创造的价值为 $\varepsilon\lambda_1$，产品售卖所获得的"虚假的社会价值"为：

$$\Delta R = pq - \varepsilon\lambda_1 \quad (6-20)$$

式（6-20）中的 ΔR 是由于垄断租金而产生的超额利润。特殊劳动力有分享剩余价值的市场势力，也会同样具有分享超额利润的市场势力，则其收入可记为：

$$S_3' = \omega_2 + \eta[(\varepsilon - 1)(\lambda_2 - \omega_2)] + \eta(\Delta R) \quad (6-21)$$

式（6-21）中的 $\eta(\Delta R)$ 是特殊劳动力获得部分超额利润。在大多数情况下，特殊劳动力的劳动力价值远远低于其分享的剩余价值和超额利润，其高收入的原因在于技能或天赋的垄断，而不在于其劳动的复杂性程度。

3. 社会的平均劳动复杂性程度

根据式（6 – 12）～式（6 – 15）可以计算单位时间创造的总价值量：

$$W = \lambda_1 \theta_1 n + \lambda_2 \theta_2 n + \lambda_3 \theta_3 n = \left[\theta_1 + \varepsilon (\theta_2 + \theta_3) \right] \left[\frac{(1 + e) r}{\varepsilon - 1} n \right] C \qquad (6 - 22)$$

假定普通劳动力单位时间内创造的价值为 1，即 $\lambda_1 = 1$，根据式（6 – 14），可得：

$$\left[\frac{(1 + e) r}{\varepsilon - 1} \right] C = 1 \qquad (6 - 23)$$

由式（6 – 22）、式（6 – 23）可得：

$$W = \left[\theta_1 + \varepsilon (\theta_2 + \theta_3) \right] n \qquad (6 - 24)$$

社会的平均劳动复杂性程度可表示为：

$$\theta = \theta_1 + \varepsilon (\theta_2 + \theta_3) \qquad (6 - 25)$$

根据式（6 – 14）、式（6 – 15）可得：

$$\varepsilon = \frac{\omega_2}{\omega_1} \qquad (6 - 26)$$

式（6 – 25）可以进一步写成：

$$\bar{\varepsilon} = \theta_1 + \left(\frac{\omega_2}{\omega_1} \right) (\theta_2 + \theta_3) \qquad (6 - 27)$$

式（6 – 27）可以化简为：

$$\bar{\varepsilon} = \theta_1 + \left(\frac{\omega_2}{\omega_1} \right) (1 - \theta_1) \qquad (6 - 28)$$

式（6 – 28）可作为计算一个社会平均劳动复杂性程度的经验公式。根据这个公式，我们只需要计算普通劳动力在整个社会劳动力总量中的比例，以及普通劳动力的收入水平与高级劳动力的收入水平的比例，就可以估算整个社会的劳动复杂性程度。

式（6 – 28）表明，社会的平均劳动复杂性程度实际上是不同劳动力工资水平之比的加权平均数。假定整个社会的工资水平分为 k 个层次，即整个社会的劳动复杂性程度分为 k 个层次，那么社会的平均劳动复杂性程度可记为：

$$\bar{\varepsilon} = \theta_1 + \left(\frac{\omega_2}{\omega_1}\right)\theta_2 + \left(\frac{\omega_3}{\omega_1}\right)\theta_2 + \cdots + \left(\frac{\omega_k}{\omega_1}\right)\theta_k \qquad (6-29)$$

6.3　企业家收入模型

假定超额利润随时间变换的函数为：

$$\Delta R = F(t - t_1) \qquad (6-30)$$

当 $t = t_1$ 时，$\Delta R = 0$；当 $t = t_2$ 时，ΔR 达到最大值；$t = t_3$ 时，$\Delta R = 0$。从 t_1 到 t_3 为创新的持续性稀缺期。在这整个时期，企业家和众多模仿者获得的总的超额利润数量为：

$$R = \int_{t_1}^{t_2} F(t - t_1)\,\mathrm{d}t \qquad (6-31)$$

在持续性稀缺期，创新者与模仿者之间存在着激烈的竞争，超额利润总量的分布取决于在此期间创新者与模仿者之间的市场份额。假定市场容量为：$D = \alpha(t - t_1)^2$，创新企业的产量为 $q_1 = \alpha_1(t - t_1)$，创新企业的市场份额可以表示为：

$$\chi = \frac{q_1}{D} = \frac{\alpha_1}{\alpha(t - t_1)} \qquad (6-32)$$

创新企业在持续期的总的超额利润为：

$$R_1 = \int_{t_1}^{t_2} \chi F(t - t_1)\,\mathrm{d}t = \left(\frac{\alpha_1}{\alpha}\right)\int_{t_1}^{t_2} \frac{F(t - t_1)}{(t - t_1)}\mathrm{d}t \qquad (6-33)$$

企业家引进新的知识一般是要支付报酬的，这个报酬不仅要补偿知识的生产成本，而且具有特殊天赋的知识生产者还要分享一部分超额利润。另外，资本提供者（包括风险投资者）也可能分享一部分超额利润。假定知识的生产成本为 T，企业家使用资金的成本为 Z，则企业家进行知识创新获得的收入为：

$$w_e = (1 - \eta)R_1 - T - Z \qquad (6-34)$$

如果企业家作为被资本家雇佣的特殊劳动力，由于资本家不仅要获得平均利润，而且要分享一部分超额利润，设企业家对资本家的谈判能力为 η_e，那么企业家的收入为：

$$w'_e = \eta_e [(1 - \eta) R_1 - T] \qquad (6-35)$$

当 $w_e > w'_e$ 时，企业家将通过市场募集资金并创建企业，而不是作为资本家的雇佣劳动者，此时有：

$$Z < (1 - \eta_e) [(1 - \eta) R_1 - T] \qquad (6-36)$$

式（6-36）的经济含义是，当超额利润扣除知识生产成本和知识生产者的剩余分享后，被资本家瓜分的数额大于资金使用成本，那么企业家就愿意自己募集资金并组建新企业进行生产，而不是作为资本家的雇佣劳动者。这一条件，为企业家作为天赋型雇佣劳动获取超额利润提供了制度前提，为资本家分享超额利润设置了制度约束，解释了越来越多的企业组织内部的知识创新行为。企业内部的知识创新必须保证企业家作为天赋型雇佣劳动者获取足够的创新租金（超额利润），否则企业家就会脱离企业并成立新企业进行知识创新，而如果外部环境使企业家不能够有效地组建企业实施创新，如资金借贷困难、制度限制等，那么有效的知识创新就不会发生。这说明，企业家对资本家的谈判力量以及外部创新环境和创新条件对企业家进行知识创新有重要的影响。

6.4 结语

我们运用模型精炼地刻画了经济发展的机制和本质。第一，经济发展在本质上是知识进入经济过程，超额利润是现象和表现，新知识进入生产过程在部门内部表现为超额剩余价值的出现，在产业创新过程中表现为虚假的社会价值的出现；第二，由于虚假的社会价值的出现，社会的价值总量将发生膨胀，因此，考虑这一因素，社会的总价值量增长将取决于以知识衡量的劳动复杂程度提高、价值膨胀程度以及积累率和利润率；第三，在市场充分的条件下，不同劳动者的收入水平可以衡量劳动复杂性程度，整个社会的平均劳动复杂性程度取决于劳动者工资之比的加权平均；第四，企业家作为创新者要分享由创新带来的超额利润，企业家所得取决于知识生产成本以及企业家与资本家的谈判能力；第五，在现代经济中知识创造的重要性不言而喻，但同样重要的是使得知识进入经济过程，这就意味着在市场经济中界定和保护知识产权、培育企业家精神对于经济发展具有重要作用。

第7章

积累率、利润率与经济增长

当前，在我国宏观经济政策领域，把握经济新常态、推进供给侧结构性改革成为学术界关注的焦点。如何理解国家重大经济发展战略的理论逻辑？这是一个涉及政策科学性的重要问题。我国经济改革和发展的理论基础是马克思主义政治经济学，学好用好马克思主义政治经济学，科学把握中国宏观经济的基本特征和总体趋势，能够为更好地制定经济政策提供理论指导。理解中国宏观经济，需从积累率与利润率、供给侧与需求侧、经济发展各阶段以及实体经济与虚拟经济四个方面的内在联系进行理论和实际研究。

7.1 文献综述

对于我国宏观经济形势的研判，需从 2012 年以来我国经济增长减速（从高速增长到中高速增长）这一典型事实着手。在我国学术界关于此次经济增长减速原因的判断，概括起来主要有六种观点：第一，"人口红利说"认为我国经济减速的主要原因不在于需求侧，而在于人口结构从而经济发展阶段的变化。[①] 第二，"结构性减速说"认为第三产业的劳动生产率普遍低于第二产业，在经济发展过程中第三产业的比重提高时，经济增长速度将出现长期放缓的趋势。[②] 第三，"效率冲击说"认为我国经济面临产

---

① 蔡昉. 认识中国经济减速的供给侧视角 [J]. 经济学动态, 2016 (4).

② 袁富华. 长期增长过程的"结构性加速"与"结构性减速"：一种解释 [J]. 经济研究, 2012 (3).

业结构配置效率持续下降、全要素效率与区域配置效率减速、非金融公司资本回报率下降，经济减速的原因是缺少效率，特别是内生效率问题，而不是需求调整问题。① 第四，"技术性减速说"与上述第二种观点不同，认为我国经济增长减速的原因在于全要素生产率提高的速度减慢、全要素生产率对经济增长的贡献下降，而不在于结构性减速。②③ 第五，"需求因素说"认为我国增长减速主要是由周期性因素造成的，其中，一种观点认为，工业企业利润率快速下滑、房地产调控和土地财政的弱化以及银行体系流动性未能有效传递至实体经济导致的有效投资不足是经济增速下滑的主要原因；④ 另一种观点认为，经济减速并非供给因素所致，而在于政府的过度投资导致的结构失衡。⑤ 第六，"多因素叠加说"认为经济增长减速的原因来自"资本积累速度下降、人口红利消失和'干中学'技术进步效应消减""三重冲击"因素的叠加。⑥

以上观点的分歧在于以下两点：第一是经济增长减速的主要原因是来自供给侧方面的还是需求侧方面的因素；第二是经济增长减速的性质是结构性的还是非结构性的。如果结论判断为需求侧的因素，那么经济增长减速就不是长期性的，而是经济的周期性波动；如果结论判断为供给侧方面的因素，则需要进一步研究是效率下降导致的，还是结构调整导致的。本书认为，当前我国经济增长减速是我国生产力发展的结果，是由资本有机构成提高促使一般利润率下降而导致的，其趋势符合马克思关于经济增长动力的分析，但同时体现出中国社会主义市场经济模式的不同特征。在我国当代学术界，关于马克思增长模型的研究主要在理论方面，例如，我国学者吴易风教授对马克思增长模型进行了系统地理论研究，认为在经济增长理论史上，马克思第一次将静态分析动态化、短期分析长期化，从而建

① 张平. 中国经济效率减速冲击、存量改革和政策激励 [J]. 经济学动态，2014（10）.

② 方福前. 实现经济突围 须选好长短期突破点 [J]. 人民论坛，2014（9）.

③ 杨天宇，曹志楠. 中国经济增长速度放缓的原因是"结构性减速"吗？[J]. 中国人民大学学报，2014（4）.

④ 巴曙松等. 中国经济减速的性质与政策选项 [J]. 中国市场，2012（37）.

⑤ 王小鲁. 经济减速并非供给因素导致 [J]. 中国房地产业，2015（5）.

⑥ 中国经济增长前沿课题组. 中国经济增长的低效率冲击与减速治理 [J]. 经济研究，2014（12）.

立了第一个经济增长模型（两部类增长模型）;① 宋则行教授根据马克思扩
大再生产模型进行推导，认为经济增长取决于剩余价值积累率、剩余价值
率和资本有机构成，并对马克思的增长模型与哈罗德模型以及以罗宾逊和
卡尔多为代表的后凯恩斯经济增长模型做了比较研究。②③ 关于马克思增长
理论的实证研究较少，李海明构建了一个"古典—马克思经济增长模型"，
利用中国 1978 ~ 2012 年的数据进行验证，发现模型的有效性条件对于中国
数据成立，但与中国经济某些特征难以匹配，无法解释劳动收入份额的逐
年下降、一般利润率几乎没有递减与近年来中国产出增长率下滑的趋势之
间的矛盾。④ 之所以出现这种不一致，主要在于该文的模型设定并不符合
马克思的理论框架。本章试图根据马克思的基本理论构建理论模型，并采
用马克思关于扩大再生产的基本概念设定指标，对马克思的经济增长理论
进行经验研究，研究结论证实了马克思关于经济增长趋势的论断。

7.2 理论模型

根据马克思的基本理论，用可变资本和剩余价值的总和来表示一国在
t 时期新创造的财富，即"国内生产总值"（$G_t = V_t + M_t$）。假定 t 时期国民
财富为 $W_t = C_t + V_t + M_t$，资本有机构成为 k_t，剩余价值率为 $\bar{s}$，积累率为
a_t。在扩大再生产的情况下，剩余价值的积累部分全部用于投资，则在
（$t+1$）时期资本化的剩余价值数量为（$a_t M_t$），按（$t+1$）时期的资本有

机构成 k_{t+1} 进行分割，其中转化为不变资本的数量为（$\dfrac{k_{t+1}}{1+k_{t+1}} a_t M_t$），转化

为可变资本的数量为（$\dfrac{1}{1+k_{t+1}} a_t M_t$）。假定剩余价值率不变，于是，（$t+1$）

---

① 吴易风. 马克思的经济增长理论模型 [J]. 经济研究，2007（9）.

② 宋则行. 马克思经济增长理论探索 [J]. 当代经济研究，1995（1）.

③ 宋则行教授推导的马克思经济增长模型与我们后文的"社会生产增长模型"是完全一致
的。柳欣等在《资本理论与货币理论》一书中根据李嘉图模型也推出了同样的公式。可参见：柳
欣等. 资本理论与货币理论 [M]. 北京：人民出版社，2005：135 - 137.

④ 李海明. 一个古典—马克思经济增长模型的中国经验 [J]. 经济研究，2014（11）.

时期的国民财富或总资本的结构可表示为：

$$W_{t+1} = \left(C_t + \frac{k_{t+1}}{1+k_{t+1}} a_t M_t \right) + \left(V_t + \frac{1}{1+k_{t+1}} a_t M_t \right) + \left[\left(V + \frac{1}{1+k_{t+1}} a_t M_t \right) \bar{s} \right]$$

$$(7-1)$$

其中，$(t+1)$ 时期的国内生产总值为：

$$G_{t+1} = \left(V_t + \frac{1}{1+k_{t+1}} a_t M_t \right) + \left[\left(V_t + \frac{1}{1+k_{t+1}} a_t M_t \right) \bar{s} \right] \quad (7-2)$$

国内生产总值的增加量为：

$$\Delta G_{t+1} = G_{t+1} - G_t = \left(\frac{1}{1+k_{t+1}} a_t M_t \right) + \left[\left(\frac{1}{1+k_{t+1}} a_t M_t \right) \bar{s} \right] \quad (7-3)$$

经济增长率为：

$$g_{t+1} = \frac{\Delta G_{t+1}}{G_t} = a_t r_{t+1} \quad (7-4)$$

式（7-4）即为推导出的"社会生产增长模型"。该模型表明，国民财富与国内生产总值的增长率相同，都取决于剩余价值积累率和一般利润率，在数量上增长率是积累率和一般利润率的乘积。由模型推导过程可知，式（7-4）是一个恒等式，它类似于宏观经济学中的国民收入恒等式或货币数量恒等式。在假定的理想条件下，恒等式必然成立。虽然单就数量关系而言，恒等式只是表示相等的量，不具有可证伪性，但就理论研究而言，恒等式却提供了从因果关系来把握事物的逻辑结构，是一个有用的"分析工具"。我们知道，在凯恩斯模型中，国民收入恒等于消费、投资和净出口的总和，但从因果关系来讲，消费、投资和净出口作为"有效需求"的三个组成部分决定了国民收入的数量。凯恩斯模型的成立条件是，生产的总供给能力大于总需求，在这种情况下，均衡的国民收入受"短边规则"① 约束取决于总需求的大小，这个总需求就是"有效需求"。"有效需求"概念所要表达的意思是："能使社会全部产品都被买掉的购买力，而这笔购买力又是由于生产这些产品而造成的。"② 有效需求决定国民收入

---

① 市场中若存在超额供给，则需求边就是短边，均衡点取决于需求；市场中若存在超额需求，则供给边就是短边，均衡点取决于供给。
② 高鸿业翻译凯恩斯《就业、利息与货币通论》所作的注释。参见：凯恩斯. 就业、利息与货币通论［M］. 高鸿业，译. 北京：商务印书馆，1999：31.

的原理，赋予国民收入恒等式以经济学意义。上述"社会生产增长模型"
具有同样的方法论含义。

"社会生产增长模型"的经验证据在于：一个社会的一般利润率水平
越高，社会剩余用于投资的比例越高，资本积累和财富增加的速度就越
快。穷国常常具有较高的一般利润率，但由于制度原因，其社会剩余用于
积累的部分较少，大部分被有闲阶级或游惰阶级浪费，因此，资本积累速
度较慢，长期处于低水平发展状态；特别富裕的国家，其积累率和一般利
润率常处于较低水平，按照亚当·斯密的说法，这种国家的财富已经"达
到了该国法律制度所允许的发展程度"，① 因此，社会财富的积累速度维持
在较低的水平上。这两类国家都可视为亚当·斯密所说的财富增长维持在
停滞状态的国家。对于处于进步状态的国家，例如 1760～1830 年的英国、
1865～1945 年的美国、1871～1913 年及 1946～1969 年的德国、1955～
1973 年的日本等崛起和赶超时期的国家，一般来说，它们的积累率在长期
都保持在较高的水平上，而且其一般利润率也处于较高水平，因此，这些
国家的资本积累速度快，财富加速增长，人民的生活水平大幅度提高。

在"社会生产增长模型"中，积累率表示剩余价值用于投资的比例，
它取决于剩余价值的分配和社会经济主体的投资意愿。剩余价值的分配存
在多种情况，例如，政府的税收、土地所有者获取的地租、利润向国外的
转移、资本家的高档消费占用、非生产性工人的消耗等，只有剩余价值的
生产性使用才能成为扩大社会财富的力量。若剩余价值的大部分被用于非
生产性活动中，能够转化为投资的部分就较少，投资的增长就会受到限
制，社会生产的增长就较慢。经济剩余的分配方式对经济增长有着极其重
要的影响，这一点很早就为经济学家们所注意到，并发展出具有重要影响
的"经济剩余理论"。② 这一理论最早是由美国经济学家保罗·巴兰于
1957 年在《增长的政治经济学》的著作中提出，他认为经济剩余合理的生

---

① ［英］亚当·斯密. 国民财富的性质和原因的研究（上卷）［M］. 北京：商务印书馆，
2003：65.

② 保罗·巴兰、斯威齐、普雷维什等学者的"经济剩余"概念与马克思的"剩余"概念并
不一致，主要指的是社会所生产的潜在产品量与必要消费之间的差额，但概念所表达的思想是相
同的。这种思想在亚当·斯密的《国富论》中就已经出现过。

产性利用是造成从封建主义到资本主义转变的根本原因，不发达国家的经济剩余向发达国家的转移导致二者之间的经济发展差异。在《垄断资本》一书中，巴兰和斯威齐分析了在垄断资本主义条件下经济剩余的分配和吸收以及由于吸收的困难而造成的资本主义趋于停滞的趋势。普雷维什在《外围资本主义：危机与改造》一书中，从社会结构及其变动的角度来分析外围资本主义国家经济剩余被占有和消耗的机制。西方激进学派的经济剩余分析方法，对于扩展"社会财富增长模型"的分析深度具有非常重要的启示意义：一个社会所创造的总财富包括必要部分和剩余部分，其剩余部分可进行生产性使用（用于扩大生产），也可以进行非生产性使用，两种使用方式所占比例的大小取决于社会结构和剩余财富分配方式，社会机制决定着剩余转化为生产性使用的界限，即使一个社会有较高的利润率，但是若社会的"关系结构"客观上造成的剩余财富的使用方式主要是非生产性的，那么，该社会的积累率就不会高，进而财富增长的动力也会较弱。

在剩余价值的非生产性使用比例既定的情况下，剩余价值转化为投资的程度是由社会经济主体对于利润的预期所决定，积累率是利润率的函数。但是，积累率与利润率之间并不是直接表现为线性关系，利润率变化存在两种时间框架：一种是在长期中一般利润率趋向下降，① 积累动力（积累率）随利润率的下降而下降。这一规律李嘉图、马克思等都进行过详细的理论论证。李嘉图指出，当工资等于农场主全部所得时，"积累就会停止。……实际上早在这一时期前，相当低的利润就已经阻碍了一切积累，……没有积累的动机就不会有积累，……积累的动机会随着利润的减少而减弱。当利润低到不足以补偿将资本用于生产所必然遇到的麻烦和承担的风险时，积累动机就会完全消失"。② 马克思则指出，"利润率的下降和积累的加速，就二者都表示生产力的发展来说，只是同一个过程的不同表现。……虽然积累率随着利润率的下降而下降，但是积累在量的方面还是会加速进行"。③

---

① 一般利润率趋向下降，亚当·斯密、大卫·李嘉图、马克思等经济学家都观察到其事实，但解释的原因不同：斯密认为是由于竞争；李嘉图认为是由于土地的边际生产力递减；马克思认为是资本有机构成的提高。关于一般利润率的理论和实证研究很多，观点差异很大。

② 大卫·李嘉图. 政治经济学及赋税原理［M］. 北京：华夏出版社，2005：84－86.

③ 马克思. 资本论（第三卷）［M］. 北京：人民出版社，1998：269－270.

　　另一种是由经济周期所导致的利润率和积累率波动，分为两种情况：第一，工资上涨导致利润率下降。这是马克思在《资本论》第一卷中关于资本积累历史趋势的分析中得出的结论。在资本有机构成不变的情况下，资本加速积累，导致工资上涨，从而侵蚀利润，但利润率的下降会反作用于积累率，从而使资本积累速度下降。斯威齐将这种负反馈机制视为马克思经济周期理论的主要形式："马克思好像是把经济周期当作资本主义发展的一种特殊形式，并把危机当作周期的一个阶段。反映在这个特殊发展过程中的基本因素，是上下波动的积累率，而积累率波动的根源，又在于资本主义制度的基本的技术、组织特点。因果联系是由积累率到就业量，由就业量到工资水平，又由工资水平到利润率。利润率下降至规范值数域以下，这就扼杀了积累并引发一场危机，危机又转为萧条，最后，萧条重新创造出有利于积累率加速的种种条件。"①

　　第二，由剩余价值的实现困难所导致的利润率下降。剩余价值不能有效实现主要有两种形式，一种是有效需求不足，另一种是相对生产过剩。马克思关注的主要是相对生产过剩，而对有效需求不足马克思则称之为"资本过剩"。这里有必要进一步区分有效需求不足与相对生产过剩之间的差异。凯恩斯经济学中的"有效需求"指的是在生产能力未得到充分利用的条件下，总需求决定国民经济的规模。所谓"有效需求不足"指的是有效需求所决定的经济规模未达到使生产能力得到充分利用的状态。这种状态并非反均衡，按照非瓦尔拉斯均衡理论的观点，"非瓦尔拉斯方法并不是反'瓦尔拉斯'，相反，它只是在更为一般的假设下应用那些在瓦尔拉斯理论中一直很成功的方法"。② 也就是说，有效需求是在价格刚性的情况下通过"数量调整"而实现的均衡。相反地，马克思的"相对生产过剩"，却意味着经济的非均衡，③ 即生产产品所产生的购买力，并不能将产品全

---

　　① 保罗·斯威齐. 资本主义发展论——马克思主义政治经济学原理 [M]. 北京：商务印书馆，2006：173 - 174.

　　② 让－帕斯卡尔·贝纳西. 宏观经济学：非瓦尔拉斯分析方法导论 [M]. 上海：上海三联书店、上海人民出版社，2006：4.

　　③ 均衡可以分为瓦尔拉斯均衡和非瓦尔拉斯均衡两种类型，非瓦尔拉斯均衡仍然是一种均衡状态，是"非均衡"的对立面。

部买掉，因而支付能力小于生产总量，一部分剩余价值不能在市场中得到实现，导致利润率下降。相对生产过剩的原因在于资本积累的"二律背反"：生产不断扩大的趋势与有支付能力的消费需求（最终需求）相对缩小之间的矛盾。

在经济周期中表现出的积累率的上涨和下降，不仅受剩余价值的生产性使用或非生产性使用情况的制约，而且受一般利润率趋于下降规律的约束。图 7-1 综合了这三种情况，纵轴表示积累率，横轴表示利润率，A 区域表示高利润率、低积累率的经济，B 区域表示高利润率、高积累率的经济，C 区域表示高积累率、低利润率的经济，D 区域表示低利润率、低积累率的区域。B 区域的经济高速增长，D 区域的经济低速增长；A 区域的经济虽然有强烈的积累动力，但受制度约束剩余价值转化为资本的比例低；C 区域具有不稳定性，低利润率条件下剩余价值的加速积累，必然造成资本过剩，从而积累率降低。由虚线分开的这四个区域，代表了经济发展的不同阶段，每一个阶段受社会经济机制的制约表现出不同的情况，一般处于经济发展初期国家的积累率和利润率在 A 区域波动，经济规模迅速上升的国家处于 B 区域，经济发展达到较高水平的国家则处于 D 区域。每一个区域均界定了积累率和利润率周期性波动的范围，例如，在 A 区域，虽然积累率受利润率的影响而上下波动，但没有改变该阶段经济运行的高利润率和低积累率的特征，同样地，在 B、C、D 区域，也是如此。通过这个模型，可以解决积累率与利润率在短期内同向波动、在长期内（跨越经济发展阶段）表现为反向运动的矛盾，从而与我们的经验观察一致。实际上，关于积累能力与利润率的关系问题，早在古典经济学时期就已经有过系统的阐释，例如，琼斯曾列举"决定蓄积倾向"的五种主要原因："（1）民族的气质和性情有差别。（2）国民所得在不同诸人口阶级间实行分割的情形有差别。（3）自己确实能够享受所节蓄的资本，这种确实性有种种不同的程度。（4）依次节蓄的资本，能同样有利的并且确实的投下，这当中有种种的难易程度。（5）不同诸人口阶层由节蓄改善自身地位的可能性，有种种不同。"马克思在《剩余价值学说史》中评价为，"这五个理由，实际完全可以还原到一点。即，蓄积依存于这件事：这个国家已经达到资本主义生产方法的何种阶段"。①

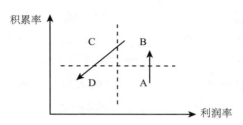

图 7 - 1   积累率与利润率的关系

一般利润率趋于下降的趋势，与利润率周期性波动并不冲突。引起利润率周期性下降的原因主要在于资本积累的内在矛盾，而引起利润率周期性上涨的原因则既可能在于经济自身的负反馈机制，也可能在于"经济以外的因素"。利润率是一个"部分自动变量"。② 作为经济自身的调整机制，经济周期是资本主义发展的一种特殊形式，利润率作为衡量经济景气程度的核心变量，其在经济周期中上下波动的均值表现着一般利润率的长期趋势。引起的利润率上升的外部因素主要包括技术创新、制度创新、战争、商品输出、资本输出等。其中，技术创新是推动利润率上升的最为重要的因素，而技术创新的速度一方面取决于市场竞争的系统性压力，特别是在经济萧条时期，在生产要素的低成本和大量过剩资本寻求出路的情况下，创新更容易成功；另一方面取决于各种社会因素，例如，科学发展的程度、社会的需要、发明家的偶然的创造等。也就是说，"创新"本身也是一个"部分自动变量"。

"社会生产增长模型"假定一个国家的积累基金全部来自剩余价值。实际情况是，积累基金也可能来自可变资本，在信用货币条件下积累基金还可以通过"信用创造"而实现，积累基金也可能通过国外的财富来满足，如两缺口模型所表示的案例。根据这些不同的情况，可将模型进行扩展或改造，但这并不影响模型作为参照系和分析工具的方法论价值。模型

---

① 马克思. 剩余价值学说史（第三卷）[M]. 上海：上海三联书店，2009：383.

② 曼德尔在《资本主义发展的长波》中提出这一概念。其含义在于表明：经济变量是内生机制和外部条件共同决定的。可参见：曼德尔. 资本主义发展的长波——马克思主义的解释 [M]. 北京：商务印书馆，1998：11.

所揭示的决定社会财富增长的积累率和利润率，同样也是现代经济增长的两个最为重要的变量，但根据"部分自动变量"特征，这两个变量的决定不能仅局限于马克思主义政治经济学所揭示的内部机制，只有将经济变量的解释扩展到经济以外的因素，解释工作才算完成。"社会生产增长模型"的分析逻辑可简单地概括为：一个社会的人口、资源、技术和制度条件、生产力水平决定一般利润率和积累率，利润率影响积累率，二者形成一个相互作用的系统结构，共同决定着财富和经济的增长。

"社会生产增长模型"是以资本主义生产为原始图景而构建的，但由于我国社会主义市场经济具有市场经济的共性特征，该模型也可以用于我国经济增长问题的研究中。实际上，在苏联和我国的计划经济年代，马克思的扩大再生产理论是指导经济计划和社会生产的主要理论工具。需要注意的是，"社会生产增长模型"对于我国的财富和经济增长的适用性是以充分考虑我国社会主义市场经济的制度框架的特殊性为前提条件的。我国的社会主义市场经济模式，既不同于资本主义市场经济，也不同于西方的市场社会主义。其主要特征包括：第一，社会主义市场经济是中国特色社会主义政权控制下的市场经济；第二，社会主义市场经济实行公有制为主体、多种所有制共同发展的基本经济制度；第三，社会主义市场经济实行市场在资源配置上起决定性作用与更好发挥政府作用相结合；第四，社会主义市场经济的目标是解放和发展生产力，搞好社会主义建设。这四个方面的特征构成了我国宏观经济运行的制度框架，使我国的经济模型具有市场经济的特殊性，其特殊性决定了我国市场化改革的社会主义性质，我国特殊的制度变革模式决定了我国的经济发展方式。

7.3 经验研究

7.3.1 计算方法和数据处理

根据马克思政治经济学的概念与我国统计数据的对应关系，考虑统计数据的可得性，将国民经济简化为居民部门和生产部门，将政府部门包含在生产部门中。用国内生产总值环比增长率来近似计量社会生产的增长（g），第二产业（工业和建筑业）的资本有机构成代表我国的资本有机构成 k。用 GDP 计量可变资本和剩余价值之和（$V + M$），用劳动者报酬额近似计量可变资本（M）。于是，资本有机构成、剩余价值率和一般利润率可分别用以下公式测算：

$$k = \frac{总产值 - 增加值 + 折旧}{（增加值 - 折旧）- 利税总额} \qquad (7-5)$$

$$s = \frac{GDP - 劳动者报酬}{劳动者报酬} \qquad (7-6)$$

$$r = \frac{s}{1 + k} \qquad (7-7)$$

我国国家统计局发布的与"最终消费率"相对应的"资本形成率"（投资率），衡量投资总额占国内生产总值的比例，其中资本形成总额包括固定资本投资和存货增加两部分。依据马克思的概念，积累率是指剩余价值转化为投资的比例，其投资不仅包括购买固定资本和原材料的价值，而且包括购买新增劳动力支付的报酬。资本形成总额可作为衡量资本化的剩余价值购买生产资料的部分，其购买的新增劳动力用城镇新增就业人员近似代替。考虑到现实经济中新增资本不仅来源于剩余价值，也可能由劳动者报酬经金融市场转化而来，故用劳动者报酬减去居民消费来近似计量由劳动者报酬转化而来的资本，即劳动者收入的资本化数量。于是，积累率的计算公式如下：

$$a = \frac{\left[资本形成总额 - \left(劳动者报酬 - 居民消费 \right) \right] + 城镇新增就业人员 \times \left(\dfrac{劳动者报酬}{城乡就业人员总数} \right)}{GDP - 劳动者报酬}$$

$$(7-8)$$

式（7-5）~ 式（7-8）中的各变量的计算方法和数据来源如下：

（1）1992 ~ 2011 年工业总产值、工业利税总额来源于《中国工业经济统计年鉴》（2012）；2012 ~ 2015 年工业总产值根据《中国统计年鉴》（2016）数据计算，计算方法为"主营业务收入 + 期末存货 - 期初存货"。

（2）2012 ~ 2015 年工业利税总额按"利润总额 + 应交增值税 + 营业税

金及附加"计算，数据来源于《中国工业统计年鉴》（2015）；2015 年工业税额根据 2014 年"主营业务税金及附加"和"应交增值税"估算。1993～2015 年建筑业利税总额来源于中国"国家统计局网站"，1992 年建筑业利税总额根据《中国统计年鉴》（1993）"建筑施工企业净产值"项目中"利润＋税金"计算；2013 年建筑业税金数据缺失，根据"建筑业企业主营业务税金及附加"以及"建筑业企业管理费用中的税金"，取2012 与 2014 年数值估算。

（3）建筑业固定资产折旧 1992～2003、2013 年数据来源于 1993～2004、2014 年《中国统计年鉴》，2004 年数据取前后两年数值估算，其余来自中国"国家统计局网站"；"工业企业折旧"根据"当年工业企业累计折旧－上年工业企业累计折旧"估算，1998～2015 年累计折旧数据来源于中国"国家统计局网站"；1992～1993 年"工业固定资产累计折旧"根据当年"固定资产原值－固定资产净值"估算，1994～1997 年"工业固定资产累计折旧"根据"［固定资产原价－（固定资产净值年平均余额×2－上年固定资产净值）］"估算，数据来源于 1994～1998 年《中国统计年鉴》。

（4）2015 年"劳动者报酬"根据《中国统计年鉴》（2016）"地区生产总值收入法构成项目"中各地区"劳动者报酬"数据加总计算。其余来自中国国家统计局网站中"资金流量表（实物交易）"提供的数据。

（5）工业、建筑业增加值、GDP、城乡就业人员、居民消费、资本形成总额来源于中国"国家统计局网站"。城镇就业人员增量按"城镇新增就业人员＝当年城镇单位就业人员－上年城镇单位就业人员"计算。城镇和乡村就业情况表明：1992～1995 年中国乡村就业人员和城镇就业人员同时大量增加，原因在于乡镇企业的发展；1996～2000 年乡村就业人员几乎不变，城镇就业人员大量增加；2001～2015 年乡村就业人员大量减少，城镇就业人员大量增加，劳动力从乡村向城镇转移，具体见表 7－1。故 1996～2015 年新增劳动力的总收入按"$\left[城镇新增就业人员 \times \left(\dfrac{劳动者报酬}{城乡就业人员总数}\right)\right]$"估算，1992～1995 年新增劳动力的总收入按

"$\left[(城镇新增就业人员 + 乡村就业人员增量) \times \left(\dfrac{劳动者报酬}{城乡就业人员总数} \right) \right]$"
估算。

表 7-1　　　　　　　　1992～2015 年城镇与乡村就业增量　　　　　单位：万人

区域	1992年	1993年	1994年	1995年	1996年	1997年	1998年	1999年	2000年	2001年	2002年	2003年
城镇	396	401	391	387	882	859	835	796	739	972	1036	1071
乡村	265	255	256	223	3	11	-18	-39	-48	-260	-553	-615

区域	2004年	2005年	2006年	2007年	2008年	2009年	2010年	2011年	2012年	2013年	2014年	2015年
城镇	1063	1096	1241	1323	1150	1219	1365	1227	1188	1138	1070	1100
乡村	-535	-713	-910	-980	-907	-955	-1080	-912	-904	-865	-794	-902

资料来源：国家统计局网站。

（6）经济增长率数据来源于中国"国家统计局网站"，采用环比增长率（上年 =100）数据。

7.3.2　计算结果及经验描述

根据上述公式计算所得我国 1992～2015 年各项指标如表 7-2 所示。

表 7-2　　　　我国的资本有机构成、剩余价值率、一般利润率、积累率和增长率测算数据

年份	k	s	r	a	g	年份	k	s	r	a	g
1992	3.199	0.704	0.168	0.654	0.142	2004	3.29	0.999	0.233	0.695	0.101
1993	3.39	0.817	0.186	0.751	0.139	2005	3.88	1.011	0.207	0.648	0.114
1994	3.70	0.825	0.176	0.681	0.130	2006	4.44	1.063	0.195	0.613	0.127
1995	3.74	0.822	0.174	0.688	0.110	2007	5.09	1.113	0.183	0.605	0.142
1996	2.68	0.828	0.225	0.690	0.099	2008	5.95	1.123	0.161	0.623	0.097
1997	3.19	0.823	0.197	0.622	0.092	2009	5.83	1.091	0.160	0.684	0.094
1998	2.99	0.852	0.213	0.606	0.078	2010	8.56	1.164	0.122	0.700	0.106
1999	3.17	0.851	0.204	0.605	0.077	2011	9.04	1.200	0.120	0.716	0.095
2000	1.74	0.919	0.335	0.620	0.085	2012	7.80	1.106	0.126	0.709	0.079
2001	1.88	0.927	0.322	0.644	0.083	2013	9.47	0.991	0.095	0.700	0.078
2002	2.10	0.887	0.286	0.640	0.091	2014	8.74	0.961	0.099	0.702	0.073
2003	2.60	0.916	0.254	0.677	0.100	2015	7.84	0.991	0.112	0.693	0.069

图 7-2 反映了 1992~2015 年我国的经济增长率、积累率和一般利润率变化的情况。从经济增长的趋势来看，1992~1998 年经济增长呈下降趋势；至 1999 年降到 0.077 的低点后，开始回升，直至 2007 年的最高点，恢复到 1992 年 0.142 的水平；之后一直处于下降通道中，2010 年由于积累率的急剧上升，有一个短暂的回升，但总体上处于下降趋势。从一般利润率的趋势来看，1992~1998 年间，一般利润率处于平稳但有稍许上升的趋势中，2000 年左右，利润率急剧上升，从 1999 年的 0.204 上升到 2000年达到历史最高点 0.335，比 1992 年的 0.168 的水平增长了一倍多；从2000 年一直到 2013 年，一般利润率处于下降通道中，2014 年后有稍许回升，但在最低位运行。从积累率的趋势来看，1992~1998 年积累率处于下降通道中，1999~2004 年处于上升通道中，这段时间的积累率与经济增长率的变化保持一致；从 2004~2008 年，积累率大幅下滑，但 2009 年积累率急剧上升，并一直保持在高位运行。

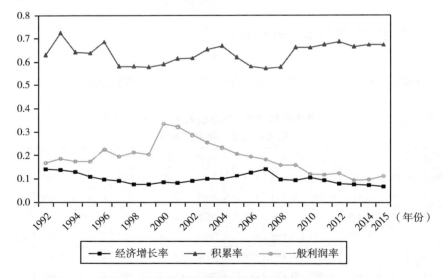

图 7-2　积累率、利润率和经济增长率变化趋势（1992~2015 年）

由以上图表可以得到的经验规律是：一般利润率的长期运动决定各指标的长期趋势，而各种外部因素决定各指标的短期波动状态。1992~1999年我国的一般利润率水平平稳有增，经济增长下降的主要原因是积累率的下降，从 1993 年的 0.751 下降到 1999 年的 0.605 的历史最低水平。1999

年之后积累率和一般利润率的同时上涨是启动我国经济增长加速主要原因，2000～2004年我国一般利润率高位运行、积累率稳步上升，但一般利润率在2000年达到最高点后开始持续下降，最终导致积累率下降，经济增长率的惯性速度持续到2007年，① 2008年遭遇次贷危机引发的国际金融危机，经济增长速度急剧下降。就短期因素而言，1997年东南亚金融危机是我国积累率和一般利润率同时大幅下降的主要原因，而1998年启动的住房市场改革和1999年启动的国有企业改革是一般利润率大幅上升、积累率稳步上涨的主要原因。从2001年开始我国利润率的长期下降趋势是由于加入WTO后导致我国资本有机构成大幅提高的结果。图7-3显示了我国1992～2015年资本有机构成和剩余价值率的变化情况，从图中可以明显地看出，1992～2000年我国的资本有机构成总体上呈下降趋势，而从2001年开始直到2013年，资本有机构成急剧提高，2001年资本有机构成为1.8799，

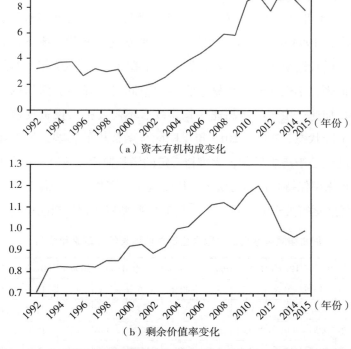

（a）资本有机构成变化

（b）剩余价值率变化

图7-3　我国的资本有机构成和剩余价值率的变化（1992～2015年）

---

① 2005～2007年外部经济部门的迅速发展是推动经济增长加速的主要原因。

2013 年达到 9.4661 的最高点；1992～2011 年剩余价值率也处于上升通道，从 1992 年的 0.7040 的最低点上升到 2011 年的 1.2000 的最高点，之后呈下降趋势，2014 年开始回升。虽然 2001～2011 年我国的剩余价值率和资本有机构成都迅速提高，但剩余价值率的增长幅度远远小于资本有机构成的增长幅度，因而一般利润率水平大幅度下降。由此可以得出的结论是：当前我国经济增长减速的主要原因在于 2001 年以来资本有机构成的迅速提高导致的一般利润率下降。

图 7-2 中显示出两种背离趋势：一是 2005～2007 年间我国的积累率和利润率同时处于下降通道中，而经济增长率却处于上升趋势中；二是 2009～2015 年我国积累率处于高位运行状态，而一般利润率却处于低位运行的下降通道中。这两种背离源于我国社会主义市场经济的特殊性，即政府作为投资主体对经济增长的逆向调节以及对外经济部门的扩张。2005～2007 年我国经济增速提高的主要原因在于对外经济部门迅速发展的推动作用，由表 7-3 可以看出，改革开放以来，我国对外经济部门有两次大规模扩张，一次是 1994～1998 年，对外经济扩张成为缓解积累率下降和投资剧减从而拉低增长速度的重要因素；第二次是在 2005～2007 年，对外经济部门的再次扩张，不仅缓解了积累率和利润率同时下降的负面作用，而且推动经济增长加速。由于经济高速增长，政府不需要扩大投资规模，因而积累率处于下降状态。2009～2015 年受国际金融危机的影响，加上我国的一般利润率已经处于历史低位，为维持一定的增长速度，政府进行大规模的投资，因而积累率保持高位运行状态，从而呈现出高积累率和低利润率并存的趋势，即经济运行处于 C 区间，这一区间的典型特征就是产能过剩严重。

表 7-3　　　　　货物和服务净出口对国内生产总值增长的贡献率和拉动　　　　单位：%

指标	1992年	1993年	1994年	1995年	1996年	1997年	1998年	1999年	2000年	2001年	2002年	2003年
贡献率	-9.1	-13.1	30.9	7.2	3.8	42.6	6.6	-9.8	-0.5	-13.0	4.6	-5.4
拉动	-1.3	-1.8	4	0.8	0.4	3.9	0.4	-0.7	0	-1.1	0.4	-0.6

指标	2004年	2005年	2006年	2007年	2008年	2009年	2010年	2011年	2012年	2013年	2014年	2015年
贡献率	-4.2	12.5	15.1	10.6	2.6	-42.6	-11.2	-8.1	1.7	-2.3	4.3	-2.5
拉动点	-0.4	1.4	1.9	1.5	0.3	-4.0	-1.3	-0.8	0.2	-0.1	0.3	-0.1

资料来源：国家统计局网站。

7.4　基本判断

积累率、利润率都是"部分自动变量",其运动趋势取决于内生机制和外部因素的共同作用。积累率在短期内受利润率影响,利润率高更容易吸引企业增加投资,从而提高积累率,但积累率更大程度上受制于一个社会既有的结构性因素,社会剩余的分配和使用方式对积累率有决定性影响。同样地,利润率既受长期趋势的制约,也反映短期周期性因素的作用。上述经验研究表明,在我国工业化和市场经济的发展进程中,一般利润率提高是各种外部因素的结果,"对内改革、对外开放"的生产关系调整导致利润率上升,而一般利润率下降则是经济增长和生产力发展内在的趋势的结果。[①] 经济发展自身创造出正反面的两种力量和趋势,资本有机构成提高标志着社会生产力的发展,但同时正是由于资本有机构成的提高,导致一般利润率下降,从而影响积累的速度,使生产力发展速度下降。近年来我国经济发展的历程证实了马克思的论断,从市场经济的共性特征表明了马克思主义政治经济学的科学性和预见能力,从而使我们能够基于科学的理论和经验研究结论对我国宏观经济形势的发展做出判断。

1. 当前我国宏观经济处于"高积累率、低利润率"的总体态势

2008 年国际金融危机以来,我国的积累率不降反升,达到 0.7 左右的高水平,2010～2014 年都处于 0.7 以上,这说明我国社会剩余大约 70% 的部分被用于生产性积累。同期,我国的一般利润率水平处于 0.09～0.12 之间的低区间,资金的盈利能力处于 1992 年以来的最低水平。这种高积累率、低利润率的总体态势的主要原因在于,为应对国际金融危机对我国外部需求的影响以及经济增长减速,政府投资得到巨额增长,图 7 - 4 显示了 2000～2014 年我国政府部门非消费性支出(国家财政支出—政府消费)占

---

　　① 曼德尔提出的"不对称"的利润率决定机制对于我国 2001～2011 年的经济运行适用,即资本有机构成的提高导致一般利润率有长期下降的趋势,而利润率上升则取决于经济以外的各种因素。

GDP 的比例，从图中可以看出，2009 年以后我国政府的非消费性支出比例的显著上涨，很显然，这与我国政府的逆经济周期调节有关。高积累率、低利润率的总体态势也是我国经济在 2005～2007 年过分依赖对外经济部门扩张的结果，外部需求的扩张带动了投资的急速增长，而一旦外部需求缩减，已经投资形成的固定资本和相应的生产能力，就会变成过剩产能。过剩产能的转化受资本专用性的制约，具有黏性，需要相当长的时间进行消化和吸收。

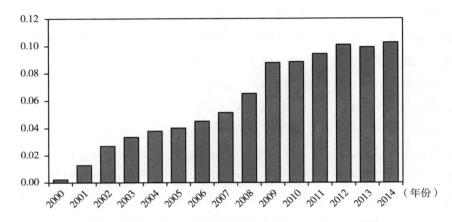

图 7－4　我国政府部门非消费支出占 GDP 的比例（2000～2014 年）
资料来源：国家统计局网站。

2. 我国宏观经济的主要矛盾是有效需求不足与有效供给不足并存，而不是相对生产过剩

有效需求不足是一种由需求侧决定的总产出水平不能使生产能力达到合理水平的状态，表现为产能过剩；有效供给不足是由供给侧决定的产出水平不能满足社会需求能力，表现为需求溢出。前者主要是我国的传统产业，特别是 2005～2007 年我国对外经济扩张时期积累了大量产能的产业；后者则主要包括带有关键性技术的产业、高质量的消费品行业等。有效需求不足和有效供给不足是由需求侧和供给测的"短边规则"决定的，即当需求小于供给时，需求侧决定总产出水平，当需求大于供给时，供给侧决定总产出水平。之所以出现这种有效需求不足和有效供给不足的结构性问题，是因为我国的产业升级速度没有赶上经济发展的速度，产业链处于国

际分工的底端。表 7-4 显示了我国进出口商品的技术结构，从表中可以看出，我国进口商品的技术含量远大于出口商品的技术含量，2001 年、2012 年我国高技术商品占总进口的比例分别为 17.47 和 15.79，而出口的高技术商品仅为 4.56% 和 5.55%。化解有效需求不足和有效供给不足的矛盾，关键不在于传统的凯恩斯主义需求侧管理，而在于通过供给侧的结构升级来解决"两个不足"的矛盾，这可以说是我国经济实践对宏观经济学的一个重要的理论贡献，是中国特色社会主义政治经济学的最重要的理论成果之一。

表 7-4 我国进出口商品的技术结构 单位：%

商品分类		低技术商品	中低技术商品	中等技术商品	中高技术商品	高技术商品
进口	2001 年	2.22	16.68	21.08	42.55	17.47
	2012 年	2.55	27.55	18.19	35.93	15.79
出口	2001 年	15.00	26.02	29.37	25.05	4.56
	2012 年	8.74	25.48	32.24	27.99	5.55

资料来源：魏浩、李晓庆. 中国进出口贸易的技术结构及其影响因素研究 [J]. 世界经济，2015（8）.

3. 我国已经完成第二产业资本有机构成迅速提高的阶段，一般利润率水平有望企稳回升

2001～2011 年是我国第二产业规模迅速扩张、资本有机构成急剧上升的时期，目前这一阶段基本上已经完成，下一个阶段将主要集中于质量和效益的提升，而不在于规模和结构的变化。主要判断标准有三个。第一，我国的一般利润率水平在底部运行并有向上的趋势，我国目前的一般利润率已经到达了底部，如果考虑贷款利率和通货膨胀率，我国资金利用成本与资金收益率的距离已经很小了。第二，从 2015 年开始，我国第三产业在国民经济中的占比已经超过 50%，2016 年该比例增加到 51.4%，第三产业相对于第二产业的扩张，有降低资本有机构成的趋势。第三，自 2011 年以来，我国已逐步启动新一轮的改革开放措施，并将"创新驱动发展战略"定为国策，推进制度创新和技术创新必将有利于提高整个社会的一般利润率水平。改革开放 40 多年以来，一个重要的经验规律是：每一次市场化改革，每开放一个领域，该领域就会产生高利润率，并推动该行业的资

本积累，改革开放是推动我国经济发展的核心引擎。2001～2011年是我国经济发展的一个重要阶段，该阶段奠定了我国实体经济发展的基础，使我国成为"世界工厂"，为我国进行更全面深入的制度创新和技术创新提供了坚实的平台。未来政策的着力点不在于规模，而在于供给侧的创新引领，在于激活资本利润驱动机制。

4. 由于我国实体经济的一般利润率水平在底部运行，社会资金大量进入虚拟经济领域，造成虚拟经济规模膨胀、经济运行风险增大

实体经济的低利润率是造成虚拟经济繁荣的主要原因。社会资本在实体经济领域达不到应有的利润率水平，就会向虚拟经济转移，虚拟经济的利润是靠虚拟资本对可变资本和社会剩余的占有而获得的，这种利润获取方式是非生产性的，它只是社会财富的一种再分配机制，不会引起国民财富的增加。虚拟经济繁荣的根源在于实体经济。通俗地讲，我们处于"微利"时代，实体经济赚不到钱，大量社会资金去炒作虚拟资产，导致虚拟资产价格上涨并出现泡沫化现象。我国虚拟经济风险总体上可控，受到普遍关注的房地产业兼具实体经济和虚拟经济的双重属性，需要分类调控。人们的住房需求以及通过住房的供给而带动的建筑业等相关行业的发展，都属于实体经济的范围，而房地产在现代经济中又是一种可作为投资的资产，在房地产价格上涨的预期下，作为投资工具的房地产，其价格会进一步加剧上涨。从实体经济的角度来看，我国城镇化的发展以及人口向城镇的集中，是造成房价上涨的基本原因，而近年来房价过快上涨的主要原因在于社会资本和投机资金向房地产市场的转移，是房地产"脱实向虚"的结果。因此，我国楼市调控政策的主要方向是抑制房地产的虚拟成分，恢复房地产的实体经济职能，使其发展趋势与我国实体经济需要相适应。

7.5　我国宏观经济政策的理论逻辑

1. 经济新常态是我国宏观经济政策的基本依据

经济新常态包括三个方面的内容，具体为中高速经济增长，经济结构升级，创新驱动的发展方式。其中，中高速经济增长是维持经济社会稳定、推进结构调整和动力转向的条件，而产业升级和创造发展新动力则是宏观经济政策的主要目标，是推进供给侧改革的方向，二者之间体现了"稳"和"进"的辩证关系。保持经济中高速增长，需要从积累率和利润率两方面着手：第一，引导民间投资预期，通过财税政策和金融政策降低企业成本，促进民间投资的增长；第二，继续保持政府投资的比例，加大基础设施建设投资，进一步增大人力资本投资和创新投资规模和范围，为创新驱动发展战略的实施提供良好的物质和智力条件；第三，创造新的利润增长点，为投资增长提供利润空间，其中最为重要的三个方向是产业创新、产业转移和农业现代化；第四，推动过剩资本向国外转移，加大对外投资规模，与发达国家进行技术合作，对低积累率、高利润率的发展中国家进行直接投资，扩展利润空间。

2. 推进供给侧结构性改革是宏观经济政策的主要方向

我国宏观经济的主要矛盾表现为有效需求不足和有效供给不足共存的结构性问题，矛盾的主要方面在于供给侧，在于有效供给的牵引作用没有得到快速提升、没有跟上经济发展的速度，推进产业升级和经济增长动力转换，推动社会生产力水平整体改善和总体跃升，是供给侧结构性改革的主要目标。有效需求不足会形成产能过剩，通过有效供给的实现，将一部分落后产能和僵尸企业淘汰，一部分产能进行升级改造，一部分产能转移为创新资源，比通过财政政策和货币政策的刺激，更能有效地化解有效需求不足问题。事实证明，当前我国宏观经济不适宜运用扩张性货币政策进行强刺激，因为在实体经济低利润率水平下，增加货币供给量，社会资金难以进入实体经济领域，反而会刺激虚拟经济的膨胀以及物价水平的过快上涨，不仅对于拉动经济增长起不到实质性作用，而且会加大经济不稳定的风险。

3. 制度创新和技术创新是驱动我国经济发展的关键着力点

根据实证分析结论可知，我国经济运行处于"高积累率、低利润率"的总体态势，即经济运行的 C 区间，这并不意味着将来我国经济会进入

"低积累率、低利润率"的 D 区间。原因在于：第一，我国的社会主义市场经济模式决定了我国社会剩余中的较高比例要服务于经济发展、服务于人民生活水平的提高，解放和发展生产力始终是我国社会主义初级阶段的主要任务；第二，我国仍然处于发展中国家的历史阶段，通过改革开放等生产关系的适应性调整以及通过将社会剩余更多地用于支撑科技创新，在制度和技术两个方面仍然存在众多高利润增长点，因而能够引领我国经济增长从 C 区间反向跃升到 B 区间，即"高积累率、高利润率"的经济运行状态。我国社会主义市场经济体制的制度优越性以及我国技术水平与发达国家技术前沿的差距，预示着未来我国经济在相当长的时期内能够保持较高的增长速度。发挥制度创新和技术创新两大引擎的作用，通过制度创新和技术创新引领较高的一般利润率水平，是我国经济发展的关键着力点。

4. 处理好实体经济与虚拟经济的关系是确保经济平稳健康发展的重要方面

当代资本主义的一个重要的发展趋势是经济金融化或虚拟化，实体经济的利润以利息的形式向金融循环转移，导致利润转化为投资的比例即积累率下降。[①] 虚拟经济的膨胀与实体经济的去工业化相伴而生，通过虚拟经济获取高额利润是对实体经济超低利润率的一种补偿，实体经济越是无利可图，资本就越是涌向虚拟经济。因此，二者之间的关系异化了，虚拟经济本来是产生于并服务于实体经济发展的，现在虚拟经济却凌驾于实体经济之上，成为一种独立的力量，试图操纵实体经济，于是，作为这种力量内在矛盾的表现形式的资本主义经济危机就主要体现为货币金融危机。就我国而言，社会主义市场经济模式是实体经济占绝对主导地位的，政府也不允许虚拟经济的过分膨胀，进而发展到损害实体经济的程度，虽然我国实体经济的利润率水平处于历史低点，但是我国的虚拟经济的规模并不大，市场经济的发展程度还远没有达到西方的那种阶段，2015 年的股灾并没有对实体经济造成重大影响。我国房地产市场的发展与经济增长关联性较强，但这种发展并不是完全虚拟化的，一方面我国城镇化发展所形成的

---

① 埃尔多干·巴基尔，艾尔·坎贝尔. 新自由主义、利润率和积累率［J］. 国外理论动态，2011（2）.

人口集中提供了房地产发展的需求基础，另一方面在这个基础上的房价上涨客观刺激了房地产作为投资工具的虚拟化，特别是，受价格预期的影响，虚拟化程度可能会加剧。因此，当前的高房价既有实体经济发展的原因，也有较多虚拟经济的成分，楼市调控的关键在于满足正常的住房需求，防止房地产虚拟化膨胀，合理控制虚拟经济规模，建立资本市场服务于实体经济发展的长效机制。让房地产回归其实体经济本性，即贯彻"房子是用来住的、不是用来炒的"的定位，是我国宏观调控在处理实体经济和虚拟经济关系方面的主要依据。

7.6 结论及政策含义

我国宏观经济运行态势可以用经济增长率、积累率和一般利润率进行刻画，本章通过马克思增长模型揭示了经济新常态、供给侧结构性改革、振兴制造业、防范金融风险等宏观经济政策之间的内在联系。当前我国经济增长减速是我国生产力发展的必然结果，是资本有机构成提高导致一般利润率水平下降的内在趋势所决定的，这预示我国经济运行进入新的阶段调整时期，即从规模迅速扩张、资本有机构成迅速提高的阶段过渡到经济运行质量提高、产业向中高端跃迁的阶段。研究结论与马克思关于资本有机构成提高导致一般利润率下降的规律相吻合，但体现出若干不同的特征。

第一，我国资本积累的规模扩张与资本有机构成的提高是同时进行的，没有出现西方资本主义发展过程中相对过剩人口和产业后备军大量增加的趋势。这体现了我国基本经济制度和社会主义市场经济体制的优越性。我国经济发展呈现出从三元结构向一元结构演进的过程，[①] 首先是在农村和城市之间产生乡镇企业，形成农业部门、农村工业部门、城市工业部门三分天下的局面，接着城市工业部门迅速扩张，农业人口向城镇迁移，形成数量巨大的"农民工"群体。农民工在农村拥有集体土地所有

---

① 李克强. 论我国经济的三元结构 [J]. 中国社会科学，1991（3）.

权，为其在城市就业提供了基本保障。随着二元结构向一元结构的转化，农民工的工资水平逐渐提升，农民工市民化成为经济发展的内在要求，创造性地解决农民工市民化问题将为我国经济发展阶段提升创造有利条件。在这种阶段转化的过程中，我国资本积累的扩张速度所带来的对就业人口的巨大需求抵消了资本有机构成迅速提高对就业增长的消减作用，从而高效地完成了工业发展的扩张进程。

第二，我国宏观经济运行没有出现相对生产过剩的经济危机。原因在于我国社会主义市场经济模式要求国有经济在战略性行业和关键领域保持控制权，要求发挥国有经济的主导作用，从而保证了国家应对宏观经济态势的主动权。"更好发挥政府作用"不仅仅意味着政府弥补"市场失灵"，更重要的是政府对经济运行方向的宏观把握，使市场经济服务于社会主义经济建设。市场的决定性作用与更好发挥政府作用并不矛盾，市场和政府的边界是随着经济发展不同阶段而改变。事实证明，我国社会主义市场经济的"机制设计"使我国宏观经济运行方式显著地不同于西方资本主义发展模式，我国所面临的有效需求不足和有效供给的矛盾，并不是相对生产过剩的危机状态，而是经济发展向更高阶段跃迁的一种新常态，是生产力发展达到一定水平的表现，是新动力积蓄和新发展模式的基础与前提条件。

第三，我国经济不会进入低积累率、低利润率的状态。我国社会主义市场经济发展模式的制度优越性，体现在主动地进行制度创新和科技创新，避免经济发展进入"低积累率、低利润率"的停滞状态。制度创新是指通过"对内改革、对外开放"来调整生产关系使其适应生产力发展的要求；科技创新是指将社会剩余更多地用于支撑创新发展使其成为经济增长的动力。制度创新和科技创新都是打破经济均衡、使经济运行具有更高利润率的手段，更高的一般利润率水平将带动更高的资本积累和社会财富增长。当前我国经济表现出的趋势，例如第三产业在 GDP 中的占比超过50%，对外投资超过国内利用外资，"互联网＋"模式的迅速发展，城镇化水平与发达国家还有较大差距，技术水平与发达国家技术前沿的距离仍然较大等，都表明我国经济发展仍然有较大利润率提升空间和经济增长潜力，因而不会从 C 区间进入 D 区间。

我国经济增速下滑是经济发展的阶段性特征,是阶段更替的正常现象。在经济新常态背景下,既不能持"唱衰论"的悲观主义观点,也不能盲目乐观,而应该秉持积极的态度,把握"稳中有进"的工作总基调,扎实推进供给侧结构性改革,为新的经济增长阶段创造有利条件。应该做到以下四点。一是调整社会剩余的使用方向,将剩余更多地向人力资本投资、创新环境建设和创新创业投资等方面倾斜,引导资本逐利行为,为创新驱动发展创造有利环境;二是推进制造业升级,逐步实现核心技术和高端制造的进口替代,打造高质量消费品的生产平台;三是进一步拓宽各产业特别是服务业的市场改革领域,采用公益和市场相结合的方式,探索教育、医疗服务、养老服务、体育等领域的改革措施,推进产业创新、产业区域转移和农业现代化,创造更多利润空间和经济增长点;四是构建新型对外开放关系,推动中国经济向世界各地区的拓展,实现从"引进来"向"走出去"的战略转变。

第 *8* 章

就业、工资与资本积累

马克思的工资和就业理论包含着三个部分：一是劳动力价值理论，该理论认为劳动力的价值取决于补偿劳动力消耗、维持劳动力再生产的生活资料的价值；第二，劳动力价值决定着活劳动创造的总价值在劳动者和资本家之间的分割，所以在理论上需要先确定劳动力价值；第三，劳动力价值的货币表现就是工资，工资受劳动力市场供求变化而不断发生波动。在本章中，我们将介绍马克思的劳动力价值理论以及资本积累的一般规律，马克思提出的资本积累的一般规律实际上就是一个就业和工资波动的理论。科学地理解马克思的就业和工资理论，不仅有助于分析资本主义经济增长的内在趋势以及起反作用的各种因素，而且有助于理解运用社会主义的手段克服市场经济内在的两极分化趋势的历史必然性。这对于我国进一步完善社会主义市场经济体制，加快经济发展方式转变，实现共同富裕，具有重要的启示意义。

8.1 马克思的劳动力价值理论

在劳动市场上，劳动力的买卖仍然受着价值规律和供求机制的作用。确定劳动力价值的条件是劳动力的补偿和再生产，而劳动力的补偿和再生产就必须消耗一定的生活资料，因此这些生活资料的价值就决定了劳动力的价值。为什么工人的劳动力的价值不能够超出这个界限而得到更高的水平呢？在资本关系的条件下，资本家雇佣劳动力的目的是尽可能多地获取剩余价值，工人对于资本处于从属地位，在市场上尽管工人具有选择哪个资本家的自由，但是他没有选择资本雇佣劳动关系的自由，在生产中工人只是作为资本的一部分（可变资本）而发挥生产能力的，因而工人的劳动力价值在资本关系条件下就必然地有一个无形的界限，低于这个界限就会影响资本的再生产，高于这个界限就会影响资本积累。

既然劳动力的价值取决于补偿劳动消耗和维持劳动力再生产的生活资料的价值，那么这些生活资料本身的数量和质量的变化以及它们的价值的变化就会影响劳动力价值的大小。马克思认为，"劳动力价值是由平均工人通常必要的生产资料价值决定的"，这些生活资料在一定社会的一定时代，可以大致看作一个不变的量，变化的主要是其价值。① 马克思把补偿劳动消耗、维持劳动力再生产的生活资料的必要的量看作是历史的产物，它取决于特定环境和历史条件下的习惯及生活需要，包含着一个历史和道德的因素，这些生活资料在功能上，一方面要补偿在劳动过程中的体力和脑力消耗，另一方面还要为工人子女提供生存和发展条件，另外还要能够满足工人的教育和培训等费用。

劳动力的市场价格是受劳动力价值所决定的，但是其市场价格受到供求关系的影响而不断发生波动。影响供求关系的因素很多，其中关键性的因素是资本积累的规模和速度以及伴随资本积累而来的资本有机构成的变化。由此，马克思在论证资本积累的一般趋势规律的时候，构建了工资水平和就业规模随着资本积累的动态而不断发生波动的理论模型，这个模型马克思主要用来论证在资本积累过程中两极分化和排斥性增长趋势的。

马克思的工资决定理论，虽然在结论上与古典经济学家们大多认同的"工资铁律"颇为一致，但实质上有很大的不同。所谓"工资铁律"是指在长期中的实际工资处于维持工人所需的最低水平。该定律在李嘉图、马尔萨斯等古典经济学家那里，都能够找到类似的表述，据说是和马克思同时代的拉萨尔命名的。马克思没有将劳动力的供给增加诉诸人口的增

---

① 马克思. 资本论［M］. 北京：人民出版社，2018：593.

长，也没有把人口的增长归因于工人实际工资的增加，它否定了劳动需求增加导致实际工资增长，实际工资增长促使人口增长，进而劳动供给增加，实际工资下降。而是认为，在资本有机构成不变的情况下，资本积累速度的增加导致对劳动的需求增长，工人的实际工资提高，剩余价值降低，从而会影响资本积累，随着工资上涨对资本积累的影响日益增加，资本积累的速度就会下降，从而对劳动需求减少，工资向劳动力价值回归；在资本积累过程中，资本有机构成会不断提高，从而对劳动力的需求会相对减少，甚至绝对减少，于是就会将一部分劳动力排斥出来，形成相对过剩人口，这部分过剩人口对于劳动市场而言相当于"蓄水池"，马克思称之为"产业后备军"，由于产业后备军的存在，资本积累速度的增减并不能导致工资变化，而只是导致一部分劳动力随着资本积累的节奏而不断地吸引或排斥。

8.2 马克思的就业和工资模型

《资本论》第一卷的落脚点在于"资本主义积累的一般规律"；其对象是"研究资本的增长对工人阶级命运产生的影响"。[①] 在这一卷里，马克思构建了资本主义经济的"排斥性增长"模型，即随着资本积累的不断增长，资本主义制度必然会产生两极分化，经济增长与公平分配之间内在地具有排斥性。

在马克思看来，资本主义的历史使命不是消费的扩大或者社会福利的增长，而是"为积累而积累，为生产而生产"。因此，虽然古典经济学正确地把握住了这个方面，但是在资本积累与劳动人口和工资率之间的关系上，却由于习惯性地"近视"或者阶级利益上狭隘的辩护性质而犯了"倒果为因"的错误：不是人口的绝对或相对变动引起资本的短缺或者过剩，而是资本积累的运动从根本上制约着劳动人口和工资率的变动。[②] 在资本

---

① 马克思. 资本论（第一卷）［M］. 北京：人民出版社，1975：672.
② 这是亚当·斯密《国民财富的性质和原因的研究》一书中的基本观点。

主义的经济体系中，资本积累、劳动人口和工资率之间存在着一种负反馈的内在机制，使各变量变动的界限保持在不侵犯资本主义制度的基础并且能够不断扩大再生产的前提之上。

马克思对这种机制的分析分为两个步骤，涉及资本积累量（或速度）（ΔM）、资本有机构成（K）、工资率（W）、劳动人口（L）、过度劳动程度（P）、生存工资（$\overline{W}$）、人口自然增长率（n）等变量。根据资本积累的不同特征，可以划分为（单纯量的）积累速度增加、资本有机构成提高以及二者的结合。

1. 假定资本有机构成不变，劳动人口、资本积累、工资率之间的关系

资本有机构成不变，劳动生产力不变，随着资本积累量（或速度）的增加，对劳动人口的需求也会不断增加。在人口（劳动人口）自然增长率既定的情况下，随着资本积累对劳动力需求的增长，"迟早必然会出现这样的时候：积累的需要开始超过通常的劳动供给，于是工资提高"。马克思认为，工资的提高虽然不像马尔萨斯所断言的那样，只要给予工人稍微好的生活条件，就会以几何级数增进工人的繁殖，但马克思也认为，工资的提高"多少有利于雇佣工人的维持和繁殖"，① 尽管这丝毫没有改变资本主义生产的基本性质。用数学关系表示，劳动力的需求取决于资本积累量（或速度），劳动力的供给取决于人口自然增长率，即：

$$L_D = f(\Delta M, W) , \quad L_S = f(n, W) ,$$

$$\frac{\partial L_D}{\partial \Delta M} > 0 , \quad \frac{\partial L_D}{\partial W} < 0 , \quad \frac{\partial L_S}{\partial W} > 0$$

在图 8 – 1 中，随着资本积累的增长，劳动需求曲线由 L_D 移至 L'_D，均衡条件下劳动人口的数量从 L_1 增加到 L_2，工资率从 W_1 增加到 W_2。随着工资率和工资量的不断提高，到一定界限，积累将会受到劳动价格不断提高的反击，因为可变资本与剩余价值进而与剩余价值的资本化程度呈反比例

---

① 有利于降低婴儿死亡率。马克思似乎也赞同斯密的话："贫困似乎会促进繁殖"。但是，同时马克思也痛苦地调侃说，工人类似于动物界，死亡率越高，其繁殖力就越强。显然，在把人本身贬低为生产工具的资本主义制度下，特别是马克思所生活的时代，由于贫困，婴儿出生率和死亡率都相当高。参见：马克思. 资本论（第一卷）［M］. 北京：人民出版社，1975：673.

关系，劳动价格的不断提高迟早要威胁到资本积累的动力，使积累减少，即$\dfrac{\partial \Delta M}{\partial W}<0$，从而导致工资率下降。显然，这里的积累量是自变量，工资量是因变量，资本积累的绝对运动反映成为可供剥削的劳动力数量的相对运动，而不是相反。①

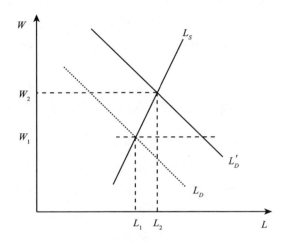

图 8-1 资本积累对劳动力人口和工资率的影响

2. 在函数关系中引入资本有机构成和过度劳动程度两个变量

资本积累最强有力的杠杆是社会劳动生产力的提高，在实物关系上表现为单位劳动力推动生产资料数量不断增长，在价值构成关系上表现为资本有机构成不断提高。在资本主义条件下，竞争作为外在的强制规律支配着每一个资本家，资本具有提高劳动生产率进而提高资本有机构成的外在压力和内在冲动，这是不以单个资本家的主观意志为转移的。在马克思的模型中，资本积累对劳动人口存在两种相反的运动关系：一方面，资本积累增加对劳动人口的需求，但增加的幅度随着资本有机构成不断提高而不断降低；另一方面，资本积累与资本有机构成提高相互促进，从而使周期性地再生产出来的旧资本越来越排斥它以前所雇佣的工人，而且这种排斥还要受到受雇工人过度劳动程度不断提高（延长劳动时间、提高劳动强

---

① 马克思. 资本论（第一卷）［M］. 北京：人民出版社，1975：680.

度）的进一步强化，从而使就业人数减少的比例大于可变资本相对量随资本有机构成提高而减少的比例。

马克思认为，在资本主义发展的初期，资本有机构成提高比较慢，资本积累对劳动人口的吸引力占主导地位，资本积累主要表现为资本主义统治范围的不断扩张。在资本主义越过这个阶段之后，随着资本有机构成的提高，资本对劳动的排斥力将逐渐占据主导地位，这时资本积累会以越来越快的速度排斥工人，从而以日益扩大的规模使工人自身成为相对过剩人口。相对过剩人口不仅为资本主义经济周期性地扩张或停滞提供了可供雇用的劳动后备军，而且由于相对过剩人口的存在，工人之间进行激烈的生存竞争，资本家将工资压低或维持在工人的"生存工资"水平上。用数学关系可表示为：

$$L_D = f(\Delta M, W, K, p) , \frac{\partial L_D}{\partial \Delta M} > 0 , \frac{\partial L_D}{\partial W} < 0 , \frac{\partial L_D}{\partial K} < 0 , \frac{\partial L_D}{\partial p} < 0 ;$$

$$L_S = f(n, \bar{W}, W) , \frac{\partial L_S}{\partial W} > 0$$

在图 8-2 中，劳动需求曲线受资本积累量（或速度）、资本有机构成、过度劳动程度的影响，随着经济的周期性波动而向左或者向右运动，运动的范围被限制在工人只能接受生存工资 $\bar{W}$ 的那一段劳动供给曲线上：在经济繁荣时期，资本加速积累，劳动需求曲线迅速向右运动，对劳动人口的需求随之增长并向 L_3 靠近，引起工资率上升，这时资本家就会采取节约劳动的技术改进，通过提高资本有机构成和过度劳动程度来消减劳动支出，使劳动需求曲线再次向左运动，工资回复到生存工资的水平上；在经济萧条时期，资本规模减小或者积累速度减低，劳动需求曲线会进一步向左移动，相对过剩人口进一步增加，在巨大的生存压力和激烈的生存竞争中，工人的工资甚至会降低到生存工资水平之下。故而，马克思指出："产业后备军在停滞和中等繁荣时期加压力于现役劳动军，在生产过剩和亢进时期又抑制现役劳动军的要求。所以，相对过剩人口是劳动供求规律借以运动的背景。它把这个规律的作用范围限制在绝对符合资本的剥削欲和统治欲的界限之内。"[①]

---

① 马克思. 资本论（第一卷）[M]. 北京：人民出版社，1975：701.

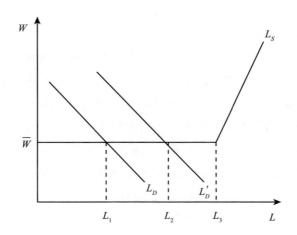

图 8 - 2　资本积累与相对过剩人口

这个模型表明：在资本主义制度下，社会财富的增长同财富的创造者对财富的占有之间存在着一种不断扩大的对抗性趋势，工人创造的社会财富越多，工人对社会财富的占有就越少，执行职能的资本规模越大、增长越快，工人的绝对数量和劳动后备军就越多，工人就越贫困。① 这个"二律背反"是资本主义基本矛盾的必然产物，是生产力和生产关系的矛盾运动在资本主义条件下的特殊表现，马克思称之为"资本主义积累的绝对的、一般的规律"。同现代经济学不断教条式的重复并用复杂的数学模型证明了的斯密"看不见的手"原理相比，马克思的积累趋势理论是另一种"看不见的手"，这只"看不见的手"（负反馈机制）不是使私人利益同社会利益相协调，而是使私人利益同社会利益相对抗、相冲突。这种矛盾归根到底表现为工人自己的有酬劳动和无酬劳动之间的关系、工人对自身的关系，所以它是异化劳动在资本主义条件下的表现形式。由此，《资本论》最终又回到了《1844 年经济学哲学手稿》中的核心概念，只不过在这里以政治经济学批判和实证研究的方式阐释了"异化"这个抽象的哲学概念。

---

　　① 指的是相对贫困。

8.3　起反作用的各种因素

如果说资本积累的一般规律表现为一种内在的、必然的趋势的话，那么这个规律在现实中的作用方式和作用条件也会受到各种反作用力量的制约，从而使规律以不完全、不纯粹的方式表现出来。由于马克思生活的时代，正是这一规律肆无忌惮地发挥作用的时代，劳动工人的生活状况不堪入目，资本对劳动的剥削令人发指，所以马克思有意识地忽略了"起反作用的各种因素"。他仅仅指出："像其他规律一样，这个规律在实现中由于各种各样的情况而有所变化。"①　随着资本主义从自由竞争时代经过垄断和国家垄断资本主义阶段逐步发展到国际垄断资本主义阶段，资本主义体系同时也产生了各种对排斥性增长和两极分化的抑制手段，通过这些反作用机制，在一定程度上节制了市场力量的盲目性作用，将排斥性增长限制在能够维持资本主义经济制度和社会秩序的界限之内——排斥性增长对资本主义造成的伤害越大，反作用机制的干预和矫正力量就越强。

1. 工人的斗争

资本主义制度对生产力发展的作用具有两重性，一方面它能够极大地推动技术进步和劳动生产力提高，促使单位时间内生产的使用价值量及可消耗的生产资料和生活资料不断增长；另一方面是使收入分配差距不断拉大、社会矛盾不断积累。马克思不否认市场经济在物质财富创造方面的巨大推动作用，但是马克思更为关注的是，资本主义在推动生产力进步的同时，也必将造成生产力发展的障碍，形成自身对自身的对抗性关系。这种对抗性及其缓解不仅表现在资本主义每隔一定时间都不可避免地发生生产过剩的周期性危机中，而且表现在工人阶级对资产阶级的持续不断的斗争中。资本主义无法克服其与生俱来的痼疾，危机和斗争像幽灵一样伴随资本主义发展的整个历史过程，每一次危机和每一次斗争都产生新的对抗痼

---

① 马克思. 资本论（第一卷）［M］. 北京：人民出版社，1975：680.

疾的手段，但与此同时解决问题的手段又不断造成新的危机和新的斗争，从而使资本主义内在矛盾不断加深。工人阶级从自在到自为的斗争迫使资本主义制度不断改良，维持了资本主义发展的可持续性。虽然这些改良不改变资本主义的基本性质，但是它表明在资本主义的范围内已经开始孕育社会主义的因素，开始在内部扬弃自己。例如，欧洲一些福利国家的基尼系数仅相当于我国改革开放前的水平，福利水平很高，但是这不能说明它是社会主义国家；现代资本主义所有制结构越来越社会化，企业和公司的大部分股份为社会公众所持有，由于资本积累的性质和劳动力成为商品的基本特征没有改变，这种改良也只不过是在资本主义范围内对资本所有制有限度的扬弃。

2. 国家干预

在资本主义体系中，国家对经济社会生活的干预并不是主动的，在大多数情况它是一种被动的反作用机制，资本主义体系内的结构性压力会迫使资本主义国家不得不这么做。国家干预的目的是维持资本主义的经济制度和社会秩序，国家干预措施不能超越资本主义本身的界限，这决定了资本主义国家的性质以及国家干预的限度。在马克思生活的时代，资本主义发展处于自由竞争时期，国家对经济活动的干预主要表现为对劳动时间、使用童工、卫生和教育条款等方面的非常有限的立法限制——工厂法。马克思曾指出："工厂法的制定，是社会对其生产过程自发形式的第一次有意识、有计划的反作用，……是大工业的必然产物。"① 资本主义国家干预经济的另一种措施是建立社会保障体系，通过税收和国家支出的形式，使工人享有社会的最低生活保障，维持劳动后备军的存在。第二次世界大战后，资本主义国家普遍实行宏观调控措施，通过经济政策促进就业、稳定物价、调节收入分配，维持社会稳定。事实证明，并不是经济增长的自发机制使收入差距缩小，也不是"看不见的手"使市场经济内生的两极分化趋势得到控制，而是国家这支有形的手将两极分化和排斥性增长维持在社会能够容忍的范围之内。所谓的库兹涅茨倒"U"曲线，与其说它是经济

---

① 马克思．资本论（第一卷）［M］．北京：人民出版社，1975：537．

增长自发的结果，不如说它是工人斗争和国家干预的产物。需要指出的是，在社会容忍的范围内和一定条件下，国家也可能成为一种加深两极分化和推动排斥性增长的"掠夺之手"。

3. 生存工资内含的变化

马克思的排斥性增长模型揭示了资本家和工人两大阶级在社会财富占有上不断扩大的趋势，而现代经济学中的基尼系数衡量的是国民收入也就是每年新创造的国民产值在社会中的分配状况，因此不可将二者等同看待。另外还需要说明的是，工人的不断贫困化趋势主要是指工人的相对贫困，而不是工人的绝对贫困。在资本主义条件下，由于劳动生产力的改进，工人享受的生存工资的内涵在不断提高，但是这并没有从根本上改变相对贫困以及财富占有差距不断扩大的基本趋势，在一定的条件下生存工资在质和量方面甚至会绝对下降。生存工资内涵的提高本身并不是抑制两极分化的直接手段，由生存工资内涵的提高所带来的工人的人力资本（健康和教育）的提升，有利于提高工人在劳资关系中的地位，有利于提高工人的收入水平，有利于增强收入流动性和社会流动性，从而缓和排斥性增长造成的两极分化不断扩大的趋势，掌握一定技术和特种知识的工人甚至能够在一定程度上获取资本的剩余索取权。生存工资内涵的提高提升了工人对公平感的心理要求，受历史、道德的限制，工人生存状况以及工人在资本主义范围内的自由和发展程度都会相对提高，工人劳动时间在缩短，自由时间在增加。这种提高与工人本身的斗争也有莫大关系，最具有代表性的例证，[①] 如 1848～1864 年西欧无产阶级反对资产阶级的斗争，取得了 10 小时工作立法的胜利；正是因为马克思、恩格斯领导的第一国际（1864～1876 年）号召为实行 8 小时工作制而斗争，才有今天 8 小时工作制成为世界通行的规则；1889 年在第二国际成立大会上，为了纪念美国工人 1886 年 5 月 1 日的罢工以及支持美国工人在 1890 年 5 月 1 日的总罢工，大会通过了国际"五一劳动节"的决议，1909 年美国芝加哥妇女和纺织、

---

① 周尚文主编. 国际共运史事件人物录 [M]. 上海：上海人民出版社，1984：71，79，149，221.

服装工人大罢工，由此在第二届国际社会主义妇女代表大会上由克拉克·蔡特金倡议并通过了将 3 月 8 日定为国际"劳动妇女节"的决议，由此无产阶级劳动者才有了"五一劳动节"和"三八妇女节"这两个重大的节日。

4. 产业结构的变动抑制了资本有机构成的提高程度

资本主义建立在大工业这个生产力基础之上，但是资本主义的发展也在不断地扬弃大工业，否定自己的基础，使大工业在人类物质生活生产中的地位和作用不断降低，主要表现为在三次产业中农业和工业在国民生产总值中的比例不断降低，从业人口不断减少，而服务业的比例却越来越增加，于是资本主义生产的物质内涵越来越无形化、虚拟化，生产资料在社会生产中的作用越来越居于次要地位，生活资料的主体也不再表现为"生存资料"，而是表现为"享受资料"和"发展资料"。一方面在否定，另一方面却在肯定，这种对立运动为社会主义社会创造了不以人的意志为转移的生产力基础。现代资本主义产业结构变动的趋势所导致的资本有机构成的变动趋势，已经不同于马克思所处的工业化时代的变动规律，因为生产的服务化和无形化，物质生产资料在生产中作用的绝对降低，使劳动力相对于物质的生产资料的比例反而更加提高，后工业社会的服务业生产将是用越来越少的生产资料推动越来越多的劳动力，劳动越来越不再表现为一种被迫的、奴役的形式，而是表现为创造性的、精神性的、艺术性和享受性的形式，劳动从一种"痛苦"变成人的内在需要，这时新的劳动组织形式、新的生产方式将代替旧的劳动方式和生产方式。从一般趋势来看，现代资本主义产业结构变迁，服务业逐渐占据主导地位，它既表明资本主义在发展，也表明资本主义在消亡，发育生长的过程同时也是不断趋向死亡的过程，既然资本主义经历了其产生的历史必然性，那么现在它也将不得不经历对自身进行否定和消亡的历史必然性。产业结构的变迁必将使资本积累的一般规律"异化"，使机器排斥工人变为工人排斥机器，从而使资本主义的"排斥性增长"越来越趋向于社会主义的"包容性增长"。

5. 全球化及发达资本主义国家对不发达国家的剥削

所谓全球化不过是资本主义生产方式全球扩张所引起的一系列变化，

它使剩余价值的占有和实现超越国界、种族和区域，极大地扩展了资本积累的广度和深度。全球化使发达资本主义处于世界资本积累的中心，而广大的欠发达国家则处于依附地位，这种"中心—外围"的依附结构导致依附国的剩余价值和剩余产品不断向中心国家转移，使中心国家的工人变相地剥削了外围国家的工人，从而抑制了发达资本主义国家的排斥性增长趋势，缓和了发达资本主义国家的基本矛盾。

除此之外，人口增长率下降、工人的阶层分化、国家结构的变化等都在一定程度上起到抑制排斥性增长的作用。需要说明的是，排斥性增长是资本主义内在矛盾的表现形式，在资本主义制度范围内产生的反作用机制可以抑制它，但是无法完全消除它。只有通过社会主义的方法，才能真正地克服排斥性增长和两极分化造成的社会矛盾和对抗性趋势。市场经济内在排斥性增长趋势也表明，贫困及社会排斥其根源不在于能力和权利的贫困，它是一定的生产关系和社会制度的必然产物。

8.4 马克思就业和工资理论对我国实现包容性 增长的启示意义

马克思就业和工资理论表明了资本主义经济增长的两重性，对我国社会主义经济建设的理论创新和实践发展具有重要的启示意义。主要表现在：第一，市场作为一种资源配置方式，具有激励优势、信息优势和创新优势，有利于克服计划手段的不足，但是市场经济的发展也有排斥性增长和拉大收入分配差距的负面效应，市场力量的盲目性作用会加剧社会中的无政府状态，造成资源浪费、加剧社会矛盾；第二，包容性增长是生产力发展和社会进步的必然趋势，是社会主义优越性的主要体现，在社会主义初级阶段，虽然增长问题是一个首要问题，但是增长的包容性却是经济社会发展的根本性问题；第三，克服市场经济所内生出的排斥性增长趋势和生产的无政府状态，在社会主义市场经济条件下，将更加具有主动性、预见性、全局性和计划性，加强社会主义对市场经济的规范和引导，用社会主义的手段克服市场经济的不足，实现包容性增长，是解决中国改革发展问题的主要途径。

1. 壮大国有经济，发挥国有经济在国民经济发展中的主导作用

马克思、恩格斯等经典作家所设想的公有制经济的主要特征是群众自治、共同占有生产资料、联合劳动，这是社会主义生产关系的主要形式，也是人类发展的必然趋势。在社会主义初级阶段，由于生产力发展的局限以及资本主义法权关系的制约，公有制经济的实现形式采取了国有企业的形式，它不同于资本主义国家的国有企业主要是因为国家性质的不同：国有经济是社会主义政权和无产阶级政党存在的基础，而社会主义的国体和政体决定了国有经济的社会主义性质。壮大国有经济，发挥国有经济在国民经济发展中的主导作用，不仅会对非公有制经济的发展起到引导和示范效果，而且能够巩固社会主义的上层建筑，发挥社会主义制度的优越性。没有国有经济的保障机制，就无法实现包容性增长。由于我国国有企业在改革开放后面临的发展问题，我国国有经济的整体实力和主导地位受到了削弱，国有企业改革进程中一些非正规、非法的运作机制导致了国有资产的大量流失，使收入分配差距的拉大，加剧了社会矛盾。事实证明：国有企业的低效率主要不是所有制的问题，而是因为国有企业承担着由于历史原因而不得不承担的社会责任以及国有企业面临如何适应市场机制的领导和管理问题。当前，不少学者指责国有企业垄断是收入分配差距拉大的主要原因，在我们看来，国有企业职工工资高于民营企业，恰恰是缩小国民收入差距的一个重要因素，我国收入分配差距拉大主要不是因为国有企业在战略性领域的主导地位以及国有企业职工的高工资，而是劳资关系、腐败问题以及二元经济结构导致的。壮大国有经济、防止国有企业异化不仅能够直接提高经济增长的包容性，更为重要的是它为实现包容性增长的社会主义政权的巩固提供了保障和基础。深化国有企业改革不仅要重视国有经济的经济功能，而且要重视国有经济的政治功能。

2. 推动政治体制改革，完善社会主义上层建筑

加强对非公有制经济中劳动的立法和执法保护，切实保障劳工的经济利益和劳动安全。改革开放以来，我国非公有制经济发展迅速，在一些地

区非公有制经济的比重已经超过一半，非公有制经济的发展对我国经济增长的重要性与公有制经济相当，但是我国劳资矛盾的激化和劳资斗争现象主要不是出现在国有企业中，而是出现在国有企业改制以及民营企业和外资企业中，特别是 2008 年国际金融危机之后这种现象更加突出，这与我国国有资产管理制度和劳动立法不完善、民企外企有法不依，劳工利益被资方主导有关，也与我国一些地方政府片面追求经济增长，对民企外企侵犯劳工利益过度纵容有关。实现经济增长的包容性，要求政府加强执法监管、约束企业行为，也要求我国进一步深化政治体制改革，通过"工会"组织工人参与劳资谈判，建立"农会"组织农民参与市场竞争，形成对等的谈判势力，使工人、农民的利益有合理合法的表达渠道，通过组织途径切实保护工人农民的利益。推动政治体制改革应当从源头上遏止官商勾结和贪污腐败，增加工人、农民代表在人大和政协中的比例，给予弱势群体更多的话语权，推进社会主义的网络民主和网络大讨论这一新的民主表达机制，巩固社会主义在意识形态领域的主导地位，完善社会主义民主政治。

3. 加大收入分配的调节力度，建立覆盖农村的社会保障体系

在社会主义市场经济条件下，收入差距过大及社会发展的两极分化趋势不能依靠市场力量和各种反作用机制来被动地进行矫正，应当充分发挥社会主义制度的优越性，主动进行干预和调节。社会主义不仅有集中力量办大事的优势，对于市场经济的负面效应也有天然的免疫力和抵抗力，应当加强国家对市场经济的"计划性"干预，增强宏观调控的计划性和导向性，减少市场经济内生出来的资源浪费和社会福利损失。我国经济在 2008 年国际金融危机中表现出来的抵御能力，主要得益于社会主义市场经济制度优势的发挥。实现包容性增长应当通过宏观层面的计划性导向加大再分配对国民收入初次分配的调节力度，增加教育、医疗、住房的政府投入和公共支出，建立覆盖农村的社会保障体系，创造机会平等的发展条件，使每一个公民都享有参与和分享经济增长成果的权利。增加亲贫式支出，提高弱势群体的人力资本含量，增强收入流动性和社会流动性，为底层社会民众提供上升空间，使弱势群体享有与社会发展相一致的经济利益和政治权利，减少社会排斥和社会矛盾。

4. 加快转变经济发展方式，大力发展第三产业

我国正处于工业化和城市化的进程中，人口数量多，增长问题依然是我国国民经济发展面临的首要问题，保持较高的经济增长速度才能够更多地吸收由于制度转型和技术进步所排斥出来的大量剩余劳动力，才能够维持社会稳定。高储蓄、高投资、高增长的外向型经济发展模式是我国现阶段的具体国情决定的，是我国实现现代化转型不得不经历的过程，只有加快转变经济发展方式才能够保证经济增长的可持续性。我国经济发展方式面临内外双重关系的制约，对内表现为经济增长与收入增长不成比例，工资总额在国民收入中的比重不断下降，而利润总额在国民收入中的比重不断上升，收入分配差距拉大引起有效需求不足，从而以产能过剩和工人失业的形式表现出来，加上有机构成提高和过度劳动程度提高的影响，经济增长对就业的拉动作用（就业弹性系数）越来越低，增长的内在矛盾不断深化，增长动力受到增长所带来的负反馈机制的反击。另外，我国吸收外资和对外贸易规模的不断扩大，扩展海外市场成为我国经济增长的动力源，过度依赖外需使我国经济深深地嵌入世界经济运行进程之中，国内经济发展深受世界经济运行的整体制约。"两头在外、大进大出"的加工贸易模式导致剩余的大量转移，加剧世界经济的结构性失衡，承接国际高耗能产业转移增加了环境污染治理难度。转变经济发展方式，对内必须尽快采取有效措施调整收入分配差距过大，对外应当逐步降低增长对外需的依赖性，应当遵循世界各国产业结构变迁的一般规律，大力发展第三产业，保护民族工业，提升我国产业结构的层次，推动产业结构升级。发展第三产业、减少对外需的依赖性，不仅能够提高就业弹性系数，扩大就业容量，而且能够为实现经济的"内源式增长"提供产业基础，发展低耗能、低污染的第三产业还能够缓解日益严峻的生态和环境问题。

我们认为，包容性增长的发展理念是"和谐社会"的应有之义，是共同富裕理念在新的历史条件下的深化和发展，也是马克思主义中国化的重要理论成果。实现我国经济的包容性增长，关键在于完善社会主义市场经济体制，加强社会主义对市场经济的引导，尽快完善支撑包容性增长的制度框架及相应的积累结构。

第 9 章

信用创造、虚拟资本与
现代经济运行

"虚拟经济"是中国经济学研究中创造出的一个重要学术概念，2002 年党的十六大报告首次在最高级别的官方文件提出正确处理虚拟经济与实体经济之间的关系。2016 年习近平在中央经济工作会议上发表重要讲话，指出我国经济的重大结构性失衡主要表现为实体经济结构性供需失衡、金融和实体经济失衡以及房地产和实体经济失衡。① 其中，金融与房地产主要属于虚拟经济领域，这一论述进一步凸显了虚拟经济问题的研究在当前所具有的重大理论意义。研究虚拟经济运行规律，应当回归马克思经济理论，马克思不仅采用了"信用货币""虚拟资本"等概念，而且提出了一种货币经济分析框架。马克思货币经济思想对我国更加有效地处理虚拟经济与实体经济的关系具有重要的理论指导意义。

9.1 马克思关于"虚拟资本"的界定

"虚拟资本"的概念并不是马克思首先提出来的，根据马克思的引证内容，这个概念来自 1840 年《关于通货问题的通信》这本书，其作者为威·里瑟姆。根据该书的论述，"虚拟资本"是指没有进行实际交易的空

---

① 中共中央文献研究室编. 习近平关于社会主义经济建设论述摘编 [M]. 北京：中央文献出版社，2017：113 – 115.

头汇票（投机汇票）。"空头汇票，是指人们在一张流通的汇票到期以前又开出另一张代替它的汇票，这样，通过单纯流通手段的制造，就制造出虚拟资本"。① 值得注意的是，在这段引文中，还专门提到了汇票作为"上层建筑"与"银行券和金的总额"作为"基础"之间的关系。

马克思认同并沿用了里瑟姆的定义，提出了另外两种虚拟的货币形式：一种是同一个资本能够衍生出多倍的资本，这些衍生资本的大部分属于虚拟资本，"因为有各种方式使同一资本，甚至同一债权在不同的人手里以不同的形式出现"，恩格斯对此补充了两个实际的例子，一个是金融信托公司购买债券，并以认股的方式筹集资金，由此衍生出与购买的债券等额的股票；第二个是以购买的股票的名义发行新的股票，在购买的已经存在的股票的基础上衍生出新的股票。② 但马克思所指的含义与恩格斯是有一定的差别的，马克思在阐述中明确地表示这是指"资本在货币借贷上所起的作用"，也就是说同一笔货币可以完成多次借贷，从而多次作为借贷资本起作用，而这类同于存款，"因为存款只是公众给予银行家的贷款的特别名称。同一些货币可以充当不知多少次存款的工具"。③ 按照马克思的论述，贷款的创造与存款的创造原理是一样的，派生贷款作为借贷货币资本，只是同一货币反复转化为借贷货币资本，除了在最初作为金属货币存在之外，在其他时点上都是作为资本索取权的形式而存在的，这种存款和贷款的反复创造，实际上只是创造了一系列的对价值的权证证书，只是一系列的货币索取权的不断创造，"这种'货币资本'的最大部分纯粹是虚拟的"。④ 马克思将这种派生存款的流量视为信用货币，并计入社会的货币总量的范围。

另一种虚拟的货币形式是"没有准备金的银行券"，⑤ 恩格斯解释为，"1844 年银行法的暂停执行，使英格兰银行可以发行任何数量的银行券，而不顾它手中有多少金准备可以作为保证；这样，使它可以创造任何数量

---

① 马克思.资本论（第三卷）[M].北京：人民出版社，1975：451.
② 马克思.资本论（第三卷）[M].北京：人民出版社，1975：533.
③ 马克思.资本论（第三卷）[M].北京：人民出版社，1975：535.
④ 马克思.资本论（第三卷）[M].北京：人民出版社，1975：576.
⑤ 马克思.资本论（第三卷）[M].北京：人民出版社，1975：614.

的纸票形式的虚拟货币资本，从而用来借给各个银行和各个汇票经纪人，并且通过他们，借给商业界"。① 在马克思看来，即使有金储备的银行券，其准备金实际上也是幻想的，"正如在这种信用制度下一切东西都会增加一倍和两倍，以至变为纯粹幻想的怪物一样，人们以为终究可以从里面抓到一点实在东西的'准备金'也是如此。……银行券兑现的这种保证也是纯粹幻想的"。② 在现代经济中，中央银行发行的银行券是不能兑换成黄金的，其价值也是虚拟的。

真正的虚拟资本是有价证券，包括债券、股票等。虚拟资本实际上就是资本的虚拟形式，它具有生息资本的性质，但本身没有价值，只是代表能够获取收入的权利证书。它们的共同特点有三点：第一，这些形式是"现实资本的纸质副本"，是"资本的所有权证书"，其资本价值纯粹是幻想的；③ 第二，这些证券的虚拟价值是其收益的资本化，"也就是一个幻想资本按现有利息率计算可得的收益"；④ 第三，这些虚拟资本独立于现实资本（生产资本和商品资本）运动，"作为纸质副本，这些证券只是幻想的，它们的价值额的涨落，和它们有权代表的现实资本的价值变动完全无关，尽管它们可以作为商品来买卖，因而可以作为资本价值来流通"。⑤

以上各种虚拟形式实际上可以归结为银行券、派生存款、有价证券以及在此基础上的证券化资产和各种衍生物。现代经济中由中央银行发行的作为基础货币的银行券的虚拟性在于，这些信用货币主要是以外汇、有价证券等虚拟资本作为储备资产，是对公众的负债，而外汇、有价证券等则作为现实资本（生产资本和商品资本）的所有权证书成为中央央行或商业银行的储备资产或准备金。外汇可以看作是对外国资产包括虚拟资本的所有权证书。马克思关于虚拟货币、虚拟资本的界定实际上包含了现代货币经济和现代证券两大领域。更为重要的是，马克思不仅将银行券看作虚拟的，而且将以商业信用为基础的信用货币（主要是早期以汇票流通为基础

---

① 马克思. 资本论（第三卷）[M]. 北京：人民出版社，1975：537.

② 马克思. 资本论（第三卷）[M]. 北京：人民出版社，1975：533 – 537.

③ 马克思. 资本论（第三卷）[M]. 北京：人民出版社，1975：529、540.

④ 马克思. 资本论（第三卷）[M]. 北京：人民出版社，1975：528 – 530.

⑤ 马克思. 资本论（第三卷）[M]. 北京：人民出版社，1975：540 – 541.

发行的银行券)① 以及货币资本的反复多次借贷和商业银行通过不断地存贷而产生的派生存款等都视为虚拟领域。不仅如此,恩格斯还明确指出以虚拟资本为基础而创造出来的虚拟资本,这种形式的虚拟资本在现代经济中已经取得了更为广泛的存在,任何稳定的"收入流"都可以进行证券化,从而转化为可以进行交易的虚拟资本。

银行券(现金)和派生存款作为虚拟的货币,可以成为收入的货币形式,也可以成为资本的货币形式。当它们成为资本的货币形式时,就是货币资本,包括生产中的货币资本、银行的借贷货币资本以及虚拟资本。在这个意义上,银行的借贷货币资本只是派生存款的另一面,银行吸收的存款是以借贷货币资本的形式贷放的,贷放的这些资金进入企业成为生产过程中的货币资本,并通过购买生产资料和劳动力再次转化为银行存款。如果用借贷货币资本购买有价证券,卖出有价证券的人获得这笔资金,存于银行就会转化为另一笔存款。社会中货币的存量(存款)反映的主要是货币资本的量。这些货币存量到底有多少发挥着生产中的货币资本形式职能,有多少发挥着借贷货币资本和虚拟资本的职能,对经济运行有重要的影响。

9.2　虚拟货币与现代经济运行

现代经济是依托信用制度而发展起来的经济形式,信用关系构成了现代经济运行的基础,"货币作为支付手段的职能"在中央银行(代表国家)的层面上成为一国货币创造与货币循环的根源。现代经济一方面不断产生出债券、股票等以纯粹所有权凭证为载体的虚拟资本,形成社会中现实资本(生产资本和商品资本)的影像或影子;另一方面则不断产生出适应现实资本运动和虚拟资本运动的主权信用货币,形成货币的运动,信用货币实际上就是货币资本的影像或影子。所以,马克思将这两种形式都视为虚拟经济的要素,并将"货币资本与现实资本"作为研究重点之一。马克思的研究表明,虚拟货币的运动是理解现代经济的关键。

---

① 马克思. 资本论(第三卷)[M]. 北京:人民出版社,1975:450-451.

1. 信用货币的虚拟性质及其在现代经济中的作用

信用货币是建立在信用基础上的流通手段，包括商业信用中的汇票、银行发行的银行券等。马克思将银行券看作"真正的信用货币"，并将汇票视为这种信用货币的基础，"真正的信用货币不是以货币流通（不管是金属货币还是国家纸币）为基础，而是以汇票流通为基础"。① 汇票和银行券作为信用货币的区别在于，一个是商业信用的结果，一个是银行提供信用的结果，汇票贴现只是表明商业信用转化为银行信用："开出汇票是把商品转化为一种形式的信用货币，而汇票贴现只是把这种信用货币转化为另一种信用货币银行券。"② 在现代信用制度下，货币的创造过程主要是以有价证券这种虚拟资本为基础的，中央银行主要是以有价证券为基础发行基础货币，而信用货币最主要的部分是通过派生存款创造出来的，银行体系和信用制度构成了整个货币创造的基础。

现代经济中的现金是以国家信用为保证、由具有法定钞票发行权的银行（例如中央银行）发行的银行券以及各种辅币。这种信用货币不能兑换成黄金，并且以没有内在价值的纸币或金属的形式进行强制性流通，成为"流通的信用符号"。③ 中央银行通过购买"储备资产"发行现金（法定的银行券），储备资产可以是黄金，也可以是外汇，即对国外的资产所有权，还可以是各种有价证券（包括国外的债券等），发行的银行券实际上是向公众购买这些资产的债务凭证，实现资产所有权的转移。因此，在中央银行的资产负债表上，现金是"负债"，而储备资产则是"资产"。通过这种购买而发行的现金进入流通领域，只要公众将持有的这些现金存入商业银行，就会在商业银行体系形成多倍的货币创造。公众的存款成为银行的贷款，而贷款又转化为银行的存款："我今天存在 A 处的 1000 磅，明天会被支付出来，形成 B 处的贷款。后天它又可能由 B 处再支付出来，形成 C 处的存款，依此类推，以至无穷。因此，这 1000 磅货币，通过一系列的转移，可以成倍地增长为一个绝对无法确定

---

① 马克思．资本论（第三卷）［M］．北京：人民出版社，1975：450 – 451.
② 马克思．资本论（第三卷）［M］．北京：人民出版社，1975：482.
③ 马克思．资本论（第三卷）［M］．北京：人民出版社，1975：454.

的存款总额。因此很可能，英国全部存款的十分之九，除存在于银行家
各自的账面上面，根本就不存在。"① 这是马克思引用《通货论》中的一
段话，它表明了银行的信用创造过程。

根据马克思对于虚拟资本的界定，中央银行发行现金除了以金储备为
保证的部分外，其他都是通过购买虚拟资本而创造出来的，即使有金储备
的那部分现金也是不能兑换的，所以，可以说现代经济中的现金基本上完
全是虚拟的，在这种虚拟的信用货币的基础上创造出来的多倍的存款，也
同样是虚拟的。而且商业银行的银行资本的很大部分也是通过购买或者兑
换而储存起来的虚拟资本，"这种想象的货币财产，不仅构成私人货币财
产的很大的部分，并且正如我们讲过的，也构成银行家资本的很大的部
分"。② 由此，原来的以贵金属作为一般等价物的货币资本，在现代经济中
都以"虚拟的货币资本"的形式而存在。

以现代信用货币为流通手段的资本流通，主要是通过商业银行与私人
资本家的借贷关系而进行的，而商业银行的这种信用创造功能随着经济的
扩张和收缩而不断地发生变化。马克思在分析"货币资本与现实资本"的
关系时，主要分析的就是这种"借贷货币资本"的积累与现实资本积累之
间的关系。这种"借贷货币资本"是银行体系创造出来的信用，是商业银
行吸收存款的结果，而这些存款又是贷款的结果。除了一般商品交易的需
要外，社会中的货币资本和收入都会以存款的方式进入银行，而这些存款
一部分变成了银行购买的虚拟资本，另一部分变成了银行对私人资本家的
"借贷货币资本"，还有一部分成为准备金以应付提现的需要。在货币资本
转化为生产资本的过程中，货币资本可以仅仅表现为存款额度在不同交易
主体之间的划转。但是在扩大再生产规模超出了个体资本积累的范围时，
货币资本的增加则可以通过股票融资实现，也可以通过银行进行借贷融资
来实现，前者会增加有价证券这种形式的虚拟资本，后者会增加信用货币
这种形式的虚拟货币。

在现代经济中，有价证券与货币之间的转化实际上是虚拟财富的两种

① 马克思. 资本论（第三卷）[M]. 北京：人民出版社，1975：457-458.
② 马克思. 资本论（第三卷）[M]. 北京：人民出版社，1975：541.

不同形式的转化，货币转化为有价证券是金融资产"投资"，有价证券转
化为货币被视为"变现"，有价证券转变为货币的难易程度被称为资产的
"流动性"。一部分有价证券由于容易"变现"，在交易中可以发挥货币的
职能，因而也逐渐被纳入货币的范围。例如，根据我国的情况，流通中的
现金通常被定义为 M0，M0 加上单位在银行的活期存款被定义为 M1，M1
加上单位在银行的定期存款和城乡居民个人在银行的各项储蓄存款以及证
券客户保证金被定义为 M2，M2 加上具有高度流动性的证券和其他资产被
定义为 M3。

2. 借贷货币资本积累与现实资本积累

马克思从三个方面分析了借贷货币资本与现实资本的关系。第一个方
面是借贷货币资本的运动与产业资本运动之间的关系。在产业周期的开
端，即萧条阶段，产业资本收缩和萎缩，借贷货币资本相对充裕，利息率
处于低点；在复苏阶段，商业信用扩张，资本容易流回，利息率已经高于
最低限度，但是仍然处于低水平，在此，"低利息率，从而借贷资本的相
对充裕，是和产业资本的现实扩大结合在一起的"；在繁荣阶段，产业资
本显著扩大，借贷货币资本的供求大致相当，利息率达到平均水平，开始
出现"没有准备资本甚至根本没有任何资本而完全依赖信用货币进行投机
的骑士们"；[1] 随着生产的继续发展，繁荣达到顶点，信用扩张到最大界
限；于是，危机爆发，进入产业周期的末尾，产业资本大量过剩，大量的
商业信用需要转变为银行信用来解决，支付手段稀缺，利息率处于高
水平。

现代信用货币已经成为纯粹的价值符号，在危机期间出现的信用危机
或货币危机，是劳动的社会化表现为商品的单纯货币存在的结果，这种看
似"独立的货币危机"或"作为现实危机尖锐化的货币危机"，[2] 实际上
是以信用为基础的现代经济体系不可避免的产物。从虚拟经济领域开始的
危机常常看起来好像仅仅是支付危机、货币危机或金融危机，但实际上却

---

① 马克思. 资本论（第三卷）[M]. 北京：人民出版社，1975：553.
② 马克思. 资本论（第三卷）[M]. 北京：人民出版社，1975：585.

是实体经济危机在虚拟经济领域的表现。在现代信用制度下，危机的爆发往往是从金融领域开始的。正如马克思所指出的，"信用的最大限度，等于产业资本的最充分的动用，也就是等于产业资本的再生产能力不顾消费界限的极度紧张"；"在再生产过程的全部联系都是以信用为基础的生产制度中，只要信用突然停止，只有现金支付才有效，危机显然就会发生，对支付手段的激烈追求必然会出现……，而这种现实买卖的扩大远远超过社会需要的限度这一事实，归根到底是整个危机的基础"。①

第二个方面是从借贷货币资本来源的角度，分析以借贷货币资本形式进行的资本积累与现实资本的积累关系。马克思分析了两种情况的借贷货币资本积累，一种是货币单纯地转化为借贷资本，另一种是资本或收入转化为货币，然后货币再转化为借贷资本。前一种是和现实资本积累无关的借贷货币资本积累，包括由于生产的收缩而产生的大量闲置货币资本转化为借贷资本（广泛地存在于萧条和复苏阶段），银行业务的扩大和集中、流通准备金和私人支付手段准备的节约、对汇票进行再贴现或用作抵押贷款、以没有完成的产品的提货单发放的抵押贷款等纯技术性手段而实现的积累，以及黄金从国外流入、发行股票所获得的款项在实际使用前存入银行转化为借贷资本等。

另外一种形式的借贷货币资本的积累是现实资本积累的表现和结果。首先，借贷资本家通过从产业资本家和商业资本家获得的利息以及持有有价证券获取的增值收益来扩大自身的货币资本积累，这部分货币资本可以转化为借贷资本。其次，剩余价值中用于积累的部分、剩余价值中用于收入的部分存入银行转化为借贷货币资本；一切用于消费的收入如地租、高级工资、非生产阶级的收入等，采取货币的形式变为存款，成为借贷资本。这些用于积累和收入的部分成为银行存款，但其使用都是逐渐进行的，在其保持为货币形式的期间，都可以成为银行家的借贷货币资本。这是职能资本家直接提供的借贷货币资本积累。在这里，借贷货币资本积累与现实资本积累的关系是："一切收入，不论是用于消费还是用于积累，只要它存在于某种货币形式中，它就是商品资本转化为货币的价值部分，

---

① 马克思. 资本论（第三卷）[M]. 北京：人民出版社，1975：546，554–555.

从而是现实资本积累的表现和结果，但不是生产资本本身。"① 这就是说，这些收入或资本只要它不是以现金和实物的方式存在，而是以存款的方式存在，它都可以变成银行的借贷货币资本的要素。

第三个方面是货币资本积累量与现实资本积累量的关系。货币资本代表现实资本的货币形态，所以，现实资本的积累也就是货币资本的积累，在这个意义上，即在资本运动从货币资本、生产资本、商品资本不断转化的形式上，货币资本的量与现实资本的量必然是一致的，货币资本的积累量与现实资本的积累量也必然是一致的。但是，由于剩余价值中用于消费的收入部分并不代表现实资本的积累，但它能够转化为借贷货币资本积累，所以，在经济中实际可发挥作用的货币资本量大于现实资本量，"货币资本所反映的资本积累，必然总是比现实存在的资本积累更大"。② 也就是说，即使不考虑前面所述的与现实资本积累无关的引起借贷货币资本增加的诸多因素，仅就现实资本运动而言，经济中所创造出来的货币资本量必然大于现实资本的量，货币资本积累量必然大于现实资本积累量。由于借贷货币资本的存在，资本的增值可以不受自身资本积累的限制，从而为生产的发展提供了更为广阔的条件。

9.3 虚拟经济与实体经济的辩证关系

现实资本的所有权作为单纯的分割剩余价值的产权，取得了虚拟资本的存在形式。由于虚拟资本可以获取稳定的收入流，因而可以通过资本化得到其价值，并在市场中进行交易，这些交易只是所有权的转手，对现实资本的运动没有影响。相反地，现实资本的不断增加会造成这些虚拟资本的不断增加，现实资本的积累会扩大虚拟资本的积累，"当这些证券的积累表示铁路、矿山、汽船等的积累时，它们也表示现实再生产过程的扩大，就像动产征税单的扩大表示这种动产的增加一样"。③ 现实资本的积累

---

① 马克思. 资本论（第三卷）[M]. 北京：人民出版社，1975：570.

② 马克思. 资本论（第三卷）[M]. 北京：人民出版社，1975：573.

③ 马克思. 资本论（第三卷）[M]. 北京：人民出版社，1975：540.

反映到虚拟资本的积累上，使以所有权证书为载体的货币财富的积累逐渐增加，形成了一个庞大的上层建筑。

如果将经济划分为虚拟经济和实体经济两大领域，那么虚拟经济就是虚拟资本运动所产生的各种经济现象的统称，而实体经济就是现实资本运动所产生的各种经济现象的统称，联结两大经济领域的纽带就是主权信用货币的运动。在一些特殊的经济部门，例如房地产领域，生产过程属于实体经济，但交易过程即商品资本的实现过程，却成为虚拟经济的领域，由此形成了一种独特的经济运行方式，可将这类经济运动视为实物资产的运动，并归入虚拟经济领域。虚拟资本的创造、虚拟资本的内在价值、虚拟资本的价格决定、虚拟资本运动与货币运动的关系，是虚拟资本运动的几个主要方面。

第一，虚拟资本是基于现实经济运动创造出来的。例如，政府债券、企业债券、股票等的发行，通过发行创造出新的权利凭证，而募集的资金或者成为纯粹的消费资金，或者成为货币资本用于社会资本的再生产，还可能由政府部门用于公共基础设施的建设。若募集的资金作为消费资金，相当于社会中财富的转移，即资金在富余者与短缺者、未来与现在之间的重新配置，它与直接的再生产没有关系，但间接地与再生产有重要的联系。在资本循环中，从商品资本到货币资本的转化是再生产最重要的环节，马克思称为"惊险的跳跃"，而经济危机的表现形式也主要是消费资料的过剩，从而使生产资本的过剩和货币资本过剩，即商品资本大量积压不能快速地转化为货币资本。

若募集的资金成为货币资本，它就直接成为企业扩大再生产的手段，与资金用于消费的情况不同，这时虚拟资本所代表的现实资本的量在运动中并没有消失，而是不断地在现实资本的运动中进行转化。不管虚拟资本在二级市场上怎样进行交易，现实资本的运动并不受影响。若募集的资本成为政府部门投资公共基础设施的资金，虽然不构成现实的资本运动，但是这却是现实资本运动的必要条件，公共基础设施可以获取社会的平均利润，也可以是纯粹的公益性事业，如果以社会平均利润进行产品或服务定价，那么这种政府支出可以视为资本积累，性质是相同的。

第二，虚拟资本是所有权凭证，它本身没有价值，但能够带来收益。

作为一种生息资本的衍生形式，它的价值（虚拟价值）是通过收益资本化来计量的。虚拟资本的运动反映着现实资本的运动：企业的盈利能力强、资本积累快，意味着股票所代表的资本权益和投资收益更高，从而股票的虚拟价值更高；社会中闲置资本过多，借贷资本过剩，利息率降低，虚拟资本的价值就会提高。虚拟价值与虚拟资本的收益成正比，与社会的一般利息率水平成反比。

决定利息率的主要因素包括借贷资本的供求以及利润率，利息是实体经济利润的分割，利润率构成利息率的最高界限。随着技术的进步，资本有机构成提高，社会中的平均利润率有不断下降的趋势，即使利息率的下降与货币的特有运动无关，而单纯是利润率下降的结果，也会导致虚拟资本的价值的不断扩大，正如马克思所言，"单是由于这个原因，这个想象的财富，按照它的原来具有一定的名义价值的每个组成部分的价值表现来说，也会在资本主义生产发展的进程中扩大起来"。①

第三，虚拟资本的市场价格并不完全取决于其虚拟价值，而是受到货币资本供求的强烈影响。虚拟资本（证券）的价格决定因素可以归结为四个方面：定期获得的收益、利息率、证券持有者对于流动性的需要以及投机性预期。② 借贷资本的供求在两个方面同时影响着虚拟资本的市场价格，一方面影响一般利息率水平，另一方面直接影响着虚拟资本与货币之间的变换，正如马克思指出的，"它们的价格还会由于信用的普遍缺乏而下降，这种缺乏迫使证券所有者在市场上大量抛售这种证券，以便获得货币。……在危机期间，这种虚拟的货币资本大大减少，从而它的所有者凭它在市场上获得货币的力量也大大减少。这些有价证券在行情表上的减少，虽然和它们所代表的现实资本无关，但是和它们的所有者的支付能力关系极大"。③ 与之相反，在信用充分时，虚拟资本就会成为炒作的对象，大量货币追逐虚拟资本，从而拉动虚拟资本价格上涨，这种炒作实际上就是"赌博"，一种不创造财富的"零合博弈"，在客观上会造成财富再分配。马克思认为，"由这种所有权证书的价格变动而造成的盈亏，以及这种证书在

---

① 马克思. 资本论（第三卷）[M]. 北京：人民出版社，1975：541.
② 陈享光，袁辉. 现代金融资本的积累及其影响 [J]. 当代经济研究，2010：33 – 38.
③ 马克思. 资本论（第三卷）[M]. 北京：人民出版社，1975：541.

铁路大王等人手中的集中，就其本质来说，越来越成为赌博的结果。赌博已经代替劳动，并且也代替了直接的暴力，而表现为夺取资本财产的原始方法"。① 作为吸收过剩货币资本的重要领域，虚拟资本还会通过借贷资本的放大而获得更大规模的价格增值，形成"泡沫经济"。

虚拟资本的虚拟价值与现实资本的运动有密切联系，但其市场价格却可以完全脱离其虚拟价值和现实资本运动，二者有不同的决定机制。虚拟价值取决于收益的资本化，而市场价格由于投机和炒作而能够极大地偏离其虚拟价值，当人们预期虚拟资本的价格上涨时，就会大量购买，从而推动虚拟资本价格的继续上涨，由虚拟资本价格上涨所带来的差价成为现代经济中社会财富分配的一种重要的方式。特别地，当虚拟资本的炒作获得信用支持时，投机者可以通过银行信用或私人信用获得多倍于自有资本的资金，使社会的杠杆率大幅度提升，从而为泡沫的破裂、货币危机或信用危机的发生创造条件。

第四，虚拟资本的运动包括了两个连续的方面，一个是虚拟资本的创造和消失，另一个是虚拟资本的交易。虚拟资本可能被创造出来，但并没有成为交易的对象，从而不能产生虚拟资本交易的二级市场。另外，有些实物产品可能并不属于虚拟资本，但却能成为炒作的对象，因而具有与虚拟资本相同的性质，在反复的交易过程中只是实现了这些实物资本的所有权转移。例如，收藏品、艺术品、房地产以及一些其他实物产品（如郁金香、大蒜等）虽然本身的价值并不是虚拟的，但其所有权却能够成为反复交易的对象，形成投机性交易市场，在这些市场中实物产品的市场价格并不取决于其内在价值。更有甚者，以虚拟资本或者实物产品的交易权为基础，能够在已经形成的虚拟资本或实物产品交易的基础上形成派生的虚拟资本（如金融衍生品）。就虚拟资本的定义而言，有价证券及其派生的虚拟资本之所以能够在市场中进行买卖，是因为它们的收益权，它们是生息资本的一种衍生形式，但虚拟资本的交易并不完全是为了获取这种收益，更重要的还在于通过所有权的变现获取流动性的需要。

就股票的情况而言，在股票市场上，买卖双方的供求决定了股票的实

---

① 马克思. 资本论（第三卷）［M］. 北京：人民出版社，1975：541.

际市场价格的波动，正是因为这种价格波动，使股票的买卖产生了价差，于是就吸引了一批以获取价差收益为目的的交易者，他们希望在市场上低价买入然后再高价卖出。因而，在正常的市场交易中，出现了市场的投机者，供求关系就不再取决于获取流动性的需要与获取股息收入的需要之间的联系，而是更多地取决于投机者的投机需求，股票价格波动与实体经济状况就发生了偏离。虚拟资本的"炒作"指的就是这种投机性交易。由于价格波动的高度灵活性、产品的耐久性，虚拟资本是最为理想的炒作对象。

就房地产而言，情况则有所不同。房子的生产过程，首先需要获取货币资本，这些货币资本可能来自企业的自有货币资本积累，也可能来自银行借贷、债券融资或股权融资等，然后这些货币资本转化为购买的劳动力和生产资料，进入房子的生产过程。房子的生产过程完全属于实体经济的领域，它与其他商品生产情况类似，不同之处在于房子的生产需要以土地作为生产资料投入，因此房子的价格与土地的价格密切相关，当房子的需求增加时，对于土地的需求就会增加，房价的上涨会带动土地价格的上涨（房价带动地价，而不是相反）。另一个最为重要的区别在于，房地产的流通不同于一般商品的流通，一般商品的流通是进入消费领域或生产领域（作为投入品），房地产不仅可以像一般商品那样进入消费领域或生产领域，也可以由于单纯的财富储藏或投机需要而进行流通。当房地产所有权作为金融工具时，房地产的反复交易实际上具有虚拟资本的性质，房地产的价格不仅反映真实的消费需求，而且还包含了金融投资需求和投机需求。因此，房地产的价格上涨会通过市场上的金融投资和投机而导致价格的进一步上涨，这种价格上涨使房子的生产能够获取大量超额利润。在没有金融投资和投机的情况下，房地产市场价格波动的平均数等于房地产的生产价格（成本价格加上平均利润），房地产市场处于均衡状态，假如这时市场上出现了一批金融投资者和投机者，他们或者追求购买房地产的保值增值，或者进行低价买入高价卖出的投机行为，于是房地产的市场价格开始偏离了其生产价格，金融投资或投机需求越是高涨，房地产的价格就会越高，如果房地产的成本价格（包括购买土地的支出）不变，房地产的生产商就可能由于金融投资或投机需求而按照不断增长的新的市场价格售卖房子，从而获取超过平均利润的大量超额利润，即使随着房价的上涨土地价格也在不断上涨，只要成本价格的上涨赶不上房价的上涨，超额利润就会存在。由此可见，房地产的虚拟资本能够带动房地产作为实体经济的发展，只要房地产的价格随着金融投资和投机而不断上涨，房地产作为实体经济就会不断发展，由于房地产行业关联到上下游数十个行业，房地产的生产能够成为经济增长的发动机。也就是说，房地产的价格越是上涨，其金融和虚拟资本功能就会越强，从而其价格就会更进一步上涨，随着房地产价格的这种不断地上涨，房地产的生产就会获取越来越高的超额利润，房地产的实际投资就会不断增加，从而实体经济就会不断增长。而且这个过程还会引起进一步的连锁反应，一方面，由于房地产的开发建设周期长、投入资金量大，房地产的不断发展会导致社会中用于房地产开发建设的债务不断增加；另一方面，由于房地产属于大额交易商品，对于家庭部门而言，购买这些大额商品需要向银行进行按揭贷款和其他贷款，由此就会引起家庭部门债务的不断积累，从而社会的杠杆率就会随着房地产经济的不断发展而不断增长。

虚拟资本的创造和买卖都与货币的运动密切关联。就虚拟资本的创造而言，发行有价证券会导致银行存款从一部分人手中转移到另一部分人手中，发行股票是将购买股票的投资者的银行存款转移到企业的银行存款上，发行债券是将债券购买者的银行存款转移到债券发行者的银行存款上；就虚拟资本的交易而言，交易双方的银行存款在金融市场的资本账户上相互转移，买者的银行存款转化为资本账户上的资金并购买金融资产，卖者的资本账户上的资产转化为银行存款。虚拟资本的运动使货币的交易性需求除了在实体经济之外，还增加了虚拟经济的领域。

更有甚者，当实体经济萎缩或处于萧条时，社会中的货币就会大量地向虚拟经济领域流动，从而导致虚拟经济的繁荣。因为货币的充裕或过多将导致社会中的利息率降低，从而会提高虚拟资本的价格，虚拟资本的价格上涨将吸引货币不断地向虚拟经济流动，这种正反馈机制将使经济中出现"脱实向虚"的现象，货币不断地进入虚拟经济，虚拟经济不断地膨胀，从而推动虚拟经济逐渐演化成"泡沫经济"。另外，实体经济的萎缩或萧条，意味着实体经济的利润率较低，而虚拟经济由于能够通过自身的膨胀而获取较高利润率，必然地会促使货币向虚拟经济流域流动。在这里，虚拟经济的利润率不仅来自资本权益收入（如股息和利息），而且来自投机收入（即低买高卖的收入），资本权益收入是对实体经济中的利润的分割，而投机收入则是社会财富的再分配。以虚拟资本的市场价格衡量的财富本身是虚假的，如果股票投资者所持有的股票的价格上涨了，从账面上看其财富增加了，但这种增加并不是真实的，只有当其在这个较高价格上卖出股票时，才意味着他的实际财富增加，但是依靠这种手段所增加的财富只是财富的转移，社会中的总的财富并没有增加。在实体经济萎靡时，虚拟经济的利润主要来自社会财富的再分配，也就是说投机收入而不是投资收入是虚拟经济的主要利润来源。实体经济的萎靡、利润率的下降，意味着虚拟经济所分割的利润在下降，虚拟经济的利润率也必然跟着下降，但是由于虚拟经济不仅是金融投资市场，也是低买高卖的投机市场，随着货币资金不断流入虚拟经济领域，引起虚拟经济的繁荣，投机收入成为主要利润来源，通过对于已有财富积累、工资总额、利润总额以及国外财富的重新分配，使虚拟经济成为更加理想的资本盈利渠道。资本的本性是逐利，哪里的利润率高，资本就会流向哪里，甚至在实体经济情况较好时，虚拟经济仍然能够与实体经济争夺资金，从而削弱实体经济的资金获取能力。

虚拟经济膨胀对货币运动的影响在于以下五点。第一，虚拟经济膨胀将吸收更多社会中的货币进入虚拟经济领域，例如，当股市繁荣时，股票开户数量会增加，炒股的资金会增加，原来处于存款状态的资金越来越多地转变为金融资产。第二，虚拟经济的膨胀意味着交易的市值越来越大，即使有价证券交易的数量没有变，单纯由于有价证券的价格上涨，也会使交易的规模不断增加，这意味着购买相同数量的有价证券需要更多的货币，也就是说用于有价证券买卖的银行存款的量会越来越大。第三，虚拟经济的膨胀将使有价证券的创造更为有利可图，企业是由持有其股票份额最高的一批人所控制，企业股票价格的上涨，意味着这些企业控制人所占有的虚拟财富的增长，对于这些人而言，发行股票将获取双重收益，一是为企业融资，二是能够获取股票溢价收入。虚拟经济的膨胀将会促使新股发行量的增加，从而增加有价证券的数量，使用于有价证券创造和交易的货币量增加。第四，虚拟经济的膨胀将使有价证券的市值增加，从而使有价证券可更多地用于抵押贷款，使银行信用扩张，若银行信用再次用于虚拟经济，将会导致虚拟经济的进一步膨胀。第五，虚拟经济的膨胀还会导致金融部门的扩张，使金融从业人员数量增加，金融部门的劳动服务于虚拟资本的价值流通，它们本身并不创造价值，但是却占有了社会的一部分剩余价值，随着虚拟经济的膨胀，金融部门的增加值在整个国民收入中的比例不断提高。

在实体经济和虚拟经济两大领域，货币在四种形式上进行转换，即货币资本、货币财富（储藏货币）、非货币资产（虚拟资本和实物资产）、货币资产四种形式不断进行转化。货币资本主要用于社会的资本循环，能够转化为产业资本和商业资本，是社会中现实资本运动的媒介，是创造剩余价值的价值。货币财富是以货币形式保存的社会财富，在实体经济中有现实的对应物，例如，劳动者所获得的工资收入，在未花费之前，以银行存款的形式存在，即属于货币财富。非货币资产是现实资本运动的影像（虚拟资本）或实物产品的产权，包括有价证券、房地产产权、外汇、黄金等，有价证券、外汇属于虚拟资本，房地产、黄金则可视为实物资产。货币资产是在虚拟经济中以货币形式存在的金融资产，通常由货币财富转化而来，即由现金和银行存款转化为金融账户中的货币资产，成为与其他金融资产并列的资产形态，一般来说，货币金融资产仅仅是为其他金融资产交易需要而保存在金融资产账户上的货币余额。在现代经济中，货币的四种职能的发挥是同时进行的，任何一笔交易一方面导致买者的现金或银行存款减少，另一方面导致卖者的现金或银行存款增加，整个社会的货币存量就是现金和银行存款总量。商品交易和虚拟资本交易并不会改变社会的货币总量，只有银行存款被当作银行借贷货币资本转化为贷款、贷款转化为银行存款才能创造出一笔新的货币。

实体经济中扩大再生产的货币资本来源主要有三个方面，即自身积累、债权融资、股权融资。如果债权融资是通过银行贷款而实现的，则会导致社会中的货币量增加，因为企业获得一笔贷款，使用这笔贷款购买劳动力和劳动资料，这笔贷款又转化为存款，贷款创造出新的银行存款。如果是通过发行企业债券（债权融资的另一种形式）和股票募集资金，社会中的货币量不变，但是虚拟资本的量增加了，因为发行债券和股票一方面导致购买债券和股票的公众银行存款减少，另一方面导致企业的银行存款增加，若不考虑现金漏损和准备金率，社会中的银行存款总量并没有发生变化。

如果企业通过自身资本积累而扩大再生产，则社会中的货币总量随着资本积累的速度增长。假定社会中只有一家企业，生产中不需要不变资本，该企业用自身拥有的货币资本购买劳动力，这笔货币资本就转化成劳动者的工资，生产出来的商品资本经过售卖再转化为两个组成部分，一部分是作为成本价格的投入的量（即原来投入的货币资本），另一部分是企业主的利润。劳动者买去商品的量等于劳动者所获得的工资总额，而相当于企业主利润量的商品一部分供企业主消费，另一部分成为追加劳动力的消费资料。假定企业主向银行获取了相当于积累量部分的贷款，用于购买劳动力进行扩大再生产，而企业主的消费直接来自自己生产的商品，则在第二次生产过程中，企业主的贷款就变成了追加的劳动力的工资，这笔工资转化为银行存款，对于银行而言，它的资产（对企业主的贷款）与它的负债（追加劳动力的工资存款），正好处于平衡状态，社会中的货币量增加了相当于积累量的部分。

与实体经济的情况类似，如果用于购买非货币资产的货币来自银行贷款，即买方通过银行信用获取资金买进非货币资产，卖方则卖出非货币资产收取款项并存入银行，那么社会中就会增加一笔新的存款，从而导致社会中的货币总量增加。在虚拟经济中的交易，如果能够获取银行信用的支持，它就能够创造出更多的货币，从而极大地提高社会中的杠杆率。这对于房地产经济同样适用，购房者以按揭贷款的方式买房，开发商获取款项（银行存款形式），将使社会中的存款数额增加相同的数额，从而导致社会中的货币总量增加。由此可见，以信用扩张为基础的虚拟经济越是膨胀，社会中的货币量以及非货币资产的交易性货币需求将越是增加。

还有一个必须考虑的问题是信用货币和虚拟资本的存续时间。不考虑现金漏损和准备金率，一笔银行贷款即同时产生等额的一笔新增银行存款，这笔银行存款作为货币媒介可以多次交换，在每一次交换中卖者的银行存款增加，买者的银行存款减少，社会中总的银行存款没有变化。但是，如果债务人到期归还了这笔银行贷款，那么，原来的银行存款也就消失了，从而社会中的货币量也就减少相同的数额。一个经济体中，有大量的人在进行银行贷款，也有大量的人在进行还款，而且贷款期限也各不相同，社会中的银行贷款总额减去还款总额实际上相当于现有的银行存款的总量，只要银行贷款没有到期归还，它就必然地以银行存款的形式保存在银行账户上，其媒介交换行为只不过是银行存款在不同的所有人之间和不同的银行之间转移而已，并不影响银行存款的总量（通过微信、支付宝交易亦是如此）。

虚拟资本不同的种类有不同的时间期限。对于债券而言，有中央政府债券、地方政府债券、企业债券等，不同的债券有不同的计息方式、还款方式和时间期限，随着债券的到期，债券这种形式的虚拟资本也就消失了。债券只是债权凭证，它的创造和买卖并不会改变社会中的货币量，而只是导致银行存款在不同人手之间的转移，债券消失了，银行存款并没有消失。对于股票而言，它是企业所有权的凭证，如果企业永远存在，那么股票这种形式的虚拟资本就不会消失，如果企业破产了，企业的股票也就不存在了。与债券一样，股票的创造和买卖也并不影响银行存款的总量，而只是导致银行存款在不同的经济主体之间转移。在经济持续运行中，每一个时点都有大量的虚拟资本消失，同时也有新的虚拟资本产生，社会中总的虚拟资本的数量大致保持在一个固定的数额。

社会中的信用货币（银行存款）和虚拟资本的总量会随着经济的景气循环而不断发生变化。一般地，在经济低迷时，企业的融资需求下降，银行贷款以及发行债券和股票的数量会下降，社会中的货币量和虚拟资本的量下降。在经济高涨时，银行信用扩张，企业的银行贷款增加，发行的债券和股票数量增加，社会中的货币量和虚拟资本的量上升。若考虑政府部门的逆经济周期调节，在经济低迷时，政府债券会增加，在经济高涨时，政府债券会减少。中央银行持有的虚拟资本也会随着逆经济周期调节的需要而发生变化，在经济低迷时，中央银行持有的虚拟资本增加，即买进虚拟资本（有价证券、股票、外汇等）、释放货币；在经济高涨时，中央银行持有的虚拟资本减少，即卖出虚拟资本、回收货币。商业银行在中央银行的准备金存款，在经济低迷时会随着商业银行信用紧缩而下降，随着中央银行调低法定存款准备金率而上升，在经济高涨时会随着商业银行信用扩张而上升，随着中央银行调高法定存款准备金率而下降。至于商业银行向中央银行的再贴现、再贷款，在经济低迷时一般会随着商业银行信用紧缩而下降，随着中央银行调低基准利率、再贴现率而上升，在经济高涨时一般会随着商业银行信用扩张而上升，随着中央银行调高基准利率、再贴现率而下降。中央银行通过调整现金和存款准备金数量控制基础货币，通过调整基准利率和再贴现率控制对商业银行的信贷，从而调控社会中的信用货币总量的变化。

9.4　我国经济"脱实向虚"的根源和发生机制

虚拟经济是由虚拟资本运动所产生的经济现象，而虚拟资本运动的重要特征就是炒作或者投机行为对价格决定起主要作用，这也同样适用于房地产、黄金等实物资产。这些实物资产虽然具有内在价值，与虚拟资本不同，但是在市场中进行投机性交易的是其资产的所有权，是为了获取价差收益或金融投资收益，而不是为了获取其使用价值。所以，在研究中，我们将实物资产的交易归入虚拟经济的领域。在这样的界定下，一国经济的"脱实向虚"指的就是货币资金从实体经济向虚拟经济领域流动的过程，这个过程包括两个方面的情况：一是原来媒介实体经济运动的一部分货币流向了虚拟经济；二是经济中的新增货币大部分没有进入实体经济而是进入了虚拟经济，这两种情况都会导致虚拟经济的膨胀。我国经济"脱实向虚"的主要原因是实体经济产能过剩、房地产经济的过分膨胀以及银行信用的巨额扩张。

实体经济增速可以用资本积累速度来表示，它取决于经济中的积累率（剩余价值中用于积累的部分）和平均利润率水平。积累率是利润率的函数，利润率水平越高，企业的预期利润前景越好，积累率就越高。根据这样的理论逻辑，实体经济增速的主要决定因素就是实体经济的预期利润率水平。利润率既是实体经济运行状态的核心指标，也是实体经济与虚拟经济之间的重要关联变量。当实体经济的利润率低于虚拟经济利润率时，货币资本就会从实体经济流向虚拟经济。

　　我国实体经济利润率走低是实体经济增速下滑的重要原因，也是资金"脱实向虚"的主要原因。引起实体经济利润率下降的根源在于市场经济必然蕴含的产能过剩，而产能过剩的主要原因在于外需萎缩、内需不足。内需主要由投资（实物投资）需求和消费需求构成，但投资最终必须服从于消费，因为消费是最终需求，投资只是购买生产资料、扩大再生产，是中间需求。尽管投资增加，也会带来收入增加，从而扩大消费，但是这种反过来引致的消费需求增加从根本上仍然受制于最终需求。消费的量取决于国民收入在工资和利润之间的分配，一般地，工资份额增加时，消费的比例就会上升，工资份额下降时，消费的比例就会下降。当前我国消费不足的主要原因除了收入分配这一根本制约因素之外，还有一个重要影响因素，就是购买住房的贷款对消费的挤压。劳动者的很大一部分收入花费在住房按揭贷款的还本付息上面，而真正用于购买消费品的收入比例较低，房地产越来越繁荣，劳动者的真正消费份额就越来越少，以至于房地产开发投资越来越成为拉动经济增长的主要动力。在这种经济运行模式下，社会中货币的流向变成：银行向房地产开发商发放贷款，房地产开发商向住户出售房屋，住户向银行按揭贷款支付购房款，开发商收回房款并向银行还本付息，住户按照按揭贷款期限向银行支付本息，成为银行的长期债务人。假设住户每年向银行还本付息的数额相当于其年收入的一半，那么在按揭期间，社会中的工资总额的实际消费能力就下降了一半，另一半用于逐年消减银行贷款。从社会整体来看，经济中债务水平随着房地产经济的发展而不断提高，根据贷款创造新的货币量的原理，[①] 社会中的货币量就会随着房地产经济的发展而不断增长。

　　当消费逐渐下降时，首先引起消费品的生产过剩，然后从消费品的生产过剩传导至投资品的生产过剩，最后引起社会的全面的产能过剩。社会中的利润率水平由于产能过剩而不断下降，一部分企业变得无利可图，一部分企业所获利润率低于社会的平均利润率，只有那些能够进行创新的企

---

　　① Augusto Graziani. The Monetary Theory of Production [M]. Cambridge University Press，2003：25 – 26.

业才能获得高于平均利润率水平的利润。当大量企业由于亏损或低利润率而退出生产领域时，社会中的闲置货币资本的量就会大量增加，这些货币资本不再发挥资本循环的媒介作用，不再变成货币资本而进入产业资本循环，它们就会成为纯粹的货币财富，以银行存款的形式保存在账面上。事实上，资本的本性是逐利，这些货币不可能以存款的形式保存在银行里，特别是当存款利率低于通货膨胀率时，货币资金将不得不产生自动亏损。过剩货币资本首先寻求的是保值增值，进入非货币资产的领域，购买具有较好保值增值能力的资产。由于房地产经济自身发展的正反馈机制，在房地产日益繁荣的情况下，过剩货币资本进入房地产领域就成了最好的保值增值渠道，过剩货币资本的涌入加剧了房地产经济的正反馈，促使虚拟经济膨胀。随着虚拟经济膨胀，虚拟经济的虚拟财富越来越大，这为货币资本寻求更高利润率提供了更好的途径，不仅是过剩货币资本而且能够获得等于或高于平均利润率的资本都会涌向虚拟经济，于是实体经济进一步萎缩，而虚拟经济却更加膨胀。

资金"脱实向虚"的根源在于实体经济的内在矛盾。在"脱实向虚"的经济运行模式中，扩张性的货币政策效果能够改变经济中的货币量，但不能改变货币的流动渠道和流动方向。而且，经济中的货币量并不是传统凯恩斯主义模型中的外生变量，而是经济体系内生的，是银行系统、实体经济、虚拟经济三者相互作用的产物，它取决于银行贷款的量。考虑虚拟经济对货币吸收机制，货币政策的实施效果就会与单纯实体经济模式完全不同。针对实体经济减速，采取量化宽松的货币政策，很可能仅仅导致虚拟经济膨胀，而对实体经济的效果微乎其微，因为货币流向了虚拟经济。即使采取直接的价格型货币政策（另一种为数量型货币政策），降低利率，也并不能起到应有的效果，因为降低社会中的利率水平有利于降低融资成本，但同样也有利于虚拟资本和实物资产的价格上涨，从而提高了虚拟资本和实物资产的价差收益，推动虚拟经济膨胀，从而进一步导致货币从实体经济流向虚拟经济。

针对实体经济衰退，采用财政政策能够取得更为明显的效果。在私人投资不足的情况下，增加政府的公共投资能够起到同样的效果，但由此产生的货币量的变化要视公共支出的资金来源而定。若公共投资的资金来自税收收入，相当于从国民收入中取出一部分由政府部门进行投资，不改变社会中的货币总量。若公共投资的资金来自公债，则会增加社会中的虚拟资本数量，将社会中用于购买公债的银行存款转化为政府用于公共投资的银行存款，社会中的货币量没有发生变化。若公共投资的资金来自银行贷款，则社会中的货币量增加相同的数额，当公共投资完成之后，这笔资金就转化成企业和住户的银行存款，这部分增加的银行存款是在不减少社会中原有的银行存款总量的情况下产生的，增加银行贷款即意味着增加了社会中的货币量。

当前我国经济中货币量的增加与政府部门的银行贷款扩张密切关联，政府贷款的增加导致了经济中货币量的增加，成为推动银行信用扩张的重要力量。住户部门、企业部门和政府部门的银行贷款总额减去其还款总额等于社会中每年实际新增的货币量。在我国经济中，政府投资是有效需求重要组成部分，也是刺激经济、进行逆周期调节的重要手段。为应对经济增速下滑，我国采取了扩张性财政政策，政府债务巨额增长，这些债务主要包括政府债券（中央政府债券和地方政府债券）、地方融资平台从银行获取的贷款等，政府投资成为拉动经济增长的主要角色，社会中的货币量也随着地方融资平台的贷款量的巨额增加而不断增长。对于整个社会而言，一笔贷款即创造出等额的存款，形成等额的货币量。假定社会中的现金余额不变，不考虑转变为现金部分，这些货币在完成政府投资的媒介功能之后，即形成社会公众的存款，在实体经济不振的情况下，它们会进入虚拟经济领域。

由此可见，房地产开发贷款的增加、住户购房贷款的增加、政府投资贷款的增加，使银行信用大幅扩张、社会中的货币量巨额增长，但是同时实体经济产能过剩、利润率低下，于是，社会中的大量资金进入虚拟经济领域，推动了虚拟经济的膨胀。这是我国经济"脱实向虚"的内在机制。"脱实向虚"的根源在于实体经济的内在矛盾，这是市场经济的必然结果，在本质上属于"生产过剩"的表现形式。

值得特别指出的是，虚拟经济的膨胀包括两个不同的方面：一是社会中更多的货币去买卖虚拟资本和实物资产；二是虚拟资本和实物资产的量的增加。虚拟资本和实物资产的量的增加，有三种产生途径：一是由于通过发行政府债券募集政府投资的资金产生的；二是由于企业发行股票或债券募集资金产生的；三是用于投资或投机的实物资产的增加。也就是说，一方面我国银行信用扩张导致社会中的货币量巨额增长，另一方面我国的虚拟资本和实物资产的量也在巨额增长，社会中创造出的虚拟资本和实物资产的交易吸收了社会中产生的货币量。当前我国经济增长的两个重要推动力是政府投资和房地产投资，政府投资和房地产投资通过债券或股票融资创造了虚拟资本，通过银行贷款融资创造了新的货币（信用货币），这些虚拟的形态都是实体经济的产物，但是，在实体经济的基础上，却产生虚拟资本的运动和实物资产买卖，产生了虚拟经济的庞大上层建筑，使实体经济的货币不断地流向虚拟经济。

9.5 我国经济"脱虚向实"的推进机制

虚拟经济发展要适应于和服务于实体经济发展的需要。实体经济是基础，虚拟经济是上层建筑，实体经济决定虚拟经济，虚拟经济反作用于实体经济，二者呈现为对立统一的辩证关系，这是现代经济运行的基本规律。推进经济"脱虚向实"，就是调整宏观经济的货币循环，改变货币的流向。资本的本性是逐利的，改变货币循环的方向，在根本上需要振兴实体经济，提高实体经济的利润率，使实体经济比虚拟经济更加有利可图，使虚拟经济的发展适合于实体经济发展的需要。因此，研究我国经济"脱虚向实"的推进机制，实际上就是探索如何促进实体经济发展、如何调控虚拟经济规模、如何形成与实体经济发展相适应的虚拟经济发展模式三个根本性问题。

这三个问题涉及不同的方面，形成了一个统一的整体。创造实体经济增长点、振兴实体经济是根本，控制虚拟经济规模、渐进性化解房地产泡沫和金融风险是关键，形成实体经济与虚拟经济良性互动的经济机制是最终目标。这三大推进机制须遵行两个基本原则。第一，正确处理好政府与市场的关系，推进经济"脱虚向实"本质上是更好地发挥政府作用，而不是政府直接决定资源配置，政府的作用是创造经济发展条件，让微观经济主体自主决策，让市场在政府调控的外部条件下对资源配置起决定性作用，因此，政府的调控要满足市场主体的激励相容原则。第二，回归虚拟经济的基本功能，例如，金融的基本功能是为实体经济提供直接融资和间接融资渠道，投资于金融资产（有价证券等）是为了获得实体经济的一部分利润（股息或利息），卖出虚拟资本是为了获取流动性，买进虚拟资本是为了投资收益，"房子是用来住的，不是用来炒的"等，这些基本功能在市场经济中的异化，不仅使虚拟经济服务于实体经济的功能不能有效实现，而且本末倒置、经济发展畸形化，实现虚拟经济的基本功能是推动实体经济发展的重要条件。基于三个问题与两大原则，可提出六个方面的具体机制。

1. 推动我国经济"脱虚向实"的顶层设计

所谓顶层设计，是指最高层次上的战略统筹和系统规划。就当前我国经济"脱虚向实"而言，就是要实现实体经济发展目标与虚拟经济真实功能的有效耦合。实体经济的发展目标是建立现代化经济体系、实现社会主义现代化强国，其核心要义可归结为结构调整、创新驱动、产业升级，主要手段是供给侧结构性改革，即用改革的办法推动经济结构向更高层次跃迁。虚拟经济的功能定位在于为实体经济服务，主要体现在三个方面：一是为实体经济提供更好的资金融通渠道，为产业升级提供资金支持；二是提供稳定的虚拟资本和实物资产的交易市场，满足各经济主体的流动性需要，使投资者稳定地分享投资收益；三是为实体经济资源配置提供了更有效的方式，实现资源在现在和未来之间的有效配置，提高社会资源集中效率，更好地分散和管理风险。建设现代化经济体系不仅要求建设现代化的产业体系，而且要求建立现代化的金融体系，要求虚拟经济的真实功能得到有效发挥。

"脱虚向实"不能仅仅理解为一种货币经济问题，它的本质要求是实体经济发展和虚拟经济回归其应有的功能，这是高质量发展的重要方面。当前我国实体经济生产过剩、经济增长面临下行压力，虚拟经济膨胀、资金在金融领域空转，实体经济与虚拟经济严重失衡，与"脱虚向实"的本质要求和顶层设计是背道而驰的，与高质量发展的目标也是不相符合的。

推动经济"脱虚向实"必须对实体经济、虚拟经济以及二者之间的关系实施新的战略调整，实体经济从低端过剩生产转向中高端创新发展，虚拟经济回归真实功能，实体经济与虚拟经济有效耦合、良性互动、相互促进。

2. 过剩经济调节机制

市场经济运行的一般形态是经济不断进行景气循环，每一次景气循环都会以过剩经济的方式造成生产和消费之间的矛盾，并以经济波动或生产萎缩的形式缓解矛盾，矛盾的"积累—缓解—积累"是经济波动或经济周期的实质。在我国经济运行中，市场经济的内在矛盾通常表现为周期性的库存增加和产能过剩。市场调节机制和政府调节机制对于过剩经济的作用是不同的。针对一般性商品的市场过剩，市场调节机制通过价格变动和数量调整能够最终使市场出清、达到均衡状态。古典经济学和新古典经济假定市场调节机制是完全有效的，经济可以平滑地运行，即使出现了生产过剩也不需要政府干预，市场机制能够自己解决问题。这对于一般性的、较小的经济波动是适用的，但是对于特殊的、较大的经济波动却是不适用的。在什么情况下让市场机制调节自主发挥作用，在什么情况下发挥政府的调节作用，需根据经济运行的具体形势而定，让市场在资源配置中发挥决定性作用，必须要考虑市场调节机制的负面效应和时间期限，必须要考虑虚拟经济与实体经济的关系所带来的经济运行新情况，必须要考虑单纯市场调节机制的巨大社会成本。

我国经济运行的结构性问题突出，显然并不能通过市场机制有效解决，必须更好地发挥政府的作用，政府的作用是必要的和互补性的，而非仅仅用政府调节机制弥补和矫正市场调节机制的不足和缺陷：第一，在市场机制自动清理过剩产品和过剩产能时，造成的失业等社会成本，需要政府发挥社会稳定器的作用；第二，通过政府的引导和规划，减少市场的盲目性，减少市场中的信息不对称，增强调节针对性，将过剩资源引入新的经济增长渠道；第三，对房地产行业的生产环节和流通环节进行控制，减少房地产作为实物资产的虚拟经济运行所带来的生产性投资，让房地产回归居住属性；第四，理顺市场价格机制，减少市场分割、市场壁垒、行政干预，清除资源流动障碍，让市场价格更好地反映资源供求状况，使市场在资源配置中的决定性作用充分发挥出来，加速过剩经济的自动清理；第五，为实体经济的结构调整，如产业升级、产业转移、消费升级等，提供良好的制度、金融环境、基础设施等外部条件。

3. 利润增长机制

我国实体经济的根本问题在于产能过剩、利润率下降。要改变这种经济运行状况，最重要的就是提高实体经济的利润率，寻找利润增长点。利润率提高了，资金才会进入实体经济。没有利润率的提高，即使去库存、去产能暂时解决了过剩经济中生产和消费之间积累的矛盾，也不可能使实体经济产生对货币和资金的引力效应，经济运行状态仍然是萧条或复苏乏力。

从我国经济现状来看，利润增长点可能在于创新、减税、产业转移、农业现代化、对外投资等方面。其中，创新是利润增长的主要机制。创新的内涵广泛，既可以是制度创新，也可以是科技创新。在经济学意义上，创新是指新制度、新发明、新方法、新产品、新模式等的首次商业化运用，特别是原有产业的技术革命和新的产业部门的出现（产业创新）。所谓结构调整、创新驱动、产业升级，指的就是经济中原有过剩产业的生产资源向创新产业的转移，产业结构从低端向中高端迈进，创新成为经济发展的主要动力。创新之所以成为经济发展的主要动力，是因为创新促使企业的利润率提高，使社会中的资本向创新产业流动，创新产业的发展通过蜂聚效应以及前后产业的关联效应，带动整体经济的发展。在产业创新推动经济发展的过程中，信贷扩张，投资增加，收入增长，消费增加，资本积累加速，整体经济运行从复苏到繁荣。

减税是通过减少企业税收支出的方式来提高企业的利润率。减税对于经济中利润率提升的效果，要视具体情况而定。在经济"脱实向虚"的情况下，虽然税率降低，企业税后盈利增加，但是增加的利润并不一定会成为资本积累资金，而可能进入虚拟经济领域。尽管如此，减税对于处于平均利润率水平以下或处于亏损状态的企业而言，能够使它们渡过经济衰退和经济萧条期，从而减少经济中的破产和产业资金的流出。相对于创新引起利润率的上升而言，减税是一种消极的利润增长机制。

我国是一个产业门类齐全、区域发展不平衡的大国，不同区域产业发展状态不同，这为通过产业的区域转移提高经济中的利润率水平提供了条件。发达地区的产业向中高端迈进，而不发达地区承接发达地区的产业转移，从而形成产业区域演进的梯度发展模式。不同区域之间的产业分工的形成，分工结构的更新，能够为经济发展提供新的利润增长条件。农业现代化也是一个重要的经济增长点。我国传统农业的生产方式转变为现代农业，可形成生产要素的新的组合，为经济发展创造利润增长条件。农业虽然在国民经济中的比例不断下降，但是农业却是一个前后产业关联度较高的行业，农业生产资料（机器、农药、种子、原材料等）、农产品加工、农业产品流通等，都会随着农业现代化而发展。产业转移和农业现代化是我国两个重要的经济增长点，是我国利润增长的重要机制，可作为我国经济"脱虚向实"的重点领域。

在实体经济过剩运行的背景下，大量过剩资本可以向国外进行直接投资，从而缓解资本过剩的压力，提高实体经济的利润率。过去我们引进外国资本对内进行直接投资，为经济发展带来了重要的外部力量。在新时期，我国应该更加重视引进外资的质量，防止高污染、高能耗、低端产业进入直接投资领域，侧重引进中高端制造业进行外商直接投资，同时，让国内过剩产业资本向国外转移，积极服务于第三世界国家的经济建设。对外投资是我国经济"脱虚向实"的重要推进机制，是一个重要的利润增长点。

4. 泡沫消化机制

我国虚拟经济的膨胀主要源于房地产价格的上涨。出现房地产经济膨胀的原因，一方面是我国人口城镇化导致住房需求的增加，这是房地产的真实需求，另一方面则是房地产作为实物资产，成为金融投资和投机的工具。房地产经济的膨胀是真实需求和金融需求相互作用的结果，房地产的金融属性使房地产价格偏离了供给和真实需求所决定的价格水平，产生了房地产的泡沫。房地产泡沫有四种直接的经济效应：第一，高于真实需求水平的房地产价格，使住房的真实需求下降；第二，过高的房地产价格使购房者每月支付的本息占个人收入的比例上升，压缩了其他消费支出，缩小了最终需求的份额，导致社会中的有效需求水平下降；第三，房价泡沫催生土地价格泡沫，房产价格的上涨使土地价格上涨，土地价格上涨导致政府的土地出让收入增加，这些土地出让收入实际上是级差地租的现值，而不是创造出来的真实财富，它们相当于政府对购房者的税收；第四，过高的房地产价格提高了房地产行业的利润率，房地产作为实物资产进行金融投资和投机，产生的虚假需求（不以居住为目的）提高了房地产价格，在生产成本不变的情况（不包括购买土地的支出）下，企业的利润率会随着房价的提高而不断提高，从而更多的资本会进入房地产行业。

房地产泡沫的形成和扩大，造成了信贷资金在房地产行业以越来越大的规模进行循环。房地产价格越是上涨，房地产开发规模越大，社会中的信贷资金的循环规模就越大，最终沉淀下来的长期贷款（住房贷款）就越多，从而房地产经济就越是膨胀。这种经济发展模式从长期来看是不可持续的。随着房地产经济的繁荣，信贷规模的增加，社会中的金融风险也会逐渐积累。

房地产的去泡沫化，重要的是抑制房地产的金融属性，防止将房地产作为实物资产进行金融投资和投机，让房地产回归其居住属性（用于自住或出租）。房地产的泡沫消化机制包括供给机制和需求机制。供给机制是从供给侧着手，提高居住型房屋的供给，使供给的房屋不能成为金融市场上的实物资产，同时，增加非居住型房屋的供给成本，减少非居住型房屋的供给；需求机制是从需求侧着手，区分真实住房需求和金融需求，通过机制设计，满足真实住房需求，减少或消除投资或投机需求。如果通过供给和需求两个方面的机制设计，能够使社会中的真实需求表现出来，那么业已形成的有泡沫的房地产价格就会抑制真实住房需求、提高居住型住房供给（利润率高），从而居住型住房的供给增加、需求减少，房地产价格向真实水平回归。

5. 货币流通机制

货币进入实体经济可以通过直接融资的方式，创造出股票、债券等虚拟资本，也可以通过间接融资的方式，创造出银行贷款、形成货币增量。无论货币通过哪种方式进入实体经济，都需要构建有效的货币流通机制。

银行体系和金融市场是货币流通的中介，银行体系和金融市场机制不健全、渠道不畅通、流通不顺畅，也是造成货币"脱实向虚"的重要原因。例如，如果货币进入中小企业的机制不健全，银行不愿意向中小企业借贷，中小企业本身又达不到股权融资和债券融资的条件，就会造成中小企业融资需求得不到有效满足。

货币流通包括媒介商品交换的货币流通、媒介虚拟资本的货币流通以及媒介银行信贷的货币流通。媒介商品交换和虚拟资本的货币流通，在经济中不创造新的货币，表现为银行存款在不同经济主体之间转移；媒介银行信贷的货币流通将创造出新的贷款、形成新的存款，增加社会中的货币总量。这两种不同的货币流通机制在市场中相互制约，银行信贷的减少将使社会中的货币紧缩，从而造成媒介商品交换和虚拟资本的货币不足，利率上升，银行增加信贷、货币增加，反之，则银行减少信贷、货币减少。货币流通机制实际上就是这两种货币流通的相互依存、相互渗透的关系。

健全货币流通机制，就是要消除社会资本进入实体经济的障碍，畅通资本流通渠道，创造有效的金融工具，通过市场机制反映资金的价格和数量，发挥市场在资金配置中的决定性作用，使社会中各层次的资金需求都得到满足。创新、产业转移、农业现代化、对外投资等利润增长领域，都需要有效的金融支持，消除流通渠道中存在的各种障碍，消除金融抑制，使社会资金更有效地进入这些经济领域，才能够为实体经济的利润增长机制创造出必要的货币和金融条件。

6. 虚拟经济监管机制

虚拟经济的监管主要包括三个方面：一是防止虚拟资本和实物资产的过度炒作以及虚拟经济的过分膨胀；二是防止虚拟经济导致的信用扩张，特别是虚拟经济直接导致的银行信用扩大、杠杆率增加；三是防止虚拟资本的过度衍生，减少虚拟资本地再虚拟化。

虚拟资本和实物资产的炒作是市场预期与逐利行为的结果，在市场经济条件下具有存在的必然性。对虚拟经济的监管，必须防止过度的投机行为对真实需求的干扰，使虚拟经济的价格反映真实的供求关系，否则，虚拟经济的膨胀就会形成经济泡沫，从而导致金融风险的加剧。

　　特别是，当虚拟经济膨胀得到信用扩张的支撑时，虚拟经济泡沫能够迅速扩大。投机资金如果来自自有资金，一般情况下其用于推动资产价格上涨的能力受限，但是，投机资金如果能够在市场上发行股票、债券等有价证券或通过银行贷款而获得，那么就会产生多倍于自有资金的投机资金，从而资产价格会产生数倍于其内在价值的上涨，一旦泡沫破裂，就会对金融系统造成破坏性影响。对虚拟经济的监管，必须有效地控制虚拟经济直接产生的杠杆率，防止社会资金通过直接融资和间接融资的方式进入虚拟经济领域，进行投机行为。

　　虚拟资本和实物资产最初都产生于实体经济，例如，股票、债券等有价证券是实体经济直接融资产生的，房地产是投资建造而产生的，这些资产都来源于实体经济。但是，在这些资产产生出来后的交易过程却会形成多方面的再虚拟现象：第一，以这些资产为抵押能够获取银行贷款，从而使社会中虚拟的货币（信用货币）增加；第二，依托这些资产能够产生大量的金融衍生品，形成各种形式次生的虚拟资产；第三，通过发行股票、债券等方式募集资金购买这些资产，从而产生更多的虚拟资本；第四，将银行的债权证券化形成虚拟资本；第五，再虚拟化催生大量不同性质的交易机构，这些机构也能够创造出新的虚拟资本；等等。再虚拟化程度越高、范围越广、运行环节越多，其金融风险越大，对虚拟经济的监管，就必须对这些复杂的再虚拟化现象进行有效管控。

参 考 文 献

［1］A. E. 门罗（编）. 早期经济思想——亚当·斯密［M］. 北京：商务印书馆，2011.

［2］阿尔都塞. 保卫马克思［M］. 北京：商务印书馆，2016.

［3］埃尔多干·巴基尔，艾尔·坎贝尔. 新自由主义、利润率和积累率［J］. 国外理论动态，2011（2）.

［4］巴曙松等. 中国经济减速的性质与政策选项［J］. 中国市场，2012（37）.

［5］［美］保罗·斯威齐. 资本主义发展论——马克思主义政治经济学原理［M］. 北京：商务印书馆，2006.

［6］蔡昉. 认识中国经济减速的供给侧视角［J］. 经济学动态，2016（4）.

［7］陈其人. 论复杂劳动是多倍的简单劳动的机制［J］. 海派经济学，2004（11）.

［8］陈先达. 关于实践唯物主义的几点想法［J］. 哲学动态，1988（12）.

［9］陈享光，袁辉. 现代金融资本的积累及其影响［J］. 当代经济研究，2010.

［10］陈征. 有关虚假的社会价值的几个争论问题［J］. 学术月刊，1984（12）.

［11］大卫·李嘉图. 政治经济学及赋税原理［M］. 北京：华夏出版社，2005.

［12］邓小平文献（第三卷）［M］. 北京：人民出版社，1993.

［13］丁堡骏. 转形问题研究［J］. 中国社会科学，1999（5）.

［14］范·杜因. 经济长波与创新［M］. 上海：上海译文出版社，1993.

[15] 方福前. 实现经济突围 须选好长短期突破点 [J]. 人民论坛, 2014 (9).

[16] [西] 赫苏斯·维尔塔·德索托. 奥地利学派：市场秩序与企业家创造性 [M]. 杭州：浙江大学出版社, 2010.

[17] 黑格尔. 小逻辑 [M]. 北京：商务印书馆, 2012.

[18] 侯建新. 工业革命前英国农业生产与消费再评析 [J]. 世界历史, 2006 (4).

[19] 卡莱尔·科西克. 具体的辩证法——关于人与世界问题的研究 [M]. 北京：社会科学文献出版社, 1989.

[20] 凯恩斯. 就业、利息与货币通论 [M]. 高鸿业, 译. 北京：商务印书馆, 1999.

[21] 拉法格. 回忆马克思恩格斯 [M]. 北京：人民出版社, 1957.

[22] 李海明. 一个古典—马克思经济增长模型的中国经验 [J]. 经济研究, 2014 (11).

[23] 李克强. 论我国经济的三元结构 [J]. 中国社会科学, 1991 (3).

[24] 列宁全集（第四十三卷）[M]. 北京：人民出版社, 1984.

[25] 列宁选集（第三卷）[M]. 北京：人民出版社, 1995.

[26] 列宁选集（第四卷）[M]. 北京：人民出版社, 1972.

[27] 林岗. 论"生产力决定生产关系"的原理 [J]. 哲学研究, 1987 (4).

[28] 卢卡奇. 关于社会存在的本体论（上卷）[M]. 重庆：重庆出版社, 1993.

[29] [匈] 卢卡奇. 历史与阶级意识——关于马克思主义辩证法的研究 [M]. 北京：商务印书馆, 2018.

[30] 骆耕漠. 关于如何正确理解"虚假的社会价值"问题 [J]. 经济研究, 1964 (6).

[31] 马克思. 剩余价值学说史（第三卷）[M]. 上海：上海三联书店, 2009.

[32] 马克思. 资本论（第一卷）[M]. 北京：人民出版社, 1975.

[33] 马克思. 资本论（第三卷）[M]. 北京：人民出版社, 1975.

［34］马克思．资本论（第三卷）［M］．北京：人民出版社，1998．

［35］马克思．资本论［M］．北京：人民出版社，2018．

［36］马克思恩格斯全集（第十九卷）［M］．北京：人民出版社，1982．

［37］马克思恩格斯全集（第三十九卷）［M］．北京：人民出版社，1974．

［38］马克思恩格斯全集（第四十九卷）［M］．北京：人民出版社，1982．

［39］马克思恩格斯文集（第十卷）［M］．北京：人民出版社，2009．

［40］马克思恩格斯文集（第一卷）［M］．北京：人民出版社，2009．

［41］马克思恩格斯文集（第二卷）［M］．北京：人民出版社，1999．

［42］马克思恩格斯文集（第二卷）［M］．北京：人民出版社，2009．

［43］马克思恩格斯文集（第三卷）［M］．北京：人民出版社，2009．

［44］马克思恩格斯文集（第五卷）［M］．北京：人民出版社，2009．

［45］马克思恩格斯文集（第七卷）［M］．北京：人民出版社，2009．

［46］马克思恩格斯文集（第八卷）［M］．北京：人民出版社，2009．

［47］马克思恩格斯文集［M］．北京：人民出版社，2009．

［48］曼德尔．资本主义发展的长波——马克思主义的解释［M］．北京：商务印书馆，1998．

［49］毛泽东文集（第八卷）［M］．北京：人民出版社，1999．

［50］毛泽东选集（第一卷）［M］．北京：人民出版社，1991．

［51］毛泽东选集（第一卷）［M］．北京：人民出版社：1991．

［52］毛泽东选集（第二卷）［M］．北京：人民出版社，1991．

［53］孟捷，冯金华．非均衡与平均利润率的变化：一个马克思主义分析框架［J］．世界经济，2016（6）．

［54］孟捷，冯金华．复杂劳动还原与产品的价值决定：理论和数理分析［J］．经济研究，2017（2）．

［55］孟捷．复杂劳动还原与马克思主义内生增长理论［J］．世界经济，2017（5）．

［56］孟捷．生产力一元决定论和有机生产方式的变迁：对历史唯物主义核心思想的再解释［J］．政治经济学报，2017（6）．

［57］欧内斯特·曼德尔. 资本主义发展的长波——马克思主义的解释［M］. 北京：商务印书馆，1998.

［58］普列汉诺夫. 论个人在历史上的作用问题［M］. 北京：商务印书馆，2012.

［59］普列汉诺夫. 马克思主义的基本问题［M］. 北京：人民出版社，1958.

［60］让－帕斯卡尔·贝纳西. 宏观经济学：非瓦尔拉斯分析方法导论［M］. 上海：上海三联书店、上海人民出版社，2006.

［61］斯拉法. 用商品生产商品［M］. 北京：商务印书馆，1991.

［62］宋则行. 马克思经济增长理论探索［J］. 当代经济研究，1995（1）.

［63］王福祥. 也谈超额利润的来源——与梅竹林同志商榷［J］. 当代财经，1981（3）.

［64］王国平. 改革开放40年：中国特色社会主义经济形态及其世界价值［J］. 上海行政学院学报，2018（1）.

［65］王小鲁. 经济减速并非供给因素导致［J］. 中国房地产业，2015（5）.

［66］王荫庭. "社会存在"范畴释义［J］. 中国社会科学，1992（1）.

［67］［英］沃尔特·白芝浩. 伦巴第街——货币市场记述［M］. 上海：上海财经大学出版社，2008.

［68］吴江. 社会主义的前途与马克思主义的命运［M］. 北京：中国社会科学出版社，2001.

［69］吴易风. 马克思的经济增长理论模型［J］. 经济研究，2007（9）.

［70］习近平. 深刻感悟和把握马克思主义真理力量 谱写新时代中国特色社会主义新篇章［N］. 人民日报，2018－04－25（1）.

［71］习近平. 在新进中央委员会的委员、候补委员学习贯彻党的十八大精神研讨班开班式上的讲话［N］. 人民日报，2013－01－06.

［72］习近平关于社会主义经济建设论述摘编［M］. 北京：中央文献出版社，2017.

［73］熊穆权. 论"虚假的社会价值"是对社会总剩余价值的扣除及

其他 [J]. 江西师范大学学报（哲学社会科学版），1988（3）.

[74] 许兴亚. 论虚假的社会价值 [J]. 价格理论与实践，1990（8）.

[75] 亚当·斯密. 国民财富的性质和原因的研究（第一卷）[M]. 北京：商务印书馆，1972.

[76] [英] 亚当·斯密. 国民财富的性质和原因的研究（上卷）[M]. 北京：商务印书馆，2003.

[77] 亚当·斯密. 国民财富的性质和原因的研究 [M]. 北京：商务印书馆，2018.

[78] 杨天宇，曹志楠. 中国经济增长速度放缓的原因是"结构性减速"吗？[J]. 中国人民大学学报，2014（4）.

[79] 雍文远. 怎样理解"我要在本书研究的，是资本主义生产方式以及和它相适应的生产关系和交换关系" [J]. 上海经济研究，1982（7）.

[80] 袁富华. 长期增长过程的"结构性加速"与"结构性减速"：一种解释 [J]. 经济研究，2012（3）.

[81] 约瑟夫·熊彼特. 经济发展理论——对于利润、资本、信贷、利息和经济周期的考察 [M]. 何畏等，译. 北京：商务印书馆，1997.

[82] [英] 詹姆斯·穆勒. 政治经济学要义 [M]. 北京：商务印书馆，1993：24.

[83] 张平. 中国经济效率减速冲击、存量改革和政策激励 [J]. 经济学动态，2014（10）.

[84] 赵磊. 历史唯物主义研究中的得与失——与孟捷教授商榷 [J]. 政治经济学报，2017（9）.

[85] 中共中央文献研究室编. 习近平关于社会主义经济建设论述摘编 [M]. 北京：中央文献出版社，2017.

[86] 中国经济增长前沿课题组. 中国经济增长的低效率冲击与减速治理 [J]. 经济研究，2014（12）.

[87] 周尚文主编. 国际共运史事件人物录 [M]. 上海：上海人民出版社，1984.

[88] Augusto Graziani. The Monetary Theory of Production [M]. Cambridge University Press，2003：25－26.

图书在版编目（CIP）数据

理解经济运动：若干马克思经济模型的现代考察/
肖磊著. —北京：经济科学出版社，2020.9
（马克思主义政治经济学青年论丛）
ISBN 978 - 7 - 5218 - 1941 - 0

Ⅰ. ①理…　Ⅱ. ①肖…　Ⅲ. ①马克思主义政治经济学 -
研究　Ⅳ. ①F0 - 0

中国版本图书馆 CIP 数据核字（2020）第 188557 号

责任编辑：宋艳波
责任校对：齐　杰
责任印制：李　鹏　范　艳

理解经济运动
——若干马克思经济模型的现代考察
肖　磊　著
经济科学出版社出版、发行　新华书店经销
社址：北京市海淀区阜成路甲 28 号　邮编：100142
总编部电话：010 - 88191217　发行部电话：010 - 88191540
网址：www. esp. com. cn
电子邮箱：esp@ esp. com. cn
天猫网店：经济科学出版社旗舰店
网址：http://jjkxcbs. tmall. com
北京季蜂印刷有限公司印装
710×1000　16 开　14 印张　220000 字
2021 年 9 月第 1 版　2021 年 9 月第 1 次印刷
ISBN 978 - 7 - 5218 - 1941 - 0　定价：66.00 元